細戰三國・孫權

逆境二部曲

陳禹安 著

前言

三國的兩部歷史

——兼談心理學家的歷史觀

在中國人心目中，三國這段歷史有著特殊的地位；但稍加深究，就會發現無論是其存續的時間長短，還是對整個歷史進程的作用，都與它所表現出來的巨大影響力嚴重不符。

這是因為三國一直有兩部歷史。其中一部歷史靜靜地躺在故紙堆中，問津者寥寥無幾，而另一部歷史則在田間地頭、市井巷陌為人津津樂道。前者是以《三國志》為代表的所謂「正史」，而後者就是以《三國演義》為代表，包括小說、戲劇、民間傳說等多種形式的「非正史」。

三國在整個中華文化圈的巨大影響力，顯然來自後者。這是讓執著於史實的歷史學家們頗感無奈及尷尬的事實。但這一事實，卻正是驗證心理學上「易得性直覺」的最佳例證。從人類的認知機制來看，那些形象具體、活色生香、充滿想像、飽含情感的訊息自然更容易被吸收、被認可、被傳播。

英國哲學家培根（Francis Bacon）有云：「讀史可以明智。」我們回望歷史，就是為了從中汲取智慧，以更好地走向未來。那麼，問題就來了。

我們應該讀什麼樣的史呢?

歷史學家當然希望人們去讀他們眼中的正史,不要以訛傳訛那些非正史;但是,心理學家的歷史觀卻有所不同。

首先,心理學家認為從來不存在絕對真實的歷史。

心理學家烏瑞克・奈塞爾(Ulric Neisser)在美國太空梭「挑戰者號」爆炸的那個早晨,詢問艾默里大學(Emory University)的一組大學生,他們第一次聽到這個消息時處於什麼樣的情形。所有被詢問的學生都寫下了清晰的記錄。大約三年後,他讓四十四個依然在校的學生再次回憶當時的情形。在這些後寫的回憶錄中,沒有一份與當年寫的完全吻合,約有四分之一的學生寫的完全錯誤。

哈佛大學心理學系主任、著名記憶學專家丹尼爾・夏科特(Daniel L. Schacter)所著的《記憶的七宗罪》(*The Seven Sins of Memory*)一書,則告訴我們健忘、分心、空白、錯認、暗示、偏頗、糾纏等七種背離真實狀況的現象普遍存在每一個人身上。

可見,記憶並不那麼可靠,而歷史作為人類的集體記憶,在記錄者的概括、刪減以及有意無意扭曲的過程中,自然也會出現無可避免的偏差。所以,歷史必然不可能全然真實。如果堅持唯有讀正史才能使人明智,那就是泥古不化了。

其次,心理學家秉持「知方為有,信即為真」的特殊歷史觀。

人類不是上帝,不可能全知全覺。比如,在沒有發現細菌之前,人們並不知道有細菌的存在。所以,只有被人們認知到的,才是「有」的,除此之外的事物,只能歸結為「沒有」或「不存在」。

而那些有幸被歸為「有」或「存在」的事物，也只有人們相信了，才算是真的。這就是「信以為真，不信以為假」。

心理學上的安慰劑效應說的是病人雖然獲得無效的治療，卻因相信治療有效，而讓症狀得到舒緩的現象。比如，美國有位二戰老兵的膝蓋疼痛了五年，經診斷患有退化性關節炎。醫生對他施行了全身麻醉，然後在膝蓋的皮膚上切了一個口子，並沒有做真正的手術；但這位老兵事後卻覺得膝蓋完全好了，而且多年來第一次可以不依靠拐杖行走。即便醫生事後告訴他真相，他也不相信自己接受的只是「安慰性診療」。

只要信以為真，就會對人產生影響；只有信以為真，才會對人產生影響。這一認知規律同樣適用於歷史之於後人的作用。

《三國演義》中，「溫酒斬華雄」是關羽的英雄壯舉，「草船借箭」是諸葛亮的神機妙算。試問又有多少人知道，《三國志》中華雄是孫堅殺的，草船借箭是孫權所為呢？又有多少人願意相信真實的歷史呢？

清王朝的奠基者努爾哈赤不僅自己愛看《三國演義》，也讓子侄們熟讀，尤其大清帝國開國者皇太極就從《三國演義》學了周瑜的反間計，離間崇禎皇帝與袁崇煥，結果竟然真的害死了大明朝的護國長城袁崇煥。這發揮作用的顯然不是真實的歷史吧？

「穆桂英掛帥」、「十二寡婦征西」，這些楊門女將的故事膾炙人口，流傳甚廣。可是，其中最重要的主角穆桂英壓根兒就不存在，甚至連穆桂英的丈夫楊宗保也是個子虛烏有的人物。儘管如此，卻沒有影響到楊家將故事激勵著無數男兒熱血沸騰，盡忠報國。

隋文帝楊堅尚未奪得帝位之前，因為容貌出眾、有王者之相，遭到嗜殺成性的北周宣帝宇文贇的猜忌，面臨性命之憂。堅信楊堅必成大業的術士受宇文贇指派為楊堅看相後，刻意回護楊堅，說他最多只是大將軍之相，從而幫楊堅保住了性命。這不是「信則靈」又是什麼？

再如，我們都知道神話、童話、寓言都不是真實的，卻不能說它們無法發揮教誨作用。與歷史學家不同，心理學家更為關注的是那些被人們信以為真的歷史，以及這樣的歷史到底能發揮什麼樣的作用與影響，而不一定去苦苦追求所謂的歷史真相到底是什麼。

說到這裡，就有必要轉回來談談三國的兩部歷史了，因為牽涉到「心理三國」系列作品創作藍本的選擇問題。

「心理三國三部曲」——《心理關羽》（繁體版為《關羽心戰》）、《心理諸葛》（繁體版為《諸葛亮心戰》）、《心理曹操》（繁體版為《曹操心戰》）是嚴格依照羅貫中著、吳郡綠蔭堂藏版《李卓吾先生批評三國志》（即《三國演義》前身）的敘事進程展開的。而「心戰三國・逆境三部曲」——《心戰三國・劉備》、《心戰三國・孫權》、《心戰三國・司馬懿》）則有所不同。

這有兩個原因。

首先，《三國演義》褒揚劉備過甚，太過背離現實。比如，劉備兵敗徐州，逃亡途中遇獵戶劉安。為了表現劉備的仁德深得人心，《三國演義》設計了劉安殺妻，用妻子的肉款待劉備的情節。這樣的情節實在太過殘忍血腥，我在《心戰三國・劉備》中就棄之不用了。另外，也有一些情節根據心理邏輯的演進需要，適當採用了《三國志》的說法。比如，關於劉備皇叔身分的描述。

其次，《三國演義》中，孫權和司馬懿並非第一陣列的主角，故而對他們人生歷程的交代存在大量欠缺，直接影響到對他們的心理演化進程分析的完整性。為作彌補，只能從《三國志》、《資治通鑑》等正史中擷取資料，並與《三國演義》對接融合。這顯然不是一件輕鬆愉快的事情，也只能勉力為之。最後呈現出來的《心戰三國．孫權》和《心戰三國．司馬懿》，其實是《三國演義》和《三國志》的雜合本。這多少讓我心裡有一些糾結。

不過，寫作過程中，偶然翻到《隨筆雜誌》（二〇一四年第三期）上沈寧先生所寫的一段話：「事實上，《三國志》也已經有了演義的筆法，特別是裴松之的小注，記錄了許多演義故事。而《三國演義》也是七分實三分虛，用了很多裴松之的小注故事，把《三國演義》稱為史傳，也是可以的。所以我想，古人做史都不能絕對避免演義筆法，現今史家也沒有什麼理由動輒以雜有演義而否定記史的文章。」這段話於我，自然是心有戚戚焉，也讓我大為釋然。

另外，要特別提出的是，儘管心理學家不會苛求百分百的歷史真實，但不表示心理學家完全反對追求歷史真實，更不會刻意偏愛野史傳說。我之所以要為「心理三國」系列作品參考藍本的選擇大費周章予以說明，完全是因為三國有兩部歷史的特殊性。除了三國之外，「心理說史」系列的其他作品因不存在影響遠勝正史的演義故事，也就無須多費口舌了。

事實上，運用心理邏輯去分析歷史，反而更能判斷出正史中相互矛盾的一些記載的真偽。比如，春秋末期吳國權臣伯嚭的命運就有兩種記載，《史記》中說越國吞吳後，伯嚭為勾踐所殺；而《左傳》則記載伯嚭再討得勾踐歡心，繼續在越國擔任太宰。

《史記》、《左傳》均為正史，到底哪一個記載是真的呢？

《史記》是司馬遷所著，《左傳》則是根據魯國國史《春秋》編成的，而《春秋》經過了孔子的筆削。司馬遷境遇坎坷，《史記》中處處可見他自澆內心塊壘的情感筆觸；孔子首創春秋筆法，不大肆表露情感傾向，更不可能擅改歷史。從司馬遷和孔子的價值觀念來看，兩人均會忠心擁護「讓伯嚭去死」，但孔子卻站在自己的相反立場，保留了伯嚭繼續在越國擔任太宰的記錄，顯然更具可信度；而司馬遷對伯嚭命運的處理，更可能是為了宣揚正義而做了曲筆處理。

所以，我在「心理吳越三部曲」中採納了《左傳》的說法。

當然，這也只是我對歷史真相的一種選擇。我們必須明白，這世上哪有什麼正確的選擇？我們所有的努力無非是讓自己的選擇變得正確罷了。

二〇一四年十一月二十三日星期日
晚上八時二十六分於別館十三B

推薦序

在歷史中看見人性，而非神話

余遠炫　歷史專欄作家

孫權是三國時代最容易被忽略，卻也是最值得研究的人物。受到《三國演義》以蜀漢為正統的影響，對曹魏與東吳事蹟的描述，多帶有選擇性或「誤植」，正史上明明就是孫堅殺了董卓大將華雄，演義小說偏偏要他再死一次，讓關雲長英勇地斬了他，而曹操敬的熱酒猶溫。

三國赤壁大戰，主要交戰陣營就是曹操與孫權，但在小說筆下，卻讓劉備收割成果，曹操的說客蔣幹，赤壁大戰後才來江東，卻被寫成大戰前夕見周瑜，中了周瑜的反間計，讓曹操殺了蔡瑁、張允兩員水軍培訓大將，害孫權從主角落成了配角。其實群雄鼎立的三國，孫權始終扮演著關鍵角色，很搶戲。

「哥哥爸爸真偉大」是孫權的優勢，也是他的宿命。打下江東一片天的父兄不幸短命，孫權十九歲年紀輕輕就扛下家族事業，在本土實力派老臣張昭和外來勢力周瑜的輔佐下，繼續未竟霸業。在曹操與劉備雙雄煮酒論英雄的舞臺上，孫權先敗曹操於赤壁之戰，後敗劉備於彝陵之戰。赤壁之戰，周公瑾羽扇輕搖，牆櫓灰飛煙滅。彝陵之戰，陸遜火燒連營七百里，讓劉皇叔憾恨抱終。這背後的身影，就是孫權。

與當世豪傑人物相鬥，孫權一點都不輸給父親江東之虎孫堅，也不讓兄長小霸王孫策專美於前。他的對手與敵友均是當代碩彥，從早期的曹操、劉備、諸葛亮，到後期的張遼、曹丕、曹叡與司馬懿，孫權的一生幾乎就是三國的縮影，他的崛起、奮發、強盛與衰落，與時代的脈動暗合，從十九歲接棒至七十一歲去世為止，在風起雲湧的年代奮鬥超過半個世紀，可謂三國時代僅次於司馬懿的強人。

孫權當上皇帝前「性度恢弘，仁而多斷」，登極之後反而「性多嫌忌，果於殺戮」。在心理上產生相當大的變化。早年的孫權知人善任，而且頗能隱忍自制。之後雖曾有問鼎中原的雄心，卻在合肥之戰遭張遼擊敗，加上內部派系難以整合後，轉趨保守。稱帝後更沉迷於女色，甚至開了亂倫之例，娶了姑父徐真的孫女為夫人，讓立嗣問題成為嚴峻考驗，造成孫權與大臣之間關係緊張，東吳至此自亂陣腳，只能等待司馬家族收拾，讓三國歸於一統了。

三國歷史可從正史的記載「正說」，也可從演義小說的描寫「戲說」，但不管從哪個方式觀歷史，「心說」都是共同的路徑。作者陳禹安先生以西方社會心理學方法，分析孫權所處的時代與社會及其內在心理變化，讓我們重新審視孫權的心理糾結。從性度恢弘到性多嫌忌，這些心理的轉折都與他的成長環境有關，他既自卑也自負，他一直在爭取別人的認同，卻很果決殘忍地消滅所有反對他的人。

縱觀孫權一生，其實是很值得玩味探索的，他固然是一代大帝，卻也只是如你我一般的凡人，從青年、中年到老年，看孫權在倉促中繼承父兄事業，在群雄中占有一席之地，最後在內心的矛盾與誘惑中無可自拔，無一不是人心人性……《心戰三國》系列三書用「心」說歷史，讓馳騁在這個時代的英雄豪傑，一一脫落外在粉飾，呈現原來的面目。在歷史中，我們看見的是人性，而不再是神話，誠摯推薦陳禹安先生的《心戰三國・孫權》，箇中滋味值得讀者們細細品味、咀嚼。

目錄

· **只**有你自已成為太陽，
才不會被別人的陰影籠罩。

· **身**為弱者，
最好的策略是示弱，
而不是逞強。

· **任**何一種幸運
都會創造另一種不幸。

· **讓**自己沒有退路，
才是最好的進攻。

· **敵**人有時是最好的幫手。

· **唯**有真正「自信」的人，
才能做到真正「自卑」。

【策三】荊州恩怨

【策四】夷陵之戰

- **有**時候，你的性格
是他人打開心門的鑰匙。
- **人**生的大潰敗
通常都從小事開始。
- **時**機是解決問題的關鍵。
- **人**常常為了一時快感，
忘記真正想要的東西。
- **唯**有堅定，
才能走到終點。

【策五】稱帝江東

· **死**神是人類最好的心靈導師。

· **傲**慢比貪婪更致命。

· **順**境是最可怕的逆境。

【策六】 落日昏暉

【策一】江東驚變

1 意外中選的異類

誰都不願意猝不及防就被命運推上火線，十九歲的孫權卻不得不接受。

古羅馬哲人辛尼卡（Lucius Annaeus Seneca）曾說：「當充足的準備碰上機會，就是好運。」孫權碰到的似乎並非好運，因為機會來臨時，他根本還來不及準備。

這個所謂的「機會」是披著噩耗的外衣突然降臨的。孫權的長兄孫策在英姿煥發、如日初升的青壯時刻，竟慘遭刺殺，走到生命盡頭。這時，孫策才剛滿二十六歲。

雖然才二十六歲，孫策的輝煌成就，連很多六十二歲的人都無法企及。只是，命運不肯再多給一點時間。否則，這個人稱「小霸王」的年輕俊傑，不知還將開創何等轟轟烈烈的豐功偉績。

臨終前，孫策將幾乎算是獨力拿下的江東六郡八十一縣，交給大弟孫權。孫策的兒子還在襁褓之中，他只能選擇兄弟當接班人。

這個決定讓所有人深感意外！因為孫權是個不折不扣的異類。

說孫權是異類，首先表現在外貌特徵上。

孫權的父親孫堅和嫡妻吳氏生了四個兒子，分別是孫策、孫權、孫翊和孫匡。除了孫權，其他三兄弟都繼承父親的外貌特徵，個個面容俊朗、英氣勃發。為此，大家還特別稱呼孫策為「孫郎」。唯獨孫權是藍眼珠，紫鬍鬚，臉頰方正，闊嘴，看起來完全不像江南吳郡人，反倒像個西域胡人。雖然孫權也算相貌堂堂，卻和其他兄弟明顯不同。幸好他母親根本沒機會接觸胡人，否則應該會被懷疑孫權的生父是不是孫堅了。

為何孫堅夫婦都是黑眼珠，偏偏生出個藍眼兒子呢？

「瑞士聯邦技術研究所生物科學與工程學院」從白眼果蠅胚胎的研究中發現，毋需基因突變，只要改變胚胎發育時的環境溫度（從二十五℃提高到三十七℃），就可讓果蠅的眼睛產生重大變異，從白轉紅。

由此推測，孫權的碧眼紫髯，很可能也是母親在懷孕期間遭受某種環境變化的影響所致。

孫權與手足的不同之處，除了外形容貌，在性格氣質上也截然不同。

孫氏兄弟的父親孫堅是個驍勇剛烈、霸氣十足的人。孫堅的發跡簡直就像傳奇，這可從他攻擊性極強、睥睨群雄的個性中得窺一二。

孫堅十七歲時，跟著父親乘船去錢塘（今浙江杭州），快靠岸時遇到海盜劫掠，正在岸上分贓。過往船隻嚇得不敢靠岸，孫堅見了卻對父親說：「此賊可擊，請討之。」他提刀上岸，大步奔走，邊走邊比劃著，口中唸唸有辭，彷彿在指揮部署圍剿海盜。海盜們遠遠望見，以為是官兵前來緝捕，驚慌失措，紛紛扔下財貨，四散逃竄。孫堅卻不肯輕易罷休，直到追殺了一名海盜才回轉，因此名聲大振。隨後他被郡府徵召，代理校尉之職，從此開啓發跡之路。

孫策、孫翊等三兄弟，不但繼承了孫堅容貌俊朗的外貌，也繼承了他凌厲豪放的個性。

比方，孫策在孫堅意外身亡後，投奔孫堅的舊主袁術。有一次，孫策手下的騎兵觸犯軍法，為了規避懲罰，逃進袁術的軍營，藏身馬廄。孫策毫無顧忌，直衝袁術營中，揪出這名騎兵，就地斬首，然後才去拜見袁術謝罪。袁術心中不悅，但也只能說：「正該如此！」此事大大提高了孫策的威望，卻也讓袁術對孫策滿懷忌憚。此時的孫策，還不到二十歲。

總言之，孫策兄弟繼承父親的過人膽識和超強攻擊性。或許基因使然，甚至連孫家最年幼的妹妹孫仁也繼承了好勇鬥狠的性情。孫小妹後來嫁給梟雄劉備為妻，新婚之夜，見慣世面的老江湖劉備猛然見到新房擺滿刀槍劍戟，侍女們個個是舞刀弄槍的好手，也著實嚇了一大跳。

在一項重要的生物遺傳學研究中，科學家發現單胺氧化酶的作用。單胺氧化酶是大腦中掌管不同神經遞質（神經遞質是大腦神經元進行聯繫的一種特定化學物質）的酶，它能確保神經元之間的平穩交流。帶有單胺氧化酶A基因缺陷的人和動物，被證實暴力傾向較強。

以孫家父子來說，從孫堅到孫策，很可能都有單胺氧化酶A基因缺陷。所以，他們個個英武逼人，動輒對敵人發動暴力攻擊。

但是，在孫權身上，很可能沒有這種基因缺陷。因為孫權的性格沉穩含蓄、低調內斂，簡直不像孫家兒郎！

對他人的認知評判中，有一種所謂的「自我形象偏見」[1]。就是人們傾向於根據自己的人格（或性格）特徵，來評價別人的人格（性格）與自己的相同和差異之處。

社會心理學家列維奇（Roy J. Lewicki）曾讓一群人用二十個形容詞評估真實的自我。每個形容詞代表一種評判的面向。同時，受試者也被要求用這些形容詞評估其他人（包括家庭成員、好朋友、最不喜歡的老師、覺得最特別的人等）。

結果，列維奇發現受試者評估自己時最重視的面向，也是評估他人時最重要的面向。比方，若受試者很重視自己熱心助人的正面評價，評估他人時，這項特點就會成為他最重要的衡量標準之一。再如，一個受試者對自己勇敢無畏的性格很自豪，對膽小怕事的人，就會給予負面評價。

對孫策來說，英武豪邁、膽略過人是他最自豪的性格特質。在自我形象偏見的作用下，沉悶內向有餘、勇毅明顯不足的孫權顯然不可能成為孫策的「最愛」。最有可能成為孫策「最愛」的應該是孫家三郎孫翊。

孫翊不但外形容貌與孫策十分相似，在性格特徵上也如出一轍。可以說，孫翊和孫策完全是一個模子印出來的親兄弟，孫權和他們相比，完全像是外人。

也許有人會說，孫策選擇孫權是因為他剛好是年紀最大的弟弟；但事實上，孫翊僅僅比孫權小一歲，已經十八歲了。

孫家兒郎一向早熟早慧，很早就承擔起軍國重任，這是得益於孫堅的言傳身教。孫堅出身布衣，十七歲出道，孤身擒拿海盜；二十八歲時黃巾事發，藉此亂世而發，三年後，就以赫赫軍功被朝廷封為長沙太守，很快又被封為破虜將軍、烏程侯。

孫堅三十五歲英年早逝，當時孫策才十七歲，就毅然擔起一家重任。四年後，孫策帶著父親的部分舊屬，加上新招募的數千人馬，開始創業，僅用兩、三年時間就打下江東的丹陽、吳、會稽三郡，還向西攻占豫章、廬陵、廬江三郡，一時擁地千里，稱霸江東。孫策二十五歲時，曹操控制下的朝廷封他為討逆將軍、吳縣侯。就連老謀深算的曹操，忌憚孫策的英勇無敵，也不得不將曹仁的女兒嫁給孫策的小弟孫匡，以示籠絡。

年屆十八的孫翊承繼父兄的氣質與能力，英氣逼人。孫翊雖比孫權小一歲，但差一歲根本無關緊要，孫翊簡直就是量身訂做的繼承者。最早發跡的豪強袁術，目睹孫策的英姿颯爽後連連感嘆：「如果我也有孫策這樣的兒子，死亦無憾。」

袁術感嘆自己沒有像孫策這樣的兒子可繼承事業。那麼，孫策有了酷似自己的孫翊當接班人，也就不用像袁術浩嘆遺憾了。

事實上，自我形象偏見不僅影響孫策，也影響所有人。以張昭為首的一幫江東重臣據此推斷，有長兄之風的孫翊是最合適的接班人。張昭等人雖心傷孫策英年不永，擔心外敵覬覦侵襲，但一想到有「小孫策」孫翊在，整個江東的氛圍必將一如既往，也就大大放心。

但是，誰也沒想到，孫策竟會選擇在生物學特質與人格氣質上都和自己格格不入的孫權。到底是什麼原因導致孫策大違常理，把江東之主的重擔交給異類孫權呢？

〔心戰領悟　機會往往留給沒做準備的人。〕

2 三次致命的刺殺

一切得從孫策為什麼會英年早逝說起。

孫策之死，看似純屬意外，其實是複製其父孫堅猝死的模式。

當初，孫堅奉袁術之命征討劉表，一舉擊敗劉表手下大將黃祖。黃祖倉皇逃竄，孫堅一時興起，單人獨騎奮力追趕，追至峴山，卻被黃祖部下一箭射殺。

孫堅身為主將，本該居中指揮，而不是逞匹夫之勇，衝鋒陷陣。但孫堅的個性以及戰無不勝的經歷，導致過度自信，乃至自我膨脹，堅信自己天下無敵，沒有任何人可以傷害自己，結果中了敵人的冷箭而死。

孫策複製了孫堅的長相與個性，他的成功似乎比孫堅來得更容易，使孫策也複製了父親過度自信和自我膨脹這兩種主要特徵的思維和行為模式。

孫策攻占江東六郡時，原吳郡太守許貢奮力抵抗不敵。後來，許貢偷偷寫信給曹操，說孫策之勇悍無匹，與西楚霸王項羽相似，希望朝廷趕快徵召孫策至朝廷任職，以免養虎貽患。不巧的是，許貢這封信在渡江時被孫策的守將搜獲。孫策大怒，立即下令將許貢全家絞殺。但是，許貢的三個門客卻逃了出去，一直想著為主人報仇。

孫策特別喜歡打獵，玩得興起時，常常單人獨騎，深入山林，根本不顧及隨身護衛是否能跟得上。他用武力征服江東六郡，結怨頗多，卻絲毫不以為意，仍肆無忌憚地放縱個性，恣意行事。

孫策的這項行為特點被許貢的門客察知後，便謀劃趁孫策出獵時埋伏在山中，等孫策縱馬追獵，就用上過毒藥的箭頭致孫策於死地。孫策自以為神威凜凜，天下無敵，根本不加設防，結果落入許貢門客設下的陷阱，身中數箭，甚至連臉上也中了一支毒箭。

孫策奮起神勇，將許貢的三位門客殺死，但箭毒已深入骨中。

孫策可說是「完美複製」了父親孫堅的死亡模式，但他比孫堅幸運得多，孫堅是一箭斃命，孫策卻因救治及時，尚有一線生機。

醫者為孫堅療傷後，特別叮囑：「箭毒已入骨，必須靜心休養一百天，不得動氣。一旦怒氣衝激，箭瘡就難治了。」

以孫策生龍活虎般的個性，要他像老僧入定般靜心休養，簡直比坐牢還難受；但為了保命，還是強自攝定心神，在家中靜養了二十多天。

這日，孫策數月前派往許都打探消息的細作回到江東，早已憋得難受的孫策，急忙把他找來，細細詢問許都情狀。

細作說曹操依然對孫策十分忌憚，唯獨謀士郭嘉卻不怎麼把孫策放在眼裡。孫策追問其詳，細作才覺察失言，想支吾過去。孫策頓時發了怒，喝令要將細作斬首。

細作嚇得臉色慘白，不敢隱瞞，如實將郭嘉的原話複述了一遍。原來，郭嘉對曹操說：「孫策不足為慮。其人輕而無備，性急少謀，不過是匹夫之勇。倘若有個刺客，立為刀下之鬼。此人必死於小人之手。」

這細作剛回江東，已隱隱聽說孫策遇刺，還來不及打聽，就按照慣例，第一時間去向孫策彙報許都情狀。當他順口說出郭嘉對孫策的評價時，才驚覺郭嘉實在太厲害了，他的預言竟然全部應驗！這時，才明白不應該對孫策提及此事，但話風已露，迫於孫策的威嚴，只能一五一十說分明。

孫策聽了，立時將醫者的諄諄告誡拋到腦後，勃然大怒道：「匹夫安敢料我？伏擊射我的人一定是曹操安排的！」

郭嘉的話為什麼讓孫策反應這麼激烈？孫策又為什麼會把設伏行刺視為曹操的陰謀？

孫策顯然是一個高自尊的人。所謂高自尊，就是指自我價值感很高。孫策出獵遇刺，是他年輕的生命中難得一遇的挫敗。這次挫敗對他的自尊衝擊很大，如果真如自許的那樣英明偉大，理應不會中了三個宵小之輩的埋伏；但事實俱在，無可否認。於是，孫策下意識選擇避而不談，以維護自尊。

但郭嘉的料事如神就像對孫策的二度刺殺，彷彿向世人宣告了孫策的失敗。從心理學的角度來看，遭遇失敗後，人類的生理喚醒標準提高，從而更容易以自我保護的歸因方式來為失敗申辯。所以，孫策不假思索地將行刺一事歸因於曹操的陰謀詭計，而不是自己的草率行事。

歸因於曹操，就是歸因於外部，屬於情境性歸因。和自己的個性特質、行事風格無關，也就得以維護自尊。

認知自我是很不容易的，尤其對極度自信的得意者更是如此。孫策的思維模式和行為模式早就是一種自動反應，在本人毫無覺察的情況下頻頻主導他的思想與行為。在外人如郭嘉看來，孫策的「輕而無備，性急少謀」是異常鮮明的個性特徵。再考慮到他身處於複雜的爭鬥環境，做出「必死於小人之手」的預言式論斷，並不是太難的事。

但是，孫策怎能接受被郭嘉看穿個性真相呢？在認知自我上，沒有人比自己錯得更離譜。孫策不願命運被他人一言料中，況且，還是個極傷自尊的悲慘結局。孫策的反應必然是勃然大怒、破口大罵，反而更坐實了郭嘉的論斷。

郭嘉的預言對孫策造成自尊衝擊後，又連帶影響他接下來的行為。孫策急忙召來謀士張昭，立即想發兵攻打許都，拿下郭嘉問罪。張昭急忙勸阻：「等主公箭瘡痊癒，再發兵也不晚。」

孫策恨恨不已，強自放下立即起兵的念頭。為了寬解孤寂與憤懣，孫策隨後決定在城樓上聚集諸將宴飲。

這一喝酒，又喝出事來了。

正飲酒之間，孫策忽然看見手下諸將一番交頭接耳後，紛紛走下城樓，他大感奇怪，急忙問左右，左右說：「有個于神仙正好從樓下經過，諸將都去參拜了。」

孫策大驚，急忙起身，走到城牆邊上，憑欄往下一瞧，只見一個鬚髮皆白的道人，身披飛雲鶴氅，手執一根藜杖，站在大道旁。孫策手下諸將和一眾男女百姓，紛紛焚香跪倒磕拜。

孫策大怒，立即下令：「趕快將這妖人擒將過來！」左右忙解釋道：「主公，他不是妖人！他焚香講道，普施符水，救人無數，非常靈驗。人人稱呼他『神仙』，乃是江東的福神啊！」

孫策向來令出如山，左右絲毫不敢違逆，但這次竟然不聽號令，反而為道人說情，孫策更是大怒，立即拔出寶劍，喝道：「你們竟敢違背我的號令！」作勢要斬。左右不得已，急忙走下樓去，將道人于吉推上城樓。

孫策見了道人，怒斥道：「妖人竟敢蠱惑人心？」

于吉不慌不忙說道：「貧道治病救人，不曾取毫釐之物，怎麼能說我蠱惑明公的軍心呢？」

孫策怒道：「你不取毫釐，飲食衣服從何處得來？我看你就是黃巾賊張角之流，今天不殺了你，日後必為國家大患！」

當年，孫堅曾追隨朝廷大員朱儁征討黃巾軍。孫策此時也是朝廷命官，和起兵造反的黃巾軍分屬不同陣營，自然對黃巾軍充滿偏見。黃巾張角以傳道起家，孫策見于吉也是個道人，在消極情緒的推動下，自然就將于吉歸為黃巾之徒了，而這樣的歸類，也給了他名正言順的殺人理由。

張昭急忙勸阻：「于道人在江東數十年，並無過失，如果殺了他，恐怕失去民望！」

如果孫策沒有遇刺，又如果細作沒有轉述郭嘉的論斷，張昭這句話就能讓孫策怒氣消滅。畢竟，他才剛拿下江東六郡，若殺了于吉而導致民心不穩，就得不償失了。

但是，孫策遭受被人行刺的自尊衝擊後，自信心已受損。于吉的聲望與人氣再度讓他覺得威信受到嚴重的威脅。孫策親眼目睹，于道人一來，部下諸將竟然對他跪拜磕頭，俯首帖耳。這情形不啻於對孫策自尊心的第三次刺殺！

心理學的研究表明，高自尊的人面對威脅時會表現出明顯的敵意，常常會採用打壓他人的方式來應對，甚至會採取極端的暴力手段。這就是極具人際殺傷力的「自尊衝擊反應」[2]。

雖有張昭為于吉求情，孫策還是不想放過這個老道。于吉的威望確實夠高，張昭說不動孫策，其他眾官也不約而同地站出來勸諫孫策。孫策眼見于吉的支持者如此之多，更加恨聲不已，但也不便強行逆了眾人心意，於是下令將于吉戴上枷鎖，關入大牢，聽候處理。

等待于吉的將會是什麼樣的命運呢？

心戰領悟　最後一個瞭解自我真相的人往往是你自己。

3 熱愛何嘗不是傷害

于吉一被關進牢裡，信徒們立刻展開營救。張昭等人十分瞭解孫策的脾性，他們知道唯有母親吳太夫人能讓孫策收回成命。

吳氏是一位頗有膽識與智慧的女性，而且還是說服高手。她本是吳郡人，後來隨宗族遷徙到錢塘郡。她的父母早逝，和弟弟吳景相依為命。孫堅在錢塘郡孤身緝盜聲名鵲起後，聽說吳氏品貌俱佳，立即登門求親。吳氏宗族的長輩嫌棄孫堅好勇鬥狠，拒絕了他。孫堅十分惱怒，悻悻而退。

但吳氏非常傾慕孫堅這樣的血性男兒。她識見遠大，知道孫堅好勇鬥狠、惹是生非的性格，在太平盛世不是什麼好品格，但在亂世中，卻是安身立命的大好本錢。她願意與孫堅成婚，但宗族長輩拒絕了，她要怎麼做才能不傷顏面地達到目的呢？

吳氏和長輩們說：「何必因為寵愛我而讓全族遭殃呢？我情願嫁給他，如果將來有什麼不測，那也是我的命。」

這是標準的「後果策略」[3]。吳氏指出拒絕孫堅另一種可能的消極後果。以孫堅的個性，是不會善罷甘休的；得罪他，可能給整個宗族帶來滅頂之災，此一後果，當然是吳氏宗族不願意接受的。當初，宗族長輩之所以拒絕孫堅，是出於保護宗族之女，擔心吳氏嫁給他後，未來的生活沒有保障。但是，為了保護宗族之女卻可能讓全族遭遇危險，其得失利弊顯而易見。儘管如此，因人們總是傾向於維護自己的正確性，宗族長輩還是可能會維持原判，所以，吳氏又補上一句，如果嫁給孫堅是個錯誤的選擇，她也願意認命。這樣一來，長輩們的顧慮全被打消，也就沒理由不同意了。吳氏不但如願以償地與心目中的英雄結為夫妻，還贏得捨身以護宗族的好名聲。

吳氏身為女子，竟然透過智慧，成功主宰自己的命運，在當時絕對是鳳毛麟角的例外。

吳氏與孫堅結婚後，生下孫策等四子一女，吳氏對孫策的影響力極大。孫策在江東初定後，曾想殺掉得罪自己的會稽郡功曹魏騰，張昭等謀士覺得殺戮一開，剛安定下來的人心就會浮動，不利於長治久安，於是勸孫策放過魏騰，但孫策執意不聽。吳氏聞訊後，來到一口大井旁，派人將孫策叫來，對他說：「江東初定，大業未成，你應當禮賢下士，忘記別人的過錯，記住別人的功勞。況且，魏騰於公盡職盡責，今天如果因為個人私怨而殺了他，明天所有人都將離你而去。我不忍心看見災禍到來的那一天，不如先投井自盡吧！」

這又是一個後果策略。吳氏讓孫策看到如果一意孤行，不但會立即失去母親，也會失去部屬的擁戴。孫策大驚，急忙向母親請罪，再也不提誅殺魏騰一事。從此，江東人心日漸安定。

張昭等人覺得營救于吉的希望，只能寄託在吳太夫人身上。

吳太夫人一向知道于神仙的事蹟，對他頗有好感。她立即將孫策叫入後堂，對他說：「我聽說你將于神仙關在牢裡，他經常為人醫治疾病，軍民百姓對他十分敬仰，你可不要加害他。」

孫策忙辯解道：「母親，您不要聽外人胡言亂語，我自有主張。」

孫策的反應和往日對待母親的態度完全不同。他這麼說，其實就是委婉拒絕母親的要求。那麼，為何這一次的「母親牌」失效了呢？

實際上，這些虔誠的信徒們都想錯、做錯了。他們根本不瞭解孫策為什麼要殺于神仙。于吉並沒有做錯事，孫策也不是因為于吉做錯了什麼才把他投入大牢的。如果信徒們置之不理，于神仙被關了一陣子後，孫策心漸漸淡了，也許就放了他。但是，信徒們百般努力營救，可能適得其反。

孫策回身吩咐獄吏押來于吉審問，沒想到，于神仙在牢獄裡果真過著神仙般的生活。于吉剛入獄，獄吏們就將枷鎖除去，好吃好喝招待著。等到孫策臨時召喚，才慌慌張張重新給于吉戴上枷鎖，一來二去，就耽誤了時間。孫策見獄吏們動作遲緩，怒問緣故，獄吏們不敢隱瞞，只好將實情相告。孫策怒氣更甚，痛責獄吏一頓，吩咐將于吉重枷伺候，再度關入大牢。

張昭等人看大事不妙，急忙聯名上書，拜求孫策放過于神仙。孫策心中驚怒交迸，對張昭等人說：「你們都是讀書人，怎不知道理?當年交州刺史張津誤信邪教，經常用紅頭巾包頭，說是可助軍威，結果被敵人殺了。這等裝神弄鬼的道，有害無益。你們不要多說了，我要殺于吉，就是想禁止這股歪風邪氣。」

呂範一看苗頭不對，急忙說：「于道人可以祈風禱雨。現在正遭逢大旱，為什麼不讓他祈雨贖罪呢?」他的用意其實並非祈雨贖罪，而是希望讓于神仙施展法術，展示神蹟來贏得孫策的信服，從而不但放過于吉，並對他禮敬有加。

孫策有心看看于道人到底有何能耐，便答應呂範的請求，將于吉放出，令他沐浴更衣，登壇求雨。孫策同時安排一堆乾柴，聲明如果到了午時還沒下雨，就要當場燒死于吉。

百姓聞訊，奔走相告，立時觀者如雲，填街塞巷。

于吉求雨良久，將近午時，狂風驟起，風過之後，陰雲漸合，雨卻還是沒有落下來。孫策下令吩咐左右將于吉扛上柴堆，準備點火。正在此時，忽聽一聲驚雷，頃刻間，大雨如注，街市成河。

旁觀眾官及百姓搶上前去，將于吉扶下柴堆。數萬軍民為于吉的神蹟所感，竟然不顧大雨瓢潑，自動自發對著于吉下跪磕拜。人人均深感慶幸，大雨一降，于神仙的命算是保住了！

但是這一跪，卻把于吉給活活跪死了！

孫策一見到大雨滂沱，不由得對于吉的神力有所觸動，但隨即看到官民百姓對于吉頂禮膜拜，頓覺驚懼無比，於是暴怒發作，喝道：「晴雨乃天地定數，被這妖人正好趕上了，你們怎麼會被他迷惑到這等地步？」並下令速斬于吉。

于吉的成功就是孫策的失敗。失敗之後，人們往往以自我保護的歸因方式來為失敗申辯，所以，孫策才將這場大雨歸因於天地定數，不認為是于吉祈求之功。

眾官大驚，再次集體勸諫孫策。孫策卻是愈勸愈怒，拔劍在手，質問道：「你們是不是想和于吉一起造反？」

眾人見孫策面色鐵青，唯恐多說一句，于神仙還沒死，自己的腦袋就先搬家了，只好閉口不語。說時遲，那時快，于吉立即被砍了腦袋。孫策還不解恨，下令將屍首號令於市，以作警示，但是，當晚于吉的屍身就不見了，顯然是虔誠信徒所為。

于吉的忠實信徒不惜一切手段要營救他，卻不知好心是會壞事的。正是他們的營救斷送了于吉的生機。孫策之所以對于吉苦苦相逼，就是擔心他的影響力勝過自己。威信是孫策賴以維繫高自尊的基礎。他無法容忍在江東一地，別人的威信超越自己，于吉的信徒們卻屢屢用實際行動強悍地證明了這一點。

如果于吉的信徒們沒有動用一切力量來幫助他、解救他，孫策或許不會對他恨之入骨。如果于吉的信徒們沒有不顧一切地表達崇拜，孫策或許不會置他於死地。

對孫策造成最沉重打擊的是，幾乎所有部屬都是于吉的忠實信徒。孫策不能不擔心，萬一于吉登高一呼，部下也許會立即調轉槍頭對準自己。所以，于吉愈是神奇，愈是有威望，就愈是沒活路。

而且，孫策遇刺後自尊一再受損，也讓他對「于吉現象」變得更敏感。如果他還是最初那個自信滿滿的少年英才，也許于吉的存在並不會讓他深感威脅。事實上，于吉在江東時日已久，威望早著，此前根本沒有引起孫策的關注。吳太夫人也沒有覺察到孫策內心的自信弱化，在說情時未能將她最擅長的後果策略用到極致，從而也影響了說服的成效。

孫策殺了于吉，終於放下心來。可是，于吉雖死，孫策卻為此事一再大動肝火，把箭瘡未癒的自己推向危險的深淵……

心戰領悟　偶像被推向神壇的同時，也被推向祭壇。

4 死神催逼下的抉擇

孫策連續動怒，大傷元氣，身體變得極為虛弱。睡夢中，多次夢見于吉前來驚擾，幾番受驚後，很快變得形容枯槁。

吳太夫人見了兒子這般模樣，心痛萬分，忍不住說了一句：「兒啊，你怎麼憔悴得不成人形了呀！」

孫策自從遇刺後，一直沒照過鏡子，一聽母親這樣說，急忙命人取鏡來看，這一看，可就要了孫策的命了。

孫策英俊瀟灑，對形貌相當有自信。但鏡中人面黃肌瘦，形銷骨立，臉上還有一個大箭瘡，哪還有半分風流模樣？孫策不由得心如死灰，大叫一聲：「我怎麼會憔悴成這個樣子？」接著用力一拍鏡子，頓時瘡傷迸裂，昏絕於地。

吳太夫人沒想到一句憐惜的話，竟對兒子造成如此沉重的打擊，急忙命人將孫策扶入臥室。過了一會兒，孫策緩緩甦醒，長嘆一聲：「看來我是活不成了。」

這種自暴自棄的話語，往往是自我價值感很低的低自尊者的典型表達，卻從一貫自視極高的孫策口中說出，簡直讓人難以置信。那麼，為什麼形容枯槁會對孫策造成毀滅性的打擊呢？

每個人對自己都抱有多種概念。比如認為自己是友善的、聰明的、勇敢的、懶惰的、負責的等。這些屬性特徵的重要程度並不完全一樣，其中某些特徵是一個人的核心特徵，這些核心特徵構成了「自我基模」[4]的概念。所謂「自我基模」，就是指特定領域內有關個人行為的記憶、信念的概括總和。

對孫策來說，他的自我基模就是「有陰柔之美的男子氣概」——面目俊朗，又勇猛無敵，這和張飛、許褚那種外表粗豪的男子氣概截然不同。可以說，「有陰柔之美的男子氣概」是孫策的招牌式標籤，和他有類似標籤的就是周瑜，這兩個人正因有著共同的自我基模而成為莫逆之交。

鏡子是一種很特別的東西，能夠有效啓動自我覺察。本來渾渾噩噩的孫策在鏡中一瞥，驚覺自己不但失去俊朗的面容，也失去了萬軍叢中驍勇廝殺的體力。他賴以維繫自尊的「有陰柔之美的男子氣概」已經蕩然無存！

像孫策這樣的人是高度表裡如一的，他的外在形貌和內在信念是高度統一的。外表的英俊風流，等同於內心自我認知的天下無敵。許貢門客的行刺、郭嘉的預言、于吉的神奇與巨大影響力，一連串的打擊，擊碎他在外表形貌和內心信念上的自信。

如果說「美麗」是大喬、小喬這些絕色美女的生命動力，那麼「美力」就是孫策的生命動力。失去「美」與「力」，孫策也就喪失了自尊及生存的勇氣。而他的身體狀況在多次動怒傷及元氣後，也確實不樂觀了。

千古艱難唯一死，對任何人來說，接受自己即將死去的現實，都不是一件容易的事情。古往今來，有多少英雄豪傑在死神面前都不得不低下高貴的頭顱。

年僅二十六歲的孫策正是旭日高升的年紀，在這樣的年紀，死亡，本來是非常遙遠的事。正因如此，對孫策造成了最為慘重的打擊。好在死亡來得太迅捷，容不得他像庸常之輩那樣陷入拒絕接受、怨天尤人、苦苦掙扎的「三段式」流程，身為江東之主的巨大責任感有效沖淡了死亡帶來的恐懼，這意味著孫策必須立即妥善安排身後之事。

死亡，是人類最終極的一種習得性無助。這種習得性無助會衝破一切慣性認知和驕傲自尊所形成的思想桎梏。所以，人之將亡，其思也良；人之將死，其言也善。

如果不是死神迫在眉睫的催逼，孫策絕不會去思考：「假如所有我認為『錯』的事情，其實是對的，那會出現什麼樣的情況呢？」

一旦孫策這樣思考時，很快就進入心地澄明的狀態。

首先湧上心頭的是郭嘉的話。

郭嘉對孫策的評價是「輕而無備，性急少謀，乃匹夫之勇，如有刺客，必成刀下之鬼」。這句曾被孫策嗤之以鼻的話，眼看就將神奇地成為現實。如果選擇和他一個模子裡刻出來的三弟孫翊來當接班人，是不是意味著孫翊也會面臨相同的命運，重蹈覆轍？那麼，這份拚死拚活打下來的基業又該怎麼辦？

接受郭嘉的判斷，等於為孫策的思想之門打開了一條縫隙，而另一個人說過的話，也隨之登堂入室。

那是兩年前的事了。當時孫策平定了江東，曹操為了拉攏他，以大漢朝廷名義派來使者劉琬，冊封孫策為討逆將軍、吳侯。

孫策十分高興，他得知劉琬善於看相，就把幾位兄弟都叫出來拜見劉琬，但劉琬只是禮貌性地搪塞了幾句，並未多言。

孫策正當志得意滿、唯我獨尊的時刻，本來也不怎麼相信卜卦看相之類的東西，也就沒有太過在意劉琬的推託。

劉琬回到許都後，卻對其他人說：「孫家的幾個兄弟看上去個個聰明精幹，能力出眾，但是壽命都不會太長。唯獨老二孫權形貌奇偉，是大富大貴之相，而且還很長壽。你們不妨記住我的話。」

孫權這時剛滿十五歲，已被舉薦為孝廉，並被孫策安排擔任陽羨縣長，故而劉琬稱其為「中弟孝廉」。

劉琬的話傳回江東後，孫策根本不屑一顧，只是付之一笑。他心雄天下，目無餘子，就連老天爺也不放在眼裡，又怎麼會相信劉琬對自己「祿祚不終」的判斷呢？

事實上，劉琬的相術的確獨步天下，神奇無比。此後，孫策果然在二十六歲盛年遇刺身亡；隨後，孫策的三弟孫翊在二十一歲時被部下殺害；孫策的四弟孫匡也在二十出頭的時候就去世了。兄弟三人均驗證了劉琬所言的「祿祚不終」，唯獨孫權一直活到了七十一歲，其他三兄弟加起來也沒有他活得長。

死亡就像天才魔術師，能夠徹底改變一個人固有的信念系統。孫策笑傲江湖之際，絕對不會相信劉琬的話，但是他臨死之際，劉琬的話卻發揮作用了。既然孫策本人的命運已經完全被他言中。那麼，孫氏其他三兄弟的命運憑什麼不會被他言中呢？

如果選擇孫翊，江東的基業看來是守不住的。只有選擇孫權，才是唯一正確的選擇，因為「形貌奇偉，骨體不恆，有大貴之表，年又最壽」的唯有他！

孫策終於做出了選擇。他叫來張昭等重臣，鄭重宣布自己的決定。

張昭一驚，以為孫策病得糊塗了，忙勸道：「主公，眼下正是亂世，孫翊勇猛果決，豈不是更好的人選？」

張昭不是私心作怪才舉薦孫翊，他的意見其實代表著群臣諸將的主流看法。大眾看來，性格沉穩內向的孫權，只合適坐輔佐性的位置，而不是承擔一馬當先、勇當重任的江東之主。雖然此前孫策早已開始栽培孫權，讓他十五歲時就擔任縣長一職，而且在行軍打仗時經常聽取孫權的意見。孫權也確實提出過一些不錯的建議，但那時的主將是一呼百應、萬眾歸心的孫策。孫權是在沒有太大壓力的情境裡提出建議，採納與否、執行如何最後由孫策拍板，自然沒有太多顧慮。可是，一旦孫權成了江東之主，必須獨扛千斤重擔，獨自直面壓力，這樣的性格可能就遠不如氣勢宏壯的孫翊那樣英明果斷了。

雖然孫策曾多次當著部屬的面對孫權說：「此諸君，汝之將也。」但到了關鍵時刻，張昭出於理智的思考，還是認為孫權並非最理想的人選，於是繼續勸諫說：如果一定要選擇孫權接班，可否將軍權交由孫翊？這樣兄弟各有承擔，形成互補，也許是更符合實際的方案。

但孫策果斷地搖了搖頭。天無二日，如果兩個人分權而治，勢必造成內訌。孫策堅定地將孫權叫到身邊，把印綬交給了他，說：「若舉江東之眾，決機於兩陣之間，與天下爭衡，卿不如我；舉賢任能，各盡其心，以保江東，我不如卿！兄弟，你可要想著父兄創業之艱難，好自為之！」

千斤重擔就這樣落到孫權稚嫩的肩膀上。那麼，沒有絲毫準備的他，能擔得起孫策臨終的囑託嗎？

心戰領悟

「你錯過的往往是那些你認為「錯」的東西。」

5 無中生有的褒獎

孫策說的這句「若舉江東之眾，決機於兩陣之間，與天下爭衡，卿不如我；舉賢任能，各盡其心，以保江東，我不如卿！」其實只有前半句是成立的。

「舉江東之眾，決機於兩陣之間，與天下爭衡」，不但孫權不如孫策，環顧天下，恐怕也沒有幾個人比得上孫策。但後半句「舉賢任能，各盡其心，以保江東」，孫策做得也相當不錯，而孫權一直生活在孫策的陰影下，在這方面其實並無優異表現。

孫堅死後，孫策辦理好父親的喪事，舉家渡過長江，在江都居住。正好廣陵人張紘因母喪在家守制。張紘謀略深遠，見識不凡，文字功底尤其出色。

建安七子之一的陳琳，文章獨步天下。陳琳為袁紹效力時，曾經寫過〈為袁紹檄豫州文〉，痛斥曹操。曹操讀這篇文章時，正好頭風發作，臥病在床，讀了陳琳的檄文後，竟然驚出一身冷汗，連頭風病都不藥而癒。陳琳對張紘特別服氣，在一封給張紘的信中，陳琳寫道：「我生活在北方，消息閉塞，與天下的文人學士交往很少，沒見過大世面。只是此處能寫文章的人不多，因此我在這裡易受矚目，被大家過譽，並不是我的才學真有那麼好，是你太誇獎我了。我和你及張昭兩人相比，差距實在太大，就好像小巫遇見了大巫。」（成語「小巫見大巫」即出於此。）

孫策聽說張紘賢能，多次上門，請他指點迷津。後來，孫策向袁術索回父親舊部，準備起兵征討江東，又鄭重請張紘出山輔佐。張紘多次婉言拒絕，但孫策虛心誠懇，堅持邀請張紘，終於感動對方。張紘從此與張昭一起成為孫策最得力的謀士，號稱「二張」。這一幕和劉備三顧茅廬請諸葛亮出山完全雷同，後人不吝給劉備冠上「折節下交，求賢若渴」的美名，孫策完全應該得到同樣的榮耀。

孫策在另一位重要謀士張昭身上也表現出了豁達寬仁的氣度。

張昭輔佐孫策創業，發揮了重要作用，影響力愈來愈大。江東很多士大夫經常給張昭寫一些熱情洋溢的讚美信。張昭收到這些信，左右為難，十分煩惱。他既不敢隱匿不宣，以免顯得暗藏私心，做賊心虛，但是公開這些信件又有搶孫策風頭之嫌，也很不適宜。孫策聽說了之後，卻很高興地說：「我聽說當年管仲輔佐齊桓公時，人家開口仲父，閉口仲父，齊桓公一點也不擔心被管仲搶去風頭，最後成了五霸之首。如今子布（張昭之字）這麼賢能，我能夠重用他，他的功名難道不為我所有嗎？」這句話傳到張昭耳中，他立即就放下忐忑不安的心，從此死心塌地為孫策效勞。

孫策對待張昭的這一份心胸與度量，恐怕連以「知人善任」著稱的劉備、曹操兩大梟雄都趕不上。

孫策不但以氣度收攬文臣謀士之心，也以個人魅力收服猛將勇士之心。太史慈就是一個很典型的例子。

太史慈能力出眾，志向高遠，不是一個能被輕易收服的人物，就連以仁義聞名四海的劉備都沒能得到他的認可與追隨。

太史慈曾為解北海之圍出力，後來投到揚州刺史劉繇門下，劉繇卻沒有重用他，只是派他偵探軍情。孫策與劉繇相敵，親自帶著十數騎探看劉繇營寨。劉繇按照常規推測，認為是孫策的誘敵之計，太史慈卻慨然出擊。孫策與太史慈一場猛戰，一連五十回合，不分勝負。孫策佯輸詐敗，回馬疾走，太史慈緊追不捨，來至神亭嶺下，再度大戰五十回合，還是不分勝負。後來，兩人棄槍肉搏，孫策搶過了太史慈背後的短戟，但孫策的頭盔也被太史慈搶走！雙方接應兵馬趕到，兩人才罷戰。

在孫策的征戰史上，這樣勢均力敵的對手還是第一次遇到。孫策很不服氣，第二天再次出營挑戰。孫策將太史慈的短戟扔在地上，吩咐軍士大叫道：「太史慈，要不是你逃得快，早就刺死你了！」太史慈不甘示弱，也將孫策的頭盔扔在地上，大喊：「孫策的狗頭就在這裡！」

雙方一陣混戰，此後孫策設伏用計將太史慈生擒活捉。大家以為按照孫策的脾氣，一定會將對自己不敬的太史慈千刀萬剮。沒想到太史慈剛被押到帳前，孫策急忙出營，喝散士卒，親自給太史慈鬆綁，還脫下錦袍給太史慈披上，將他請入營帳。

太史慈驚訝道：「我乃敗軍之將，罪當一誅，為什麼如此厚待我？」孫策說：「我知道你是真丈夫，只是劉繇乃愚蠢之輩，不能重用你，以致遭此慘敗。」孫策的英雄氣概，令太史慈深受感動，於是向比自己小九歲的孫策投降。

孫策拉住太史慈的手，笑問道：「子義（太史慈之字），你還記得神亭嗎？如果那天你抓住了我，會不會殺了我？」太史慈同樣笑著說：「那可真不好說！」

很多趨炎附勢之徒在投降已成事實的情況下，往往會粉飾掩藏過往的想法，以取悅新主。但太史慈卻是剛直不阿，快人快語。孫策也沒有因此而對他不滿，反而更加敬重信任。太史慈提出趁著劉繇新敗，趕快去收攏即將離散的士卒來為孫策效力。孫策毫不猶豫就同意了，雙方約定次日日中為期。孫策手下諸將都說太史慈不過是找藉口遁去，不會再回來了。孫策卻對降將太史慈十分信任，說：「子義是青州名士，信義為重，絕不肯背約而走！」

第二天，太史慈果然帶著一千多人馬如約返回，從此死心塌地追隨孫策。

由上可見，「舉賢任能，各盡其心」應該是孫策的亮眼標籤，而孫權截至目前在這方面幾乎毫無作為。當然，這也和孫權的位置有關，大家不會因此苛責孫權，但問題是：孫策為什麼要憑空把這一點當作孫權的優點而刻意強調呢？

當一個人在不同的選擇中做出艱難的抉擇，或者其抉擇與群體的預期明顯不符時，決策者就會產生認知失調。為了消除這種心理上的不適感，決策者會刻意提高已選擇對象的吸引力，或降低被拒絕對象的吸引力，這就是「決策後失調」[5]。

孫權並非眾望所歸的接班人，而孫策也是在死神的威脅下才做出這個與眾不同的決策，導致孫策內心的認知失調，為了消除這種決策後失調，只能著重彰揚孫權的優點，以表明他完全有能力擔任江東之主，同時也證明自己的選擇是正確的。

為自己的決策辯護是人的一種本能，即便對那些被誤認為是自己的決策也是如此。

在一個有趣的心理學實驗中，一名研究者拿著兩張撲克牌大小的女人相片詢問實驗對象：哪一個女人更有吸引力。實驗對象做出選擇後，研究者就將照片正面朝下，扣在桌子上，然後將其中一張推給實驗對象，要他說出為什麼選擇這張照片。

研究者在推照片的時候，故意做了手腳，將實驗對象沒有選擇的那張照片推給他。結果，只有二五％的實驗對象發現這個小把戲；另外沒有發現這個祕密的實驗對象，被問及為什麼更喜歡「這張」照片時，他們毫不猶豫地做出牽強的理由，根本沒有察覺到研究者推給他們的竟然是被他們否定的落選者。

孫策既然選擇孫權，當然要給出足以服人的理由，但孫權的業績和優點還是很不明顯。孫策思來想去，也只能在「舉賢任能，各盡其心」上做文章了。

不過，與其說這是孫策對孫權的褒獎與彰揚，毋寧說是對孫權的期望與告誡，因為唯有「舉賢任能，各盡其心」才有可能「以保江東」。孫策的期望不可避免地會對孫權日後的處事造成深遠的影響。

張昭心中雖大不以為然，但也不便再多說什麼了。一方面，張昭此前深感孫策知遇之恩，不避嫌疑，毫無私心地舉薦孫翊，但孫策既已做出抉擇，張昭的心意也就盡到了。另一方面，孫策威震江東，雖已是病虎，但餘威猶在，張昭也不敢一而再、再而三地拂逆他的意見。

只是張昭並不知道，他今日毫無私心地為江東的未來考量，卻為自己的未來埋下了不利的隱患。當然，這一隱患在數十年後，因應情勢的重大轉變才會顯現出來。

【心戰領悟　刻意強調常是出於心虛。】

6 兩個太陽下的陰影

張昭等重臣不再多言，孫策的母親吳太夫人卻絲毫沒有隱藏心中的憂慮。吳太夫人年輕喪夫，好不容易將四兒一女拉拔長大，又遭受老年喪子的打擊。她既心傷長子將逝，又心憂次子無力接班，忍不住對孫策說出顧慮：「我很擔心你弟弟年幼不能立事，這該怎麼辦啊？」

孫策勉強擠出笑容說：「母親不用擔憂，二弟勝我十倍，江東必然無事。要是真的有事，只需記住：內事不決問張昭，外事不決問周瑜。只可惜周瑜現在不在身邊，我不能親口囑託於他。」

「二弟勝我十倍」顯然是假的，這不過是孫策為了安慰母親和自己的藉口。「內事不決問張昭，外事不決問周瑜」卻是真的，這是孫策深思熟慮後的重要安排。張昭和周瑜是他輔佐班底中能力最強的一文一武，有了他們保駕護航，孫權應該不會出太大的亂子。

儘管如此，孫策還是放心不下，只能一再用最後的餘威來給孫權撐腰張勢。孫策看了看病榻前另外兩個兄弟說：「我死後，你們一定要聽孫權的。孫氏宗族中但有生異心者，眾人合力斬之，不得葬入祖墳！」這句話多多少少是有意說給孫翊聽的，以免他因為張昭的建議而在他人鼓動勸掇下心生異念，手足相殘。

擔憂是會不斷自我強化的。孫策說完這句話，看到侍立一旁的妻子大喬，忍不住又囑託起來：「我和妳不幸中途離分，請善自珍重。如果妳妹妹來了，一定要囑託她，讓她轉告周郎好好輔佐我的兄弟，不要辜負我平生對他的情誼！」

大喬的妹妹小喬正是周瑜的妻子。大喬含淚點頭。孫策再度回顧張昭等人說：「你們要好好侍奉我的兄弟，各全忠義之名。」張昭等人紛紛表態一定會盡忠盡職。

這可能是孫策一生中唯一的絮絮叨叨了，可見他委實對孫權放心不下。

孫策囑託了一遍又一遍，終於來到心力耗盡的臨終時刻。拚盡最後一口氣，對孫權說：「你要是辜負了這些功勳老臣，我在九泉之下也不會心安的！」

這句話一說完，一代英傑抱著滿懷不甘與無奈，就此溘然長逝，年僅二十六歲。

儘管孫策寄語諄諄，這一切對孫權來說還是太突然了，他根本還沒有緩過神來好好體會其中的深意。孫權眼見長兄猝然離世，在悲痛和壓力的雙重影響下充滿恐懼，深感無力承擔，不由得放聲大哭，伏地不起。孫權的表現，強化了張昭等人認為他軟弱無能的既定印象。終其一生，孫權和與生俱來的恐懼感的抗爭也從這一刻開始了。

張昭身為首席顧命大臣，孫策的囑託言猶在耳，不能不有所動作。他馬上扶起孫權說：「主公，這豈是您痛哭的時候？當初周公立下守孝三年的禮法，但他的兒子伯禽卻沒有遵照執行，並不是伯禽不想遵守，只是時勢不允許啊！現在奸詐之徒競相而起，豺狼之人充塞道路，如果您只顧著哀慟兄長，簡直就是大開四門，迎接盜賊前來，這可不是仁德之舉！」

張昭話說得嚴厲，孫權矍然一驚，深感自己實在太無知，根本無法應對眼前的危機。同時，也覺得張昭的話很有道理，此刻確實是勇挑重擔的時刻，因此一股責任感油然而升，他對張昭的敬畏也從這一刻開始了。當然，張昭此前力薦孫翊的表現，固然被孫權的潛意識銘刻在心，但在危難時刻，孫權還顧不上有所反應。

張昭隨即指定一名孫氏宗親負責喪事禮儀，自己則直接動手幫孫權脫掉喪服，換上戎裝，然後親自扶著孫權上馬巡視軍隊部眾。

這是極具象徵性的儀式，表明孫策雖然去世，江東已有新主。蠢動不安的人心因此大為安定。張昭的行為顯示出他強大的洞察力和決斷力，孫策確實沒有看錯他。

再說周瑜，他原本鎮守巴丘，聽說孫策遇刺後，星夜領兵趕回，但等他趕到，孫策已經去世了。周瑜與孫策自幼交好，心意投合，情同手足。兩人商定要合力開創大業，沒想到孫策竟然英年早逝。周瑜悲痛欲絕，在孫策靈前慟哭不已。

孫權聽說周瑜回來奔喪，立即說了一句：「公瑾回來，我就無憂了。」這是孫權潛意識中不夠自信的本能反應。當一個人內在的自信不足，自然需要假借外力來安撫心靈。

同樣自信不足的還有吳太夫人。吳太夫人急忙出來見周瑜，將孫策的臨終囑託轉告他。周瑜拜伏於地說：「敢不效犬馬之勞，繼之以死？」吳太夫人聽周瑜這樣說，心裡安穩了很多。

孫權迫不及待與周瑜相見，他對周瑜說的第一句話就是：「希望您不要忘了先兄的遺命。」

周瑜急忙頓首說：「我願肝腦塗地，以報伯符相知之恩！」

在張昭、周瑜兩大重臣的力挺下，孫權總算是平穩接下江東的權杖。但是，如果孫策真正瞭解孫權的性格特質和內心狀態，一定不敢交權給他。

孫權到底是個什麼樣的人呢？

太陽之下，必有陰影。

在孫權的心靈天空上，有兩個明晃晃的太陽。一個是孫堅，一個是孫策。孫堅、孫策雖已逝去，但他們的萬丈光芒卻依舊普照江東，而孫權就一直隱藏在其濃重的陰影之中。

其實，孫權很自卑，他的自卑主要是兩個因素造成的。

第一個是他與眾不同的外貌。

很多人以為孫權長相另類，是天賦幸運，也帶來很大的榮耀和自信。比如，《三國志》引《江表傳》說，孫權出生後，孫堅見他方頤大口，目有精光，以為是大貴之相。這多半是附會之說。隨著孫權日漸成長，碧眼紫髯的特徵日益明顯，孫堅應該是高興不起來的。好端端一個南方人卻長得像西域胡人，這樣的異類，顯然有別於普通漢人，人們必然會用異樣的眼光來議論他，這種世俗壓力不可能不傳到孫權身上。與眾不同，對於心靈尚未發育成熟、尚未堅強到可以罔顧非議的孫權來說，絕不是一件令人高興的事。與眾不同，帶給孫權的可能只是心靈傷害，從而也成為自卑之源。

第二個則和「兄弟姐妹動力」[6]有關。

所謂兄弟姐妹動力，是指由兄弟姐妹所組成的特定群體，對於身處其中的不同個體在人格多元發展上所具有的推動力。換言之，同一家庭中的兄弟姐妹往往會相互影響，並發展出各不相同的、多樣化的性格特徵。

心理學家彼得・薩洛韋（Peter Salovey）就出生順序對性格特質的影響展開深入研究，發現一般而言，一個家庭中的老大更具有責任心、更願意維持現狀、更保守，而較小的孩子則更淘氣、更不安於現狀、更叛逆。

但是，對孫堅這個家族來說，薩洛韋的排行規律幾乎完全失效了。

孫策的性格一點也沒有身為老大的保守性。相反，孫權作為老二卻非常安於現狀，沒有什麼叛逆性。也就是說，孫權倒更像是老大，而孫策則更像是老二。

這到底是怎麼回事？

其實是孫氏兄弟特殊的生長環境造成的。孫堅去世時，孫策十七歲，而孫權剛滿十歲。當時，孫策已經跟著孫堅在軍旅中歷練了好幾年，父親的堅毅勇猛帶給孫策強大的薰陶。孫權因為年齡太小，還沒有機會與父親在征討四方時親密相處。隨後，孫堅英年早逝，迫使孫策早早承擔起家庭重任，無形中身分升格，替代了父親的角色；原本排行第二的孫權等於被推到老大的位置，從而逐漸形成了保守、內向、穩重的性格；而排行第三的孫翊受到的影響不算太大，和「薩洛韋規律」[7]基本相符。

孫堅和孫策的光芒萬丈，大大壓抑孫權的個性成長空間。在神格化的英明父兄面前，孫權除了仰視，很難再有別的選擇，必然推動他走向自卑之路。

自卑而缺乏自信的孫權，原本只想在兄長庇蔭下，過一輩子錦衣玉食的好日子。孫權十五歲被孫策任命為陽羨縣長時，行為近似紈褲子弟，在聲色犬馬上花費不少銀子。當時，孫策讓呂範掌管所有財物用度，孫權經常私下向呂範借錢索物，但呂範恪盡職守，每次都如實向孫策彙報，孫權因此對他怨恨不已。而另一位功曹周谷就很懂得討主人歡心，經常幫助孫權做假帳，隱瞞種種玩樂開支，以應付孫策的帳目查核。

如果孫策不出意外，孫權背靠大樹好乘涼，他的一生也許就會在縱情聲色中悠然度過。只是，想不到孫策竟在二十六歲的盛年早逝，並將孫權推向風口浪尖。

古希臘歷史學家普魯塔克（Lucius Mestrius Plutarchus）曾評價一位失敗的統治者，說他若未成為國王，沒有人會懷疑他無法勝任統治者。

孫權的情況卻有所不同。除了孫策，幾乎所有人都懷疑他能否勝任。選擇孫權，會是孫策輝煌一生中最大的決策失誤嗎？

【心戰領悟　只有你自己成為太陽，才不會被別人的陰影籠罩。】

7 老大沒那麼好當

孫權懷著忐忑不安的心情登上掌領江東的寶座。他一直將長兄孫策奉為神靈，以為別人也像自己一樣，將孫策的遺命視為神聖不可違背。但他不知道的是，人走茶涼，人死威亡。古往今來，多少強權人物屍骨未寒，爭權奪利的變亂就已爆發。

熟讀詩書的張昭擔心的就是這一點。江東向來不曾風平浪靜，老大也絕不是那麼好當的。孫策鎮得住的場面，孫權未必就能鎮得住。

果然，孫權屁股還沒有坐熱，張昭最擔心的事情就發生了。率先蠢蠢欲動、想要自立為江東之主的人，就是孫權的堂兄孫暠。

孫暠此時擔任定武中郎將，駐守在烏程縣。孫暠自認比不上孫策，但比起孫權卻綽綽有餘。孫策剛死，他就整頓兵馬，準備攻下會稽郡後自立。富春縣長虞翻早早得知孫暠的陰謀，立即派人對孫暠說：「伯符將軍死後，部屬理應由孫權統率。現在，會稽郡已經做好一切準備，我和軍吏們也準備要以死相拚，為新主公除害，你自己看著辦吧！」

孫暠想了想，覺得沒有必勝的把握，只好把叛亂自立之心強行壓了下去。說起來，這也是孫權的幸運之處。如果不是虞翻警覺，及時勸阻，孫暠一起兵也許會像星星之火，燃起燎原之燄，因為，瞧不起孫權、覬覦大位的人遠不止孫暠一個。

孫策打下的江東地盤，分為會稽、吳、豫章、廬江、廬陵、丹陽（亦稱丹楊）六郡。鎮守廬江的太守李術就是另一個對孫權不屑一顧的人。

李術早就想投靠曹操，只是一直懾於孫策之威，不敢輕舉妄動。孫策一死，李術再無忌憚，立即公開宣布不再服從孫權的管束，而且公然招引孫權旗下的叛逃士卒。

孫權雖然心懷自卑，但任何一個手握權力的人都不會容忍這種明目張膽挑戰自身權威的行為。孫權十分憤怒，卻不敢立即刀兵相向。如果此刻依然是孫策在位，李術要是膽敢這麼做，孫策肯定二話不說，立即發兵將李術打得落花流水，並徹底消滅。這就是兄弟兩人的天壤之別。

孫權最後決定寫信給李術，希望勸說李術改變心意，交還叛逃者。沒想到，孫權一連發了好幾封信，李術不但沒有答應，反而回覆一封充滿侮辱意味的信，信上說：「有德見歸，無德見叛，不應復還。」意思是說如果你德行好，這些人自然會來歸順你；如果你德行不夠，這些人自然就會叛離你，所以我不能把他們交還給你。

無異於公開諷刺孫權德不配位，根本就不夠格擔任江東之主。

孫權氣得七竅生煙，才真正體會當老大的難處。他自己沒主張，幸好還有張昭、周瑜在，便急忙找他們來商量應對之策。張昭、周瑜一致認為必須立即鏟除李術，否則敢在太歲爺頭上動土的事情將層出不窮。這兩人都是孫策打天下的主要成員，身經百戰，自然不怕與李術開戰。周瑜隨即自動請纓，要帶兵征討李術。

孫權大喜，深信周瑜出馬一定能擺平李術，但新麻煩隨即降臨，就在周瑜出征後不久，孫權剛安下心，又冒出另一個叛亂者！

此人竟然還是孫氏宗族成員，而且來頭比孫暠大得多！就是孫權的堂兄——廬陵太守、平南將軍、交州刺史孫輔！

孫輔是孫權伯父的次子，年紀比孫策大上幾歲。當初孫堅猝死，就是孫輔的哥哥孫賁全力維持局勢。後來，孫策起意平定江東，孫賁、孫輔兄弟倆追隨孫策，一起出了很大的力。

孫輔的年齡比孫權大，功績也比孫權大，自然對孫權僅憑藉血脈之親掌領江東深感不滿。孫輔的想法和李術頗為相似，都對孫權的年幼無知、軟弱無能不抱希望，謀劃投靠更大的靠山——曹操（亦即朝廷），以追求更好的前程。

孫輔寫了一封密信給曹操，使者卻把這封信送給了孫權，這又是孫權極大的幸運。

曹操早就覬覦江東這塊肥肉了，一來忌憚孫策神威，二來北方尚未完全平定，所以暫時對江東採取懷柔策略。如果有孫輔主動投誠做內應，曹操絕不會放過這個送上門來的好機會。

孫權看了孫輔的密信，內心的緊張多過憤怒！接二連三的叛亂早已把他弄得焦頭爛額，這才深深感受接位並非那麼順理成章、理所當然！而「叛亂」這種最極端的質疑方式，進一步強化了他的自卑與缺乏自信……孫權再次茫然失措，不知道該如何是好。

還好有張昭，張昭幫他一一分析了情勢。

首先，孫輔此刻尚未得知陰謀洩露，因此無須驚慌，現在有的是充足的時間來商議對策。

其次，孫輔是宗室中功勳卓著的元老，如果殺了他，孫氏宗族很多人難免會興起兔死狐悲之感，導致矛盾激化，不利團結。

孫權聽張昭這麼一說，頓覺從一團亂麻中找到了頭緒，對張昭充滿敬佩，心裡也安定了許多。

隨後，張昭又為他謀劃應對之策。

孫權假裝不知孫輔的叛亂密謀，以不容見疑的平常理由召見孫輔。孫輔壓根兒就沒把孫權放在眼裡，自然沒有防範心。孫權趁其不備，當面公開密信，令孫輔大驚失色。孫權隨即宣布解除孫輔兵權，將其軟禁。

孫輔的命保住了，但親近幕僚卻全部遭殃，被孫權殺得一個不剩；同時，孫輔所部兵馬也被重新整編，分割歸入其他將領的屬下。

此後，周瑜順利平定了李術，李術被斬首示眾，他的部屬也被遷移到他郡。

孫權的運氣著實不錯，在立足未穩時，有忠心耿耿的張昭、周瑜幫忙，總算度過了驚濤駭浪般的第一關。從此，這兩人也贏得孫權發自內心的尊敬，他以最隆重的師長之禮來對待兩位重臣。

但是，自卑的人往往特別敏感。接連三起叛亂事件歸納成三個字就是「不服氣」，無論是孫暠，還是李術、孫輔，都是出於對孫權能力的懷疑而滋生異心的。外來的頻頻質疑自然引發孫權強烈的自我質疑。他開始苦苦思索，為什麼長兄孫策能得到一致的擁護，而自己卻不能服眾，得不到認同呢？

群體對身處其中的個體認同至關重要，缺少「群體認同」[8]的個體，很難在群體中維護自尊、保持自信，更不用說獲得其他個體的擁戴而開創事業了。

孫權既然登上這個位子，當然不想辜負兄長重託，打算好好做出一番事業。但連續幾起源自群體內其他個體的強烈質疑，讓孫權覺得自己沒有被群體接納。雖然跳出來叛亂的只有三個人，但一定還有更多人躲在角落竊竊私語，等著看笑話。孫權的傲氣被激發出來，他毅然決定一定要改變這不堪的現狀。

很多時候，打擊與挫折並不是壞事，反倒可以幫助一個人看到自身的不足之處；如果能夠以此為契機，加以改進補善，就更是好事了。

人在無助時，往往會為自己設定一個偶像，並透過對偶像言行的模仿來作為行動指引。孫權此刻就有一個現成的偶像，當然就是威震江東的長兄孫策了。

孫策以其凌厲的風姿和不俗的功績，早就定下江東「榮譽文化」[9]的核心內涵了。所謂「榮譽文化」，就是極為重視堅韌、男子氣概，以及受到不公和侮辱時「有仇必報」的榮譽感。具體說來，孫策所設定的江東榮譽文化就是一馬當先，奮不顧身；勇於殺戮，決絕無情。

從之前的表現來看，孫權和孫策簡直就像兩個極端。然而，現實的重大挫折讓孫權認為自己這一端是錯誤的，明顯不符合江東整個群體的期望。所以，他決定徹底改弦易轍，向孫策的那一端靠攏。凡事都以孫策的思維模式來思考，凡事都以孫策的行為模式來實行。

這兩個「凡事」豈不是讓孫策還魂復生，重新統治江東，而孫權則成了沒有靈魂的「活死人」？正所謂「雖生猶死，雖死猶生」。

在內心的強烈自卑和外部的強大壓力雙重驅使下，急於獲得群體認同的孫權，以他此刻的智識程度，只能選擇在「全盤孫策化」的大道上飛奔疾馳。

可是，這是孫策選擇孫權接班的本意嗎？如果孫策要選和自己如出一轍的繼承人，為何不乾脆選擇更像自己的三弟孫翊呢？

心戰領悟　偶像是填補自信不足的底料。

8「兩個凡事」的做法

在兄長的赫赫聲威面前，孫權自慚形穢。為了不讓孫氏丟臉，決意奉行「兩個凡事」，讓自己變得比孫策更孫策。

在這樣的思維下，孫權的第一個舉動就是殺掉盛憲！

盛憲本是漢室朝廷任命的吳郡太守，在江東名望很高，後來因病辭官。孫策攻占江東後，曾邀請盛憲出山做事，盛憲卻很不給面子，沒有理會。孫策非常惱怒，很想一殺了之，但顧慮盛憲的名聲太大，殺了他會影響收攬民心，所以強忍著沒殺。

孫權向孫策學習，也去請盛憲出來做事。盛憲連孫策都看不上，又怎麼會看得上孫權呢？當然毫不客氣地予以拒絕。

但是，孫權和孫策的個性很不一樣。孫策是個極度自信的人，盛憲的拒絕雖然讓他生氣，卻不會讓他自尊受損；然而孫權內心已積聚太多自卑情愫，盛憲的拒絕對他的傷害極大。自卑的人往往會對他人的怠慢反應過激。況且，孫權又正在苦苦追求群體的認同。為了讓自己符合江東榮譽文化的內在要求，在「自卑性敏感」[10]的驅使下，孫權竟然做出了連孫策也沒敢做的事情——毫不猶豫地殺了盛憲！

殺盛憲是孫權繼位後執行「兩個凡事路線」的第一個獨立決定。孫權自以為這次做得比兄長孫策更心狠手辣，足可殺人立威，沒想到這是他作為領導者所犯的第一個重大錯誤，導致一年後引發另一場巨大的內亂。

除了學習孫策的果於殺戮，孫權也將孫策臨終前的「讚譽」牢牢記在心頭。孫策當時說的「舉賢任能，各盡其心，以保江東，我不如卿」自然成為對孫權的強力激勵。

一方面，孫權刻意重用父親和兄長的舊部，以顯示自己在「舉賢任能」上絕非浪得虛名。除了對張昭、周瑜格外尊重之外，諸如程普、黃蓋、韓當、蔣欽、太史慈等舊將都得到不同程度的提拔。

孫策十分喜愛的小將呂蒙，也因此得到孫權的青睞。呂蒙也是另一個孫策活生生的翻版（可見孫策對江東的影響何等巨大）。

呂蒙的姐夫鄧當是孫策的部將，孫策派鄧當去討伐山越部落，十五、六歲的呂蒙沒和任何人打招呼，自作主張偷偷跟在鄧當的隊伍後面一起出征。到了陣前，呂蒙奮不顧身，勇猛向前。鄧當嚇壞了，怎麼叫也叫不回來。後來，鄧當的一位下屬因呂蒙年紀輕而瞧不起他，說道：「你這臭小子有什麼用，還不是以肉餵虎！」呂蒙大怒，立刻殺了對方，然後毫無懼色地去自首。孫策聽說此事後，對作風酷似自己的呂蒙十分喜愛，馬上安排他當左右隨從。後來，鄧當過世後，孫策把鄧當的部屬交給呂蒙統率，並任命他為別部司馬。孫權繼位後，勇猛而魯莽的呂蒙再獲重用，孫權把別人的部分屬下撥給他，以增加他的兵力。呂蒙也因此被孫權收服，一心效忠。

特別值得一提的是呂範。孫權曾因呂範將自己私下索要財物的行為上報給孫策而懷恨在心；但是，掌權後不但沒藉機公報私仇，反而對呂範敬重有加。而幫著孫權做假帳的功曹周谷，卻被永不錄用。顯然，孫權是要藉此來樹立自己「舉賢任能」的英明偉大。

另一方面，孫權還大力招延四方俊才，破格擢用年輕人。諸如諸葛瑾、步騭、陸遜、駱統、陸績等人都獲得重用。

當中最重要的人物就是周瑜推薦的魯肅，他後來成為孫權最重要的謀士之一。

魯肅託父祖餘蔭，擁有萬貫家財，卻不是一個守財奴，為人十分大度，視錢財如糞土，如果遇上值得結交的朋友，隨時可為朋友揮金如土。魯肅這種豪爽大方的性格遭到同鄉父老誤解，他們紛紛嘆息魯家不幸，出了個敗家子。但是，這些人其實一點兒也不瞭解魯肅。魯肅目光如炬，早已看出亂世無可避免，死守家財根本無濟於事，還不如仗義疏財，多結交一些有潛力的朋友。

魯肅和周瑜的結交過程有如傳奇故事。周瑜有一次領兵經過魯肅家鄉，正好遇到部隊缺糧。周瑜聽說魯肅為人豪爽，就上門借糧。魯家家裡有兩個大糧倉，每個糧倉中囤有稻米三千斛（約三十萬斤）。魯肅二話不說，帶著周瑜來到糧倉前，隨便指著一個糧倉說：「公瑾兄缺糧，這一倉的稻米就送給您了！」

魯肅一出手就送周瑜三十萬斤糧食，這份氣度當場折服了周瑜，周瑜從此對魯肅感激不盡，引為至交。

也許有人會覺得魯肅實在太傻了，隨便一個人就送出大禮。其實魯肅哪是這麼隨便的人，他見周瑜氣宇軒昂，一表人才，認定他日後必會出人頭地，才捨出大本錢，先交這個朋友再說。

後來周瑜果然跟著孫策掃平江東。俗話說，吃人嘴軟，拿人手短。周瑜得了魯肅這麼大的好處，當然想方設法要把魯肅推薦給孫策。孫策還沒來得及任用，魯肅的祖母就過世了，只好回家料理喪事，等到魯肅處理好家事，孫策卻遇刺身亡了。好在周瑜不但沒有失寵，反而成為託孤重臣。

周瑜再次向孫權推薦魯肅，這一次推薦的分量可就更重了。孫權對周瑜言聽計從，立即召見了魯肅。

孫權向魯肅請教：「如今漢室傾頹，四海動蕩，我繼承父兄的基業，想要開創齊桓、晉文那樣的功績，不知道先生有什麼可以指教我的？」

齊桓、晉文都是春秋五霸之一，他們打著尊奉周天子的旗號，稱霸天下。孫權把效仿齊桓、晉文當成志向，並向魯肅吐露，算是放膽說大話了。以他此刻內心的缺乏自信，並不真的認為自己可成為輔佐漢室復興的霸主。要想成為齊桓、晉文這樣的霸主，別的不說，首先要除掉挾天子以令諸侯的曹操，這是孫權壓根兒連想也不敢想的。孫權之所以「誇大其辭」，正是因為周瑜事先對魯肅的大力褒揚。孫權唯恐自己的「夢想」太小，會惹魯肅恥笑。這也從另一側面微妙印證孫權內心的缺乏自信。

沒想到，魯肅的回答竟然完全擊潰孫權。

魯肅說：「當年漢高祖也想尊奉義帝（指反秦義軍的共主楚懷王羋心），卻因項羽擋在其中而未能如願。現在的曹操就像當年的項羽一樣，將軍您怎可能成為齊桓、晉文呢？」

孫權不由心中一涼。愈是缺乏自信的人，愈是受不了他人的打擊與否定，而魯肅繼續往下說：「以我看來，漢室不可能復興，曹操也除不掉。如果讓我為將軍謀劃，我看唯有立足江東，剿除黃祖，討伐劉表，占據整個長江天險，然後建號帝王，以圖天下，這就是和漢高祖一樣的基業啊！」

魯肅和孫權的這席對話，完全可以和諸葛亮與劉備的「隆中對」相提並論。他為孫權提出的「剿除黃祖」、「討伐劉表」、「建號稱帝」的「三步驟戰略」極有見地，非常吻合天下大勢以及孫權的資源。孫權此後一生的發展，大致就是按照魯肅描繪的路線圖行事。

孫權原本心中一涼，聽了魯肅的「三步驟戰略」後，卻是心中一驚！魯肅竟然建議他自立稱帝，這是孫權做夢也不敢想的念頭。孫權時刻以孫策為榜樣，但就連孫策也不曾有僭越的念頭，他最大的夢想就是成為漢室朝廷的齊桓、晉文。當初袁術稱帝，力邀孫策助力，孫策不但不從，反而寫了一封長信，痛斥袁術一頓。自立為帝，連自信無敵的孫策都不敢妄想，深陷自卑困擾的孫權怎敢真的去做？

所以孫權急忙回答：「我只是想盡力把江東經營好，好好輔佐漢室，您說的目標太宏大了，實非我能力所及。」

有些歷史學者根據孫權三十年後果然稱帝一事，斷定孫權此時所說的這句話是言不由衷的掩飾之語。這種倒果為因的判斷實在荒唐可笑。事實上，幾乎所有成就大事者都會有因應情勢變化的成長過程，很少從一開始就有懷抱雄心萬丈的終極目標。

比如曹操，最初的夢想不過是入將封侯，萬萬想不到自己會挾天子以令諸侯，先公後王，還差一點登上帝位。

儘管如此，魯肅的話還是帶給孫權極大的信心！因為，愈是缺乏自信的人，愈是需要他人的認可與讚譽。在孫權日夜擔心無法勝任江東之主的時刻，魯肅竟然認為他具備稱帝的能力，對於自信大廈尚未組建完工的孫權來說，簡直就是天下最高級的褒獎與讚美。孫權接受魯肅此一巨大「恩惠」，從此對魯肅很有好感，魯肅也因此對孫權產生了特別的影響力。

心戰領悟

有時候，所謂的勇敢，只不過是為了證明自己不害怕。

9 又一起家國慘禍

魯肅「三步驟戰略」中第三步嚇到孫權，第一步卻深深觸動他，因為對整個江東來說，黃祖是個非常特殊的人物——孫權的父親孫堅就是死在黃祖手上！

孫權急於證明自己無愧於江東榮譽文化，先是殺了孫策不敢殺的人（盛憲），倘若能夠幹掉孫策沒殺成的黃祖，為父報仇，不就沒人敢質疑自己的合法地位了嗎？

但是，孫權不曾擔任主將領兵出征，其實內心非常害怕，但還是出人意料地決定親征黃祖。

這又是為什麼呢？

個體在面臨挫折或衝突的緊張情境時，大腦會將消極感受阻擋在意識之外，讓自己感覺不到不愉快的情感，這就是人類固有的「心理防禦機制」[11]。讓孫權做出衝動決定的是一種叫做「逆恐反應」[12]的特殊心理防禦機制，也就是一個人愈害怕的事，就愈會去做。

孫權非常在意外界拿他與孫策做比較，並且評斷自己是否勝任。他的全盤孫策化，就整體而言，也是一種心理防禦機制，就是要偽裝出強大的自己，避免內心真切體會到自己的軟弱無能。

領兵出征是孫權最害怕的事，如果孫權敢去做這件事，就不用再為自己的軟弱無能感到羞恥或不安了。同樣是領兵出征，孫策是毫無畏懼地奮勇向前，孫權則是滿懷恐懼地奮勇向前。儘管表現於外的行為別無二致，但兄弟倆的內心世界卻判若雲泥，這正是人類心理的奇奧玄妙之處。

在魯肅的建議中，剿除黃祖和討伐劉表是兩步棋，但在張昭看來，卻是一步棋。因為黃祖鎮守江夏，是劉表的部將，進攻黃祖就等於是進攻劉表。以江東的實力，對付劉表絕無必勝把握。況且孫權剛繼位就發生多起叛亂，當務之急不是進攻別人，而是安定內部。

再賢明的人也很難逃脫嫉妒的魔咒。張昭對魯肅的「妖言惑主」非常不滿，他牢記孫策臨死前所說的「內事不決問張昭」，也想牢牢把對孫權的控制權掌握在手中。現在，他看孫權對魯肅的話很入耳，就坐不住了，馬上對孫權說：「魯肅年少粗疏，自大驕狂，不可任用！」

孫權對魯肅的第一印象非常良好，正準備重用他，但張昭重話一出，此刻的孫權還沒有勇氣和信心違逆他，只能委屈魯肅。此後一連好幾年，孫權始終對魯肅敬若上賓，一直沒有授予實質的職務；而張昭與魯肅意見不合，也從此埋下伏筆。

孫權雖然受張昭影響沒有任用魯肅，但剿除黃祖的意義實在太重大，孫權禁不起「誘惑」，仍要一意孤行。於是，孫權親率大軍，對江夏發動攻擊。

沒想到，孫權的運氣相當好，戰事進展十分順利，快速擊垮了黃祖的水軍。一路追擊，部將凌操輕舟突進，奮勇向前，眼看就要將黃祖擒住，不料卻被黃祖的部下甘寧一箭射殺！凌操的兒子凌統拚死廝殺，把父親的屍體搶了回來。

孫權大怒，一路強攻到黃祖的老巢沙羨城下，沙羨城的城牆堅固，一時不能攻破。孫權眼看勝利在望，正要強力攻打，後方卻傳來巨大的噩耗！

孫權的弟弟孫翊竟然再次複製了孫家兒郎的死亡模式，在丹陽郡太守的任上被人刺殺了！此時的孫翊才二十一歲。（劉琬的神奇相術再度準確命中！）

孫翊之死的責任要算在孫權頭上，這正是他之前濫殺盛憲種下的惡果。

丹陽郡是江東重地，南依皖南，北臨長江，是江東抵禦北方的基地。孫權知道弟弟孫翊勇猛無敵，頗有長兄孫策之風，因此特意安排他擔任丹陽太守，扼守重鎮。

孫翊到了丹陽郡，為加強力量，徵召媯覽、戴員兩人當部屬，予以重用。但是，孫翊卻不知盛憲生前曾經舉薦過媯覽、戴員，對他們有知遇之恩。盛憲無辜慘死後，媯覽、戴員痛徹心扉，決意要為盛憲報仇。正無從下手之際，卻獲得孫翊的徵召，孫翊此舉無異於在身邊埋下兩顆定時炸彈。

就算孫翊不知道媯覽、戴員與盛憲之間的親密關係，丹陽這麼大一個郡，不可能沒有人知道，卻沒有任何一個人提醒孫翊保持警覺。說起來，還是要歸結到孫翊剛愎自用的性格，他實在太像孫策了，別人的勸諫不太能改變他的決策與行動，說多了反而惹他煩；所以，眾人都抱著多一事不如少一事的態度，靜觀其變。

孫翊生性急躁，對待身邊的侍衛、從人一向毫不留情。有個叫做邊洪的從人，多次遭受孫翊的鞭撻，雖懷恨在心，卻懾於他的神威而不敢輕舉妄動。

媯覽、戴員察覺邊洪的不滿後巧妙勾引，和邊洪結為心腹之交。三人同仇敵愾，常常在一起商量如何除掉孫翊。

孫翊的性格就像孫策一樣，大剌剌的，毫不設防。孫權出征黃祖後，孫翊依然漫不在意，但孫權遠離出征卻帶給媯覽等人一種內部空虛的暗示，助長了他們行刺的膽氣。

這一日，孫翊設宴招待本郡的部將下屬。平時出席宴會，孫翊都是刀不離身，偏偏這一天卻疏忽了。

如果仍像平日一樣帶刀而行，媯覽等人可能就不敢動手，但手無寸鐵的孫翊等於是向蓄謀已久的刺客們發出熱烈的邀請。

孫翊在筵席上喝了很多酒，到了送客時，腳步已經踉踉蹌蹌。邊洪瞅準時機，趁著跟在孫翊身後送客的空隙，一刀將孫翊砍倒！孫翊酒勁發作，根本無力抵抗。可憐英勇無敵的孫家三郎，沒有死在兩軍對壘的激烈拚殺中，卻在陰溝裡翻船，斷送年輕的生命。

邊洪行刺成功後，媯覽、戴員暗中助他逃往山中避風頭，他們兩人則趁機掌控丹陽郡的軍政大權。

孫翊遇難後，妻子徐氏沒有像一般女人那樣六神無主、哭哭啼啼，她立即發出懸賞，明確要求孫翊的部屬緊急追捕凶手邊洪。

媯覽、戴員和邊洪三人平素經常聚會商議，向來眾所周知。這次邊洪的行刺，擺明了和媯、戴兩人脫不了關係，但因兩人平素被孫翊重用，當下又掌控了局面，眾人均不敢多言；徐氏強烈要求緝拿凶手，還是對媯覽、戴員施加了很大的壓力。

為了擺脫物議，安撫人心，媯覽、戴員不得已將邊洪緝拿歸案，並把他當成替死鬼殺了。殺死邊洪後，媯覽儼然自領丹陽太守，發號施令，彷彿一切盡在掌握之中。

附近的廬江太守孫河得知孫翊遇害的消息，悲憤不已，立即快馬加鞭，趕到丹陽郡的治所痛斥媯覽、戴員兩人。

孫河是孫翊的堂兄，但孫河其實不是孫家人，他本姓俞，因為孫策十分喜愛他，賜姓孫，把他當成親兄弟，孫河因而對孫策非常感恩。孫翊一出事，孫河的反應果然也像親兄弟一樣。但孫河還是太魯莽了一點，他不帶任何人馬，單身一人跑到已被嬀覽掌控的地盤上斥責人家，豈不是自投羅網？

嬀覽、戴員殺了邊洪後，本來自欺欺人地以為已洗脫嫌疑，既報了故主盛憲的仇，又保住自身平安；但孫河行色匆匆跑來，當眾撕下他們的偽裝，嬀覽、戴員立刻狗急跳牆。

真相既已隱瞞不住，嬀覽、戴員十分擔心孫權會舉江東之力，立刻來為兄弟報仇。為了保命，再起殺心，又是一刀將孫河斬了，然後，馬上派人與曹操派駐德揚州刺史劉虞聯繫投誠事項。

這已是孫權接位後的第四起叛亂事件了，而且，由於丹陽郡的地理位置十分重要，可說是最危險的一次叛亂。如果曹操抓住這個機會趁虛而入，江東這塊大肥肉就會順勢落入他的口中了。

孫權聞報，得知前因後果又怒又驚，他非常擔心兄長交給自己的基業會因為一時輕率而毀於一旦。雖然擒拿黃祖就近在眼前，也只能立即罷手，轉頭率領部隊，緊急趕往丹陽平定叛亂。

心戰領悟 重複固有的模式，必然得到同樣的結果。

10 勵志女神的誕生

等到孫權風塵僕僕趕到丹陽時，眼前的一切再度讓他震驚不已！丹陽全境竟然絲毫沒有戒備森嚴的景象，反而一片安定祥和，彷彿什麼都沒發生過。難道是媯覽故意設下的疑兵之計？還是孫翊根本就沒有被刺殺？

都不是。

是孫翊的妻子徐氏神奇地搞定了一切！她不但確保自己免遭毒手，而且還將殺夫凶手媯覽、戴員繩之以法，為丈夫報了仇！

簡直就是神話般的傳奇！這個手無寸鐵的弱女子到底是怎麼做到的呢？

原來，媯覽、戴員殺了孫河，決意叛投曹操後，索性一不做二不休，強行瓜分孫翊的家產和侍妾。孫翊的正妻徐氏貌美如花，媯覽見色起意，想要占為己有。

媯覽提著一把刀衝入徐氏的閨房，恐嚇說：「我已經殺了邊洪給妳的丈夫報仇了，現在妳已無依無靠，還是從了我吧，否則就一刀殺了妳！」

按照常規推斷，徐氏要麼做一個聽人擺布的弱女，要麼做一個以死殉夫的烈女，別無他路。媯覽正是這樣想的，如果徐氏不從，他是絕不會手軟的。

徐氏卻提出第三種選擇。她的臉色十分平靜，看不出有什麼憂傷，只是淡淡地對媯覽說：「我丈夫死了還不到一個月，孝服在身，晦氣未除，現在就侍奉你，恐怕對你不利。不如等到月末晦日，祭祀完畢，我脫了孝服，再與你成親不遲。」

媯覽當然同意，因為徐氏先是清晰表達了順從，大大削弱他的戒備心；同時，又拿服孝期間的晦氣作為制約因素，「貼心」考慮媯覽的利益。在所謀必成的前提下，任何一個男人都不願意冒沾染晦氣的風險，無非就是等到月末晦日（農曆每月的最後一天）嘛。

徐氏的話裡蘊含著巧妙的說服策略，就是「相反立場策略」[13]。

如果徐氏站在自己的立場考慮問題，只有兩種選擇：要麼為了保命而屈身，要麼為了保名而喪生。徐氏卻站在與自身利益相反的立場上，亦即媯覽的立場上來考慮問題。立場與利益緊密相關，站在他人的立場，維護他人的利益，顯然更容易說服對方。

媯覽雖然隱隱覺得徐氏與眾不同，有些古怪，但轉念一想，就連她勇猛無敵的丈夫都死在自己手上，諒她一個弱女子又能變出什麼花樣呢？況且，人就是喜歡帶著先入為主的念頭，為種種事件尋找原因。自以為勝券在握的媯覽很快就「想通」了，孫翊有那麼多部將，卻沒有一個敢出頭挑事，這個無依無靠的年輕女人想必也怕了，才會貼心幫自己盤算。當然，不也等於是為她的未來盤算嗎？女人嘛，總是要找個堅強的靠山。

一想到這兒，媯覽差點笑出聲來。他對自己非常滿意，孫翊英俊瀟灑，勇猛無敵，又有什麼用？還不是做了我的刀下之鬼？這麼一個善解人意的美貌女人，還不是無福消受，最後落入我手中？

媯覽甚至因為徐氏的「貼心安排」而萌生一絲感動，決定以後一定要對徐氏好一點。他其實不知道，徐氏是在安排他的死期。

穩住嬀覽後，徐氏贏得緩衝時間，但依然面臨巨大的困難。她有心暗中謀劃為丈夫復仇，但僅靠一己之力，殺不了凶悍勇猛的嬀覽和戴員，她必須物色幾個得力助手。

孫翊的部下還沒有人主動出來為他報仇，顯然，這些人對已經得勢的嬀覽、戴員頗為忌憚。徐氏左思右想，決定派可靠的下人偷偷聯繫孫翊舊屬孫高和傅嬰兩人。徐氏覺得這兩個人相對而言更可靠，當然，萬一選人不當，後果是很嚴重的，這也是徐氏必須冒的風險。

孫高、傅嬰得訊後，趁著夜色潛入孫府，他們能來，徐氏的計畫等於成功了一半。要是無心出力的人，避之唯恐不及，怎可能偷偷前來呢？由此可見，徐氏平素頗具洞察力，能在關鍵時刻選出對的人。

徐氏多了幾分把握，若想讓孫高、傅嬰冒著掉腦袋的危險來參與復仇計畫，難度還是很高。於是對他們說：「先夫在日，常說二公忠義，所以危難之際，將二公請來。」說完款款下拜。

徐氏開頭第一句話非常高明，藉孫翊之口，給孫高、傅嬰二人貼上了不容拒絕的「忠義」標籤，這就是「標籤約束效應」[14]。

說實話，孫高、傅嬰對孫翊的忠義程度並沒有徐氏所說的那麼高，要論真正的忠義，許貢的三個門客，以及殘害了孫翊的嬀覽、戴員才是不折不扣的典範。他們為了回報舊主，從未放棄努力，甚至可以付出生命。如果孫高、傅嬰也像他們那樣忠義無雙，早就該拔刀相向，為孫翊報仇，而非默默無言，坐視不顧。

當然，這和孫翊的暴烈個性有關，他平素御下嚴苛，沒有施予下屬多少恩義。到了關鍵時刻，下屬的回報之心自然也相對淡漠。

徐氏自然知道丈夫平日的不足，所以先給孫高、傅嬰帶上「忠義」的高帽，以便用這社會準則來激勵他們做出接下來的行為。

孫高、傅嬰連忙還禮，徐氏接著說：「媯覽、戴員二賊謀殺先夫，只將邊洪頂罪。現在孫府所有家產，已被二賊瓜分。媯覽還想霸占妾身，妾身假裝同意，以安其心。還望兩位將軍看在先夫之面，幫我報仇。」說完，再度下拜。

孫高、傅嬰急忙說：「我們深感孫府君的恩遇，之所以沒有以死相報，是考慮到徒死無益。我們一直在想方設法，只是苦無良策。夫人如有差遣，萬死不辭！」

孫、傅二人既非忠義，也非不忠義，而是處於中間地帶。若不是徐氏的忠義標籤，激發他們的愧疚之情和隨之而來的報效之心，他們仍是弱於行動的沉默大多數。

徐氏要的就是態度，至於辦法，她早就想好了，當下一一吩咐完畢，讓孫、傅二人依計而行。

到了月末晦日，孫、傅二人帶著二十餘名猛士，早早埋伏在孫府的密室之中。徐氏按照風俗慣例，在堂上祭奠孫翊完畢後，脫去孝服，自去後室沐浴薰香。

媯覽喜滋滋來到孫府，只見徐氏濃妝豔抹，美麗不可方物，款款走上堂前。媯覽見了，不禁色授魂與，馬上就想和徐氏成就好事。

徐氏早已吩咐婢女備好宴席，笑吟吟請媯覽上座歡飲。媯覽喜不自勝，更覺徐氏是不可多得、善解人意的絕妙尤物，當下與徐氏推杯換盞，痛飲美酒。

酒至半酣，徐氏請媯覽入內。媯覽心癢難忍，興沖沖跟著徐氏來到密室，以為朝思暮想的美人終告得手，孰不知一腳已踏入了鬼門關。

徐氏對著媯覽款款下拜，媯覽眉開眼笑，戒備之心全都拋到九霄雲外，卻聽徐氏一聲斷喝：「孫、傅二將何在？」

孫高、傅嬰兩人立即從帷幄中揮刀跳出，媯覽猝不及防，當場被孫、傅二人殺死。徐氏不慌不忙，再命下人去通知戴員，說是媯覽請他到孫府議事。

戴員早知媯覽要在晦日這天與徐氏成就好事，一聽下人通知，不疑有他，馬上跟著過來了。戴員到了孫府，等待他的自然是和媯覽同樣的命運。孫、傅二將如法炮製，也將戴員一刀斬做兩段。

徐氏眼看大仇得報，才放聲大哭，盡情宣洩壓抑多日的苦悶悲傷！

孫高、傅嬰兩人不禁深深嘆服徐氏的忍辱負重和足智多謀，在徐氏的激勵下，孫、傅二將一鼓作氣，率領部眾盡數擒拿媯覽、戴員兩家老小，殺了個一乾二淨。丹陽郡的控制權再度回到孫家手中，形勢頓時轉危為安。

徐氏再換上孝服，用媯覽、戴員的首級祭奠孫翊。有妻若此，夫復何求？孫翊九泉之下若是有知，也應含笑瞑目了。

一介弱女子手無縛雞之力，在眾多鐵血男兒都不敢出頭的情況下，竟能依靠膽識和謀略，在極度險惡的情境下，不動聲色，運籌帷幄，力挽狂瀾，殲滅元凶，實在是了不起的成就，堪稱三國第一傳奇！

與徐氏舉重若輕、悄然成功的壯舉相比，孫策在矢石交攻中奪占江東又算得了什麼？趙雲在長阪坡上七進七出又算得了什麼？諸葛亮在談笑間草船借箭又算得了什麼？

回顧徐氏整個設謀用計過程，如花自放，如雲自舒，毫無人為痕跡，自然妥帖，不能不令人深自嘆服。

等待孫權趕到丹陽，一切都已風平浪靜。徐氏的從容應對帶給孫權的震撼，甚至比他聽到孫翊遇害時還大得多。他絕沒有想到這個除了美貌之外並不怎麼起眼的弟媳婦竟會是這樣絕代風華的人物！此前，孫權心目中的神是父親孫堅和長兄孫策。但此刻，徐氏卻成了孫權心目中獨一無二的勵志女神！甚至連孫堅、孫策的萬丈光芒都不能掩蓋她的芳華！

孫權頓時想起自己接位時的忐忑不安，心驚肉跳，不免自慚形穢！徐氏在幾乎沒有任何資源可以與暴烈勢力相抗衡的情況下，都能夠扭轉乾坤，自己身為男人，又擁有作為江東第一人極為豐富的軍政資源，為什麼要擔驚受怕，惶恐不安呢？

徐氏的壯舉讓孫權的自信心得以迅猛增長，同時也為他開闢了新的戰略思路。此前，孫權所能效仿的只有硬橋硬馬的「孫策模式」，現在徐氏卻提供了另一種同樣可以收致奇效「示弱克強」的「徐氏模式」。兩相比較，還是「徐氏模式」與孫權的天性氣質更為匹配。

這件事可說是孫權一生中經歷最具影響力的事件，徹底改變了孫權的心靈軌跡，雖然就連他自己都還沒有完全意識到這一點。

心戰領悟　〔身為弱者，最好的策略是示弱，而不是逞強。〕

11 可怕的家族魔咒

丹陽慘案是年僅二十二歲的孫權第三次經歷的至親暴死事件。

孫氏家族彷彿被施了魔咒一樣，個個英姿早發，卻個個英年早逝。父親、兄長、弟弟均遭變亂橫死，就像三座大山一樣死死壓在孫權心頭。儘管丹陽已經重歸平靜，但孫權依然久久無法從悲愴的情緒中自拔。

痛苦往往會開啓反思的大門。弟弟孫翊的死，和孫權有直接的關係，如果不是他執意濫殺盛憲，媯覽、戴員就不可能蓄謀殺死孫翊。孫權非常自責，自然反思起「全盤孫策化」的策略是否正確。現在，孫策已經死了，酷似孫策的孫翊也死了。難道孫策選擇自己當接班人，就是為了讓自己成為另一個孫策嗎？那為什麼不直接選更為合適的孫翊呢？

孫策臨終前所說的「若舉江東之眾，決機於兩陣之間，與天下爭衡，卿不如我；舉賢任能，各盡其心，以保江東，我不如卿」，開始不斷在孫權腦海中盤旋。

孫策到底是什麼用意呢？

孫權茶飯不思，反覆揣摩孫策的遺言，突然腦中電光火石般一閃，似乎抓住了孫策臨終前的思維之光。「與天下爭衡，卿不如我」，孫策不指望孫權奪取天下，只希望孫權能夠保住他千辛萬苦打下來的基業。打天下和守天下是完全不一樣的，打江山就得靠孫策、孫翊這樣生龍活虎般的英銳之士，而守江山則需要「舉賢任能，各盡其心」。

顯然，孫策臨終之際，已經完全悟透了自己的失敗就是性格的失敗。如果他不是自恃雄豪，孤身出獵，如果他沒有執意殺了于吉，傷了氣脈，誰又能讓他橫死暴卒呢？既然如此，要想保住基業，就絕不能讓性格酷似自己的孫翊接位，只能選擇內向含蓄的孫權。正因如此，孫權最大的弱點反而成了最大的優勢。

這才是孫策最後堅定選擇孫權的真正原因。孫權終於領悟到了這一點，只是又搭上了兄弟孫翊的一條性命作為代價。

真相大白後，孫權更感錐心之痛，為自己的無知、愚蠢而深深愧疚，但一個人知道犯錯後，僅僅停留在愧疚中是遠遠不夠的；最重要的是，找出錯誤的根源，撥亂反正才行。

孫權繼續反思，巨大的疑問隨即浮上心頭。家族魔咒一再在孫氏兒郎身上濫施淫威，背後到底是什麼原因呢？

進化心理學透過對兩性凶殺死亡率的分析發現，男性的凶殺死亡率最高的時期，正是他們的體能處於巔峰時，也是患病死亡率最低時。當男性進入青春期後，死亡率開始急速上升，在二十五歲左右達到高峰。二十五歲之後，受害率就急劇下降，表明二十五歲後的男性開始有意識地避免使用極端危險的策略。到了七十五歲，受害死亡率的男女性別差異就慢慢消失了。

總言之，年輕男性往往喜歡採取一些危險的攻擊方式，而這些方式很容易導致他們自身受傷或死亡，這就是所謂的「年輕男性症候群」[15]。

進化心理學的這項理論可用來解釋孫氏的家族魔咒。孫家兒郎包括孫堅、孫策、孫翊都是好勇鬥狠、奮不顧身，不惜一死也要逞一時之快，自然使他們比一般年輕男性的受害死亡率高出很多。由於「年輕男性症候群」，年輕男性的意外死亡風險本來就很高，孫家兒郎的狂放作風又使風險相乘，自然釀成英年早逝的家族魔咒。

當然，孫家兒郎這種狂放作風帶來家族魔咒的同時，也營建出一種家族聲望。人類傾向於建立一種名聲，因為名聲往往擁有一勞永逸的長期效應。對於年輕男性來說，他們的暴力行為在擊敗對手的同時，也令所有人留下深刻的印象，從而建立起一種強大的社會聲望，讓敵人不敢輕易啓釁或望風而降，這就是一種「聲望策略」[16]。

如果不是這樣，曹操為什麼要評價孫策「猘兒難於爭鋒也」（猘，意為小瘋狗），而不敢輕舉妄動呢？如果不是這樣，孫策為什麼能夠輕易攻取江東六郡呢？

但是，現在形勢不同了，已經從打天下轉入保天下的階段了，身為江東的最高領導者就不能沿續「好勇鬥狠、奮不顧身」的風格了。

孫權當然不知道進化心理學的理論，但他透過反覆思考不難悟出相似的道理。孫權隨即又想到，如果繼續全盤孫策化，恐怕下一個橫死的就是自己，儘管他和孫策、孫翊明顯不是同類人。

孫權頓時驚出一身冷汗！既然全盤複製孫策行不通，那麼，接下來該何去何從呢？

勵志女神徐氏的所作所為，突然就像一道閃電掠過孫權的心靈天空，一瞬間照亮了他的整個思維空間。

應對丹陽巨變時，為什麼強硬男兒孫河不但沒力挽狂瀾，反倒身受其害呢？為什麼偏偏是柔弱女子徐氏不露聲色，反將對方一軍，成功殲滅元凶呢？

這一男一女的應對策略和成效正好是鮮明對比，而這一切基本上是源自兩性在風險意識上的差異。

在湯森路透（Thomson Reuters）機構經紀人預測系統中，存有華爾街所有的股票分析師在一九八三年五月到二〇〇六年六月所做的全部財務盈利預測。其中有一八二九二名分析師對二一一〇七支股票做出了二八五六一九八項預測，而女性分析師所做的預測占總數的一六％。

總體而言，女性分析師的預測準確率要比男性分析師高出七・三％。女性分析師不僅在人數比例占優的行業中比男性分析師優秀，在股票被劃分的四十八個不同行業內，男性分析師僅在十五個行業中表現勝過女性。也就是說，即使是一位表現平平的女性分析師，其表現也相當於一位男性明星分析師。

究其原因，就在於「兩性風險意識差異」[17]。一般而言，男性傾向於冒更大的風險，而女性對風險預測更為準確，從而更能控制風險。風險不會因為謹慎而減少，但應對卻會因謹慎而增效。

男性往往過度自信，從而將自己置於高風險之中。孫河身為廬江太守，明明手中有兵，卻偏偏赤手空拳，單刀赴會，前去質問媯覽、戴員。如果孫河事先有所警覺，領兵前往，就算不能將媯覽除去，自己也不至於送命。

女性對風險有更清醒的認識，從而步步為營，穩妥行事。徐氏不與媯覽硬拚死鬥，而是先行示弱，有效消除媯覽的戒備心理，然後採用合理藉口穩住他。她很清楚單憑自己的力量肯定無法扭轉乾坤，於是，開始物色同盟者。巧妙贏得同盟者後，依然不動聲色，繼續麻痺媯覽，直到有必勝把握時，才痛施最後一擊。

孫河的自慢與逞強，誤了卿卿性命；徐氏的示弱加求助，卻讓她笑到最後。當然，徐氏也並非毫無風險。如果她選擇了能力不足以搞定媯覽的人，如果她選擇的人轉而向媯覽告密，計畫都可能功虧一簣。但是，徐氏憑藉智慧，將風險置於可控範圍，步步為營，穩妥推進，終至功成。

如果孫堅、孫策、孫翊能夠多一點點風險意識，又何至於個個死於非命呢？

後來，孫權攻打合肥時，也想像孫策那樣，身先士卒，輕騎突進。張紘進諫說：「此乃偏將之任，非主將之所宜也。」孫權聽進去了，很大程度上是受了徐氏「玉女心經」影響的緣故。

徐氏不僅是一位勵志女神，同時也是一位智慧女神。徐氏「玉女心經」中的謀略智慧，絕不僅僅適用於女性，而是身處弱勢者屢試不爽的逆襲聖法。

生命中的每一份經歷都不是偶然的，人們都可以從中找到必然的價值。丹陽慘案對孫權來說，固然是重大打擊，但徐氏的玉女風範也讓孫權有機會領略到世上最頂級的生存智慧。

這種以柔克剛、以弱勝強的「示弱策略」在剛施行時必然是大損顏面的，作為血氣方剛的青年，孫權能夠坦然放下面子，堅定地予以施行嗎？

心戰領悟　很多人不是死於風險，而是死於對風險的誤判。

12 就是要證明自己

孫權把心目中的女神徐氏接回吳郡，終身奉養。孫高、傅嬰兩人也因功得到重用。

時光如流，歲月不居。不知不覺間，四年很快過去了，孫權已經二十六歲了。在平淡如水的日子裡，孫權的內心漸漸躁動起來。雙料女神徐氏帶給他的不僅是自信，也有巨大的壓力，手無寸鐵的弱女子都能漂亮地建功立業，孫權卻還沒能證明自己。

孫權決定再次攻打黃祖。張昭雖然不太情願，但也找不到合適的理由來阻止孫權蠢蠢欲動的雄心。不過，孫權這一次進攻卻不怎麼順利。雙方一直僵持不下，誰也沒能率先打開局面。

這時，呂蒙來報，說黃祖手下驍將甘寧主動來降。

甘寧可不是一般人物。孫權第一次征討黃祖時，就是甘寧一支利箭射死了猛將凌操，救了黃祖的命。如果沒有甘寧，黃祖上一次就在劫難逃了。那麼，對黃祖有著救命之恩的甘寧，為什麼選擇在兩軍相持的關鍵時刻投降呢？

這會不會是詐降呢？孫權不由得升起這樣的問號。

這是孫權第一次處理外人來降，毫無經驗，心中無底，於是向呂蒙詳細詢問了甘寧的情況。

甘寧的經歷頗為勵志。他年輕時就以豪俠聞名，聚集了大批輕薄少年，橫行鄉里，後來更演變成了江賊，在江上劫掠。從這些經歷來看，甘寧頗有孫堅、孫策之風。俗話說，物以類聚，人以群分。孫氏父子吸引來投的豪傑之士，大多和他們脾氣相似，性格相投。比如黃蓋、周泰、太史慈等人均是如此。

等到年紀漸長，甘寧漸漸領悟到自己的錯誤，於是立即改惡從善，不再搶劫，轉而攻讀諸子百家，竟然成了文武雙全的人。

後來，他帶著八百少年勇士投奔劉表，想建立一番功業，但劉表的庸碌無能讓他大失所望，又聽說小霸王孫策橫掃江東，英名遠揚，就想入吳投奔，但黃祖鎮守江夏，甘寧過不了江，只能投靠在黃祖麾下。

黃祖因甘寧年輕時曾當過江賊，一直對他印象不佳，不肯重用。後來，甘寧射殺凌操，救了黃祖一命，以為黃祖出於感恩心理，會對自己有所回報。沒想到黃祖毫不領情，依然對甘寧不冷不熱。

黃祖部下的都督蘇飛實在看不過去，多次在黃祖面前推薦甘寧。但黃祖固執己見，始終把甘寧當過截江賊的經歷當作汙點，不肯重用。甘寧得知後，立即心生去意；而蘇飛也因多次舉薦無功，對甘寧心生愧疚，於是給甘寧出了一個主意。

蘇飛到黃祖面前保薦甘寧去當邾縣縣長，這樣黃祖鞭長莫及，就可以自行去投奔東吳了。甘寧依計而行，果然帶著數百名部屬，成功脫身來到江東。

孫權略一沉吟，想起兄長孫策與太史慈的往事。當初，太史慈也和孫策為敵，兩人曾經以命搏殺，但孫策最後卻以恢宏大度折服了太史慈。太史慈誠心歸順，一直為東吳效力，還成了江東的核心力量。

儘管孫權十分擔心甘寧可能是詐降，但太史慈的先例也讓孫權擔心，如果不敢接納甘寧，很多人會嘲笑自己的心胸氣度比不上孫策。雖然孫權此刻已經放棄了全盤孫策化，但孫策所營建的江東榮譽文化卻不是一朝一夕可以更改的，依然有極其重要的影響力。

在兩難的情況下，孫權會做出什麼樣的選擇呢？

如果你還記得，孫權曾有過「逆恐反應」這特殊的心理防禦機制，就應該不難做出判斷。

呂蒙看出孫權的擔心，連忙接著說：「甘寧來投的時候，擔心我們對他的過往懷恨在心，不肯收留。我說主公您求賢若渴，怎麼會記恨呢？況且，當初不過是各為其主，哪裡有恨？為了讓他放心，我和他折箭為誓，保他沒事。甘寧回去後就帶著數百名部屬渡江來投主公了。請主公鈞斷！」

呂蒙這小子真是把事做絕了！如果孫權再猶豫，他的心胸豈不是連呂蒙也趕不上了？孫權當然不願意。於是，逆恐反應再一次發揮效力，孫權滿懷擔心地接納了甘寧。

呂蒙在這件事情的「先斬後奏」，雖有僭越綁架孫權之嫌，但他對甘寧所說的那句話，大大美化了孫權的形象，正是孫權當前最渴盼、又最匱乏的評價，在擔心之餘，他也心花怒放，從此對呂蒙的偏愛之情更增幾分。

孫權接納了甘寧，黃祖頓失一臂，眾人皆大歡喜，以為攻破黃祖在望，但有一個人卻不幹了。這個人就是和甘寧有殺父之仇的凌統！甘寧來投前念念叨叨的「舊恨」，就是指這件事。

凌統聞訊後，紅著眼、提著刀，立刻衝過來找甘寧拚命。孫權大驚，急忙抱住凌統，讓甘寧閃到一旁。

這又是一個孫權從未經歷過的亂局。甘寧和凌統之間的矛盾，屬於不共戴天的殺父之仇，是很棘手的矛盾。孫權當然不能責怪凌統不顧大體，但如果凌統念念不忘報仇，甘寧待得不安心，肯定是要走的，而最壞的局面則是兩敗俱傷。

以孫權此刻的智慧，根本解決不了這個難題。他只能像無計可施的人一樣，溫言安撫凌統的情緒，又告誡甘寧盡量遠離凌統。

凌統見孫權以主公之尊軟語相勸，只好暫時按下了復仇之心，但他心中對甘寧的恨意卻像定時炸彈一樣，不知道什麼時候會爆發。

孫權好不容易安撫了凌統，正要與諸將商議如何打破僵局，攻克黃祖，後方又傳來了一個噩耗。

吳太夫人病危了！

孫權大驚，急忙撤軍而歸。這一次自我正名之舉，不得不再一次畫上休止符。

作為一個女人，吳太夫人一生真是太坎坷了。她眼睜睜看著丈夫、長子、三子橫死暴卒，英年早逝，如此沉重的打擊，對她的身心傷害至深；而且，她還日夜擔心次子孫權無力承擔江東重任，也大大耗費了她的心力。備受折磨與煎熬後，吳太夫人的生命終於走到盡頭，但是還不能放心而去。

彌留之際，吳太夫人把周瑜、張昭找來。吳太夫人對兩人說：「我當年生孫策時，曾經夢見月亮入懷；後來生孫權時，又夢見太陽入懷。我找人卜算，說夢見日月入懷是大貴之兆。不幸孫策早死，現在江東的基業都交給孫權希望兩位好好扶持他，以師傅之道早晚教誨，不讓他犯錯，這樣我死也瞑目了。」

又是一次託孤，周瑜、張昭含淚答應。

吳太夫人說的話頗多奇怪之處，託孤就託孤，為什麼要強調孕育孫策、孫權時夢見日月入懷呢？這番話當年她只對孫堅說過，為什麼今天要舊事重提，公之於眾呢？

夢見日月入懷，是大貴之兆。所謂大貴，是暗指有帝王之象。在漢室朝廷的統治框架下，這話說出去是大逆。吳太夫人隱忍了這麼多年，為什麼臨終這一刻卻忍不住說出來了呢？

說來說去，還是源自對孫權的不放心。

吳太夫人擔心死後孫權的能力不足以駕馭周瑜、張昭等重臣。為了讓他們死心塌地忠於孫權，吳太夫人不惜搬出壓箱底的祕密，以此來昭示孫權之貴實屬天命。天命是最高的權威，又有誰敢違抗呢？

其實吳太夫人很矛盾，如果夢月入懷是大貴之兆，為什麼孫策會不幸早死了？既然夢月入懷，不得善終，誰又能保證夢日入懷就一定大貴無匹呢？但是，作為母親，她必須這樣說、必須這樣做，這是母親為她摯愛的兒子所能盡到的最後一點心力。她是多麼希望天命之兆能幫助兒子樹立威信，穩固政權啊！

母親無私的愛，孫權自然是能夠領略到的，但母愛也給他帶來了無形的傷害。孫權此刻最需要的是真正的認可，而不是勉勵，更不是擔心，只是，沒有人懂得孫權的心聲。

吳太夫人交代完周瑜、張昭，又轉過來吩咐孫權：「你一定要以師傅之道對待子布和公瑾，切不可怠慢。我的妹妹還在，以後你一定要像對待我一樣來侍奉她。還有，要善待恩養你的小妹，給她找個好夫婿。兒子啊，好自為之！」

交代完這一切，吳太夫人閉上了眼睛，告別這個帶給她太多生離死別的世界。

孫權難掩悲痛，但內心暗暗發誓，一定要做出一番轟轟烈烈的事蹟，向九泉之下的母親證明自己。

【心戰領悟】不匹配的愛，其實是一種傷害。

13 情深義重的叛徒

孫權辦完喪事，幾個月後重提征討黃祖的事，二度受託的重臣張昭大表反對。孫策和吳太夫人臨終託付「內事不決問張昭」，他自然把「保江東」看得比什麼都重，若「外事」影響「內事」，張昭肯定會反對。

張昭的理由也很充分：按照禮制，母親去世後，應服喪三年，在此期間不能動兵。眼下距離吳太夫人離世還不到一年，不宜再討黃祖，而是繼續穩定內部，以免內亂。

孫權微一皺眉，不由想起剛接位時張昭用「伯禽因情勢所迫，不守父親周公所制定之禮」的例子來勸諫自己的往事。孫權心想：「當初你能根據情勢權宜行事，今天怎麼就墨守陳規了呢？」

孫權正要想辦法說服張昭，卻聽一旁的甘寧大聲喝道：「主公把蕭何之任託付給您，您身居要職卻擔心什麼叛亂，怎麼和古人相比呢？」

蕭何是輔佐漢高祖劉邦開創大漢基業的重要謀士。甘寧用蕭何來比擬張昭此時在江東的地位與作用，既是對張昭的抬重，也與實際情形十分吻合。甘寧的確在讀書上下了苦功夫。雖然此時張昭並沒有創立像蕭何一樣的功業，但乍一聽到這個「身分比擬」[18]，內心還是喜悅不已的。只是，甘寧隨後的話語卻一下子讓他啞口無言，深感愧疚。

因為身分比擬不僅是榮耀，隨之而來的還有責任與義務。既然張昭相當於孫權的蕭何，就必須顯示出蕭何之於劉邦的積極作用，才吻合這樣的身分比擬。但現在張昭「居守而憂亂」，顯然不合格。

甘寧這句話頓時讓孫權感到深深的震撼！五大三粗的武將，竟然能夠引經據典，把熟讀詩書、長於言辭的張昭說得啞口無言，這可不是一般人能夠做到的！

孫權慶幸當初做出正確的決定，收留了這樣智勇雙全的猛將；同時，也頗受刺激。他繼位之後，常常自覺才識不夠，一旦遇事，往往束手無策，從而對總是能找到應對之策的張昭十分敬重，也十分依賴。

當孫權看到像甘寧這樣一個劫江盜賊，都能夠透過自學苦讀而成為文武雙全之士，不由質問自己：為什麼我不能做到呢？知恥近乎勇，從此以後，孫權開始發憤讀書，經年之後，果有大成。

甘寧繼續說：「現在漢室式微，曹操專權，終究會行篡奪之事。我們必須抓緊時機將荊州之地據為己有。我曾在劉表手下效力，此人昏庸無能，兩個兒子又不成器。荊州遲早要落入他人之手。如果我們現在不去攻取，日後一定會被曹操納入囊中。再說黃祖，現在已經年老昏邁，經常被左右欺弄，戰備鬆弛，正可以一攻而下。主公一旦破了黃祖，趁勢攻占荊州，然後再圖謀巴蜀之地，大業就成了！」

甘寧這段話一說，頓時震驚四座！別人先不說，一旁的魯肅對他簡直佩服得五體投地！此前，魯肅曾經對孫權提出「三步驟戰略」，深得孫權認可。而甘寧的戰略規劃，既有和魯肅英雄所見略同的部分，更有超越魯肅的地方。魯肅的眼界只不過是剿滅黃祖、占據荊州後，憑藉長江天險，自建帝號。甘寧的目光卻看到了富甲天下的巴蜀之地（即劉璋占據的益州）。

占據荊州、益州，是諸葛亮隱居隆中多年，苦思冥想規劃出來的戰略藍圖，後來在隆中對時提出，讓劉備深為嘆服。而甘寧身為一介武勇之人，竟能與謀略深遠的諸葛亮一般見識，可見他真是太了不起了。

如果甘寧的謀劃得以兌現，劉備和諸葛亮不就沒轍了嘛。

孫權一聽到甘寧的宏圖大論，頓時也像魯肅一樣深深折服，不由大聲道：「我能得到甘興霸，真是大快人心啊！」

張昭在一旁聽了，臉上一陣紅，一陣白，心裡很不是滋味。孫權激動之餘，卻顧不上這位重臣的顏面了，立即舉起一杯酒，遞給甘寧，說：「興霸，這次我們征討黃祖，就像這杯酒，都託付給你了！你一定要幫我剿滅黃祖，不要去管張長史說些什麼！」

長史是張昭此時的官職。孫權用「張長史」這個疏離性稱呼，微妙地表露在當下的情境，他對張昭的敬重程度大大下降了。

孫權隨即命周瑜為大都督，點起大軍，再度向夏口進發。

甘寧所言句句屬實，這次進攻黃祖十分順利。黃祖抵擋不住，急忙棄城而逃。甘寧一路緊追，將他截在半道。

黃祖眼看無路可逃，只好向甘寧求情。甘寧說：「我在你麾下數年，多負勤勞，累立功績，你卻一直看不起我。今天落到了我手中，為什麼要放過你？」

黃祖不甘束手就擒，拚死拍馬而逃。甘寧拈弓搭箭，一箭將黃祖射落馬下，隨後趕上，取下黃祖的首級，總算是出了一口惡氣。甘寧拿著黃祖的首級回報，孫權大喜，立即升甘寧為都尉！

事不過三，孫權苦心積慮的計畫終於實現。他終於做到了連長兄孫策也沒能做到的事情，成功地為父親孫堅報仇雪恨。

此戰對孫權的意義還不止於此。這是他首次打敗強敵，儘管是在逆恐反應的推動下親自出征，但是外人卻不可能知悉孫權內心的波瀾，而習慣從外在行為來判斷一個人的內在。征討黃祖的勝利，為孫權樹立了他孜孜以求的威信，也讓這個外貌不像孫家兒郎的繼承人，成為江東榮譽文化的不二代表。

孫權命人將黃祖首級裝好，送回吳郡祭奠父親英靈。

黃祖部下的猛將蘇飛也在此役中被擒。蘇飛是黃祖最得力的部屬，孫權此前多次吃過他的苦頭，當即決定將蘇飛斬首，和黃祖的首級一起祭奠孫堅。

蘇飛被擒後，心知唯有甘寧可以救自己，他在囚車中苦苦懇求押送軍士去轉告甘寧，這個軍士被蘇飛感動了，果真去通報甘寧。甘寧說：「即便蘇飛不言，我難道會忘記他當初的照拂之恩嗎？」

甘寧立即去見孫權，大哭拜倒在地。孫權對甘寧的英武善戰、智勇雙全十分欣賞，見他如此形狀，不由一驚，問道：「興霸何故如此？」

甘寧哭著說：「如果不是當日蘇飛抬舉我，甘寧說不定早就死在溝壑之中了。怎麼可能投到主公麾下，為主公效力？今日蘇飛被擒，按他往日之罪，理應斬首。但是不忍自己獨享功名，卻坐視恩人受戮。還望主公法外開恩，饒了蘇飛。我情願免去都尉一職，贖蘇飛一條命！」

孫權見甘寧情深意重，不忘舊恩，十分感動，當即同意了他的請求，寬赦了蘇飛。孫權的這一舉動，也徹底收服了甘寧的心。

說來孫權還真沒辜負長兄孫策的期望，在「舉賢任能」上屢有豪闊之舉，為江東吸納諸多生力軍。

慶功宴上，鬧事的人又來了。這個人自然還是凌統。

孫權為父親成功復仇，對凌統的刺激很大。眼見仇人立功受賞，自己卻不能動他半根毫毛，自然是憤恨交迸。凌統借酒澆愁，卻是酒入愁腸更添愁，他借著酒勁，拔劍在手，借勢就衝向甘寧，甘寧急忙取過桌子抵擋。孫權的頭立刻大了，但現實容不得半分遲疑他立即衝上去抱住了凌統，其他諸將見狀，也急忙上前將凌統的寶劍奪下！

孫權苦勸凌統：「當日興霸射死你的父親，只因各為其主。今日既然在一起，就是弟兄，何必要苦苦記仇呢？萬事都看在我的面子上，不要再計較了。」

孫權不得已拿出了權威施壓，但他是最沒有說服力的。如果凌統可以寬恕甘寧，那麼，孫權又為什麼要苦苦追究黃祖呢？

孫權無奈，只好連夜派甘寧去外鎮守，離凌統愈遠愈好。

凌統這場鬧劇，雖為孫權三討黃祖的勝利抹上一點黑，還是遮掩不了孫權壓抑已久的興奮之情。

從臨危接位到剿滅黃祖，孫權從十九歲走到了二十七歲。八年的時光，從少不更事的少年，在一系列變亂橫生中，憑著頻頻出現的幸運以及自己的主觀努力，日漸變得成熟。孫權變得躊躇滿志，更加自信了，他認為自己已經成了維護江東榮譽文化當之無愧的旗手，他的部屬們也不會再懷疑他的勝任能力了。

只是，他不知道所遭逢的一切，不過是一場小打小鬧的試演，真正的考驗尚未拉開帷幕……

〔心戰領悟　唯書可以治愚。〕

【策二】赤壁之戰

14 最可怕的敵人來了

就在孫權三討黃祖時，天下形勢有了很大的變化。

梟雄曹操以弱勝強，在官渡之戰擊敗最大的對手袁紹，並趁勢平定整個北方。曹操的聲威由此達到頂峰，雄心也隨之暴漲，將下一個征服目標鎖定了江南。曹操在鄴城修建玄武湖訓練水軍，為攻占荊州做準備。

孫權擊破黃祖，對於形勢的發展也產生推波助瀾的作用。劉表本已病弱不堪，受此打擊後，很快黯然西歸。臨死之前，劉表託孤給寄居荊州的劉備，但荊州的實權已被劉表的後妻蔡氏一黨掌控，劉備無能為力。蔡氏之子劉琮繼位，劉表的長子劉琦此前已在劉備軍師諸葛亮的指點下，為了保命而逃離中樞，鎮守夏口。（江夏被孫權攻破後，孫權任命周瑜為江夏太守，治所為今湖北鄂城；而劉表任命劉琦接替黃祖為新任江夏太守，治所在夏口，即今漢口。）

曹操得知荊州內亂不止的消息後，立即揮師南下，先是擊潰了駐守新野小縣的劉備，進而要對整個荊州發起攻擊。

此時，曹操兵威之盛，冠絕天下。劉琮年幼沒有主張，以劉表後妻蔡氏之弟蔡瑁為首的決策層被曹操嚇破了膽，驚慌失措中，竟然做出了不戰而降的決定，曹操兵不血刃就得到了荊州。劉備、諸葛亮以及劉琦等蜷縮在夏口一角，眼看已無力回天。但此時，曹操卻犯了「敗不餒，勝必驕」的老毛病。荊州是曹操攻城略地的經歷中最輕鬆的一次，原本預計至少要鏖戰半年以上，現在不費吹灰之力到手後，曹操胃口大增，當即想順勢而下，將江東也納入囊中，一旦拿下了江東，就等於統一中國了。曹操被這個無比輝煌的終極遠景所激勵，竟然放過坐以待斃的劉備，把注意力轉到孫權身上。

在曹操看來，孫權不過是另一個劉琮罷了。

此前，因為北方尚未平定，孫策勇猛無敵，曹操一直對江東採取懷柔策略。比如，曹操以朝廷名義冊封孫策為討逆將軍、吳侯，並將曹洪的女兒嫁給孫策的幼弟孫匡。孫權繼位後，曹操冊封孫權為討虜將軍、會稽太守，但曹操內心顯然認為孫權絕對是比不上孫策的。

對孫權來說，曹操是一個絕對不敢輕視的存在。曹操無暇南顧之際，孫權根據張昭等重臣的指點，對曹操曲意逢迎，以維護相互間的微妙平衡。在此期間，孫權給曹操送去不少南方出產的奇珍異寶以及珍稀動物，其中有出自南方叢林的大象，正是孫權進貢的，無意中成就了曹操之子——天才少年曹沖秤象的故事。

但是，曹操並不傻。孫策在，他還有幾分忌憚。孫權一接位，曹操就老實不客氣提要求了，命孫權將兒子送入朝中為官，名義上是當官，實質上是當人質。

孫權哪有什麼主意？只好將周瑜、張昭等人召至母親吳國太跟前一同商議。

孫權的母親在二討黃祖時不是去世了嗎？這位吳太夫人又是從哪裡冒出來的呢？

原來，這位太夫人並不是孫權的親生母親，而是其妹。吳氏姐妹倆共事一夫，都是孫堅的夫人。孫權的生母去世前囑託孫權要像對待自己一樣敬事自己的妹妹。吳太夫人對孫權也視如己出，孫權和她關係十分親密。

張昭說：「這是曹操控制諸侯的辦法。如果不去，一旦興兵來攻，江東可就危險了。」

張昭話裡隱含的意思是傾向於派出人質，以免惹惱曹操。張昭對曹操的畏懼心理從這裡已初露端倪。

周瑜卻鮮明地反對：「當年楚國開國之初受封於荊山之側，地不滿百里，後來廣為擴張，據有荊州、揚州，國土萬里，國祚綿延九百年。現在主公繼承父兄之基，兼有六郡之地，鑄山為銅，煮海為鹽，境內富饒。再加上兵精糧足，將士用命，所向無敵，為什麼要受他人脅迫，而送人質入朝？一旦受制於人，不得不唯曹操馬首是瞻。最多不過給您一顆侯爵之印、十幾個僕從、幾輛車、幾乘馬，怎麼能和您現在南面稱孤相提並論呢？照我看來，這個人質不能送！」（孫權所占江東六郡，均是春秋戰國時楚國舊地，故而周瑜以古喻今，拿楚國說事。）

張昭和周瑜，一個擁有內事決定權，一個擁有外事決定權，但很多事是難分內外的。就拿要不要送人質這件事來說，既可以說是內事，也可以說是外事。那麼，當張昭和周瑜的意見出現了分歧，孫權該聽誰的呢？

好在還有一個可以一錘定音的權威人物。就是吳國太！吳國太怎麼捨得讓孫子去當人質呢？她自然是支持周瑜的意見。更重要的是，危險並沒有迫在眉睫。張昭擔心的未來之憂，至少在眼前尚未成為現實。兩相權衡，當然是眼前利益占上風。所以，吳太夫人堅定地說：「公瑾說的對！不能派人質。」

曹操雖然惱怒孫權不聽使喚，但北方多事，這件事也就不了了之。

但是，現在情況不一樣了。曹操揮師南下，荊州望風而降後，整個江東立即被一種濃重的恐怖氣氛所籠罩，孫權立刻開始高度緊張。

曹操下江南的時間，是孫權擊潰黃祖三個月之後。曹操一出現，頓時把孫權剛建立的自信擊垮了。在曹操面前，黃祖不過是微不足道的螢火之光。以黃祖為原料製成的「自信之丸」，藥效根本抵擋不住「曹氏恐怖病毒」的衝擊。根深柢固的自卑頓時死灰復燃，又從孫權心底泛起，讓他陷入不可名狀的恐懼之中。

孫權的反應是緊張、恐懼，而魯肅的反應則是著急。

魯肅當初因為提出「三步驟戰略」並贏得了孫權的青睞，後來一直受制於張昭而不得重用。曹操南下，得手荊州後，魯肅的「三步驟戰略」就被攔腰截斷，等同於一紙空文。而魯肅的第二步被曹操「截胡」了之後，曹氏的下一步必然就是吞併江東了。

任何人都不願意坐視自己的謀劃成空，更不用說對此抱有厚望的魯肅了。魯肅立即動起了腦筋。

果然天無絕人之路，曹操因驕傲自滿，留下唯一的紕漏被魯肅敏銳地抓住了，這個紕漏就是在夏口苟延殘喘的劉備！

魯肅立即提議和劉備聯絡，理由有二。

一是探聽曹操虛實。劉備雖然屢次敗於曹操，但總是敗而不亡，而且此前還曾經在火燒博望坡和火燒新野中擊敗過曹操。環顧天下，唯有劉備的抗曹經驗最為豐富，應該盡早向他取經。

二是探聽劉備意圖。如果劉備尚有實力和鬥志，不妨和他聯合，共同對付曹操，以免獨力難支。

在一片混亂中，魯肅的意見顯得尤為清晰可行。孫權別無良策，只好命魯肅火速趕赴夏口與劉備當面晤談。但是，江東和荊州正處於敵對狀態，雙方為了爭奪江夏打得不可開交。現在，魯肅貿然上門探聽消息，會不會因為此前的過節而被拒之門外呢？

魯肅左思右想，給自己找個了藉口：為劉表弔喪。主動上門哀悼的人，總不能拉下臉來不歡迎吧？魯肅自覺高妙的藉口，卻暴露了他思維模式的重大缺陷，也直接催生了此後孫權和劉備兩大陣營之間糾葛不清的恩怨情仇。

魯肅的弱點在於思考問題時是完全以自我為中心，沒有站在對方的立場換位思考。此前，他對周瑜慷慨相助，對孫權暢談藍圖，之所以能贏得認可，是因為魯肅的做法或想法正好吻合周瑜和孫權的頻率，從而引發共鳴。

當魯肅啓程去見劉備、諸葛亮時，他思維模式的侷限性就暴露無遺了。其實，只要他稍加思考，劉備當下處於什麼樣的處境，就可以知道他最渴求的是什麼。

事實上，當魯肅把劉備當作救命稻草時，諸葛亮更加迫切地想把孫權當作救命稻草。這位經常自比管仲、樂毅的諸葛先生，此時已陷入一生最大的聲譽危機之中。如果不是曹操的驕傲自大，毫無理由地放鬆對劉備的追擊，坐困愁城、束手無策的諸葛亮很可能會成為史上最著名的「吹牛大王」，絕無可能成為名垂後世的「千古一相」。

諸葛亮當然想借江東之力來度過眼前的難關，但又想到江東剛擊潰黃祖、攻占江夏，士氣正旺，再加上還有長江天險，自保應該無憂，用不著懼怕曹操。在這樣的積極心態下，就算劉備向江東求援，也會被忽略無視。

所以，魯肅想打探消息，根本不用任何理由，劉備、諸葛亮對他歡迎都來不及，這樣一來，主動權就會牢牢掌握在魯肅手上。但是，魯肅自以為高明的「弔喪」藉口，卻暴露了心虛的底牌。江東和荊州一直沒有互相弔孝的習慣。孫策遇刺身亡，劉表沒有絲毫表示；劉表過世，東吳也用不著如此熱情。在特定的情境下，禮下於人，必有所求。諸葛亮據此抓準了魯肅和整個江東的心態，也為他此後的驚天大逆轉找到了唯一可能的著力點。

心戰領悟　「我」是最大的人生陷阱。

15 送上門來的機會

魯肅不可能擅自前來，必是孫權所派。魯肅主動登門弔孝，微妙地透露了江東心中沒底、惶恐不安的情緒。由此，諸葛亮對江東新主孫權的個性特徵和心理動態有了基本判斷，也為他下一步在夾縫中施展乾坤大挪移、為劉備爭奪利益奠定了基礎。

魯肅遇到如此厲害的對手卻不自知，一味根據自己的需要向劉備打聽曹操的虛實及意圖。劉備故作不知，把諸葛亮推上前臺。

魯肅見了諸葛亮，很客氣地說：「我是子瑜（諸葛亮長兄諸葛瑾之字）的好朋友。久仰大名，今日有幸相遇，希望您能好好地教導我。」

諸葛亮既然得知魯肅的底牌，應答起來自然是得心應手，便回道：「曹操的奸謀，我一清二楚，只恨我家主公目前實力不及，只好暫且避其鋒芒了。」

這是在吊魯肅的胃口了。用這種手法來對付一向直來直往的魯肅，是最有效的。魯肅在不知不覺中就成了相聲裡「捧哏」的角色，凡是諸葛亮想要表達的意思，都經由魯肅的率先發問而自動帶出。

魯肅問：「劉皇叔下一步有什麼打算？」

諸葛亮說：「我家主公與蒼梧太守吳臣有點老交情，正打算去投奔他呢。」

魯肅心想：「蒼梧遠在南蠻，逃到那裡，曹操一時半刻是力不能及的。」但是魯肅不想一想，如果劉備有心逃難，為什麼不趕快動身呢？哪有閒工夫在這裡和你話家常呢？所以說，再聰明的人如果總是緊盯著自己的需求去思考，往往會束縛住洞察力。

魯肅根本沒想到這只是諸葛亮的託辭，還為發現了劉備的需求而大感興奮，他急忙說：「吳臣兵微糧少，連自保也很困難。皇叔去投奔，豈不是明珠暗投？」

當魯肅這麼說的時候，他心裡已經「擅自」做了決定，這句話就是一個鋪陳。

魯肅和孫權相處已有五、六年，他從自身的經歷中，深深感知孫權的內心世界。魯肅和孫權的第一次談話，就贏得好感，孫權卻受制於張昭的託孤權威，不敢重用魯肅。這足以說明，孫權是個缺乏魄力的人，只有外部的推動力夠強大，才可能因之而動。魯肅一向力主孫權自立為帝，當然不可能主張孫權向曹操投降。

但若想激勵孫權與曹操開戰，魯肅知道單憑一己之力很難推動。當初，他提出來見劉備，就有心讓劉備為自己的主張站臺撐腰。他本來預備帶幾句劉備這個抗曹老手的話語回去，以便堅定孫權的抗曹意志。但諸葛亮透露的劉備新動向，卻讓魯肅的心思更活絡了。

劉備既然落魄到連蒼梧吳臣都要去投奔了，為什麼不投奔近在咫尺的江東孫權呢？孫權的實力可比吳臣強得多了。如果能夠說動劉備投奔東吳，也是奇功一件。劉備雖然家底單薄，但名聲響徹四海。說歸劉備，不但能增強江東抗曹實力，堅定孫權抗曹之心，更能給孫權臉上貼金，可謂是名利雙收，何樂而不為？對魯肅本人來說，立下這件大功，就足以和張昭相抗衡，不用再受他的窩囊氣了。

魯肅強忍興奮，立即說：「我家孫將軍聰明仁惠，敬賢禮士，江表英雄紛紛歸附。現在占據江東六郡，兵精糧足，文武俱備。與其讓我來給皇叔出主意，還不如派一個心腹之人去和孫將軍連結，共圖大業。」

諸葛亮等的就是這句話，但他自詡管仲、樂毅，從一開始就是要幫劉備自立門戶的，怎肯屈居人下呢？魯肅一廂情願沉浸在自己的世界裡，從根本上忽略了這一點。諸葛亮真正想要的是借助江東的力量，共圖曹操，然後從中得利。

魯肅毫不隱諱地代主人發出邀請後，諸葛亮如獲至寶，但這個深諳人性心理的絕頂高手還是要欲擒故縱一番。

諸葛亮說：「我們向來和孫將軍沒有交情，就算派人去江東，恐怕也是枉費口舌。」

魯肅急忙說：「您的兄長諸葛瑾就在江東，深得孫將軍信任。他一直盼望見到您，怎麼能說沒有交情呢？魯肅不才，願意代表孫將軍邀請您去江東，共議大事，如何？」

諸葛亮大喜，哪會放過這個絕地求生的唯一良機呢？正想答應，旁邊的劉備卻不幹了。

此時此刻，諸葛亮就是劉備唯一的心靈寄託。劉備遭逢當陽慘敗後，之所以還能屹立不倒，就是因為還有諸葛亮在。諸葛亮此前連放兩把火，幫助劉備取得抗曹的歷史性勝利，也讓劉備對諸葛亮的期望升高。劉備堅信只要有諸葛亮在，一定能夠東山再起。但是，魯肅用身在江東的諸葛瑾來鼓動諸葛亮入吳，劉備的心立刻不安起來了。

劉備心想，孫權的家底明顯比自己強多了，再加上兄弟情深，諸葛亮一去江東，難保不被孫權挖角。

劉備這麼一想，立即勸阻說：「孔明先生是我的老師，頃刻不能相離，怎麼能跟你去東吳呢？」

劉備愈是拒絕，魯肅愈是心癢難搔。雙方來往數個回合，諸葛亮看看，不能再僵持下去了，於是用目光示意劉備，說道：「情況已經很危急了，還是讓我去江東走一趟吧。」

劉備聽懂了這句話的分量，也從諸葛亮的眼神中看到必不離叛的堅定。只好說：「先生，請盡快回夏口相會。」諸葛亮點頭同意，以安劉備之心。

諸葛亮的欲擒故縱和劉備的真心挽留，讓魯肅獲得強烈的成就感。魯肅急於回家表功，於是當下不再停留，和諸葛亮立即上船往江東而去。諸葛亮這個沒有船票的乘客，就這樣登上他夢寐以求的救命之舟。

客船中，魯肅的興奮漸漸消退，思維也變得理性。他猛然想起劉備身為大漢皇叔，一直東奔西走，投靠了很多人，卻沒有一個善終的。如果把他引薦到江東，日後出了問題，豈不是要怪罪到自己頭上？

魯肅又想到劉備之所以和那麼多人都不能善始善終，就是因為不甘屈身人下，時時有自立之心。孫權此時剛剛二十七歲，而劉備已經四十七歲了。孫權未經滄桑，而劉備卻已飽嘗艱辛。以孫權此刻的威望，恐怕很難讓見慣世面的劉備心服口服……

魯肅這麼一想，就明白之前的想法太過一廂情願，心情不由冷淡下來。可是，他擅自做主邀請的「嘉賓」諸葛亮已然登船入艙了，又該如何收場呢？

解鈴必得繫鈴人，魯肅焦灼萬分，左思右想，終於讓他想到了一個好主意。他決定對諸葛亮先行提出約束條件，讓他見了孫權後不要胡言亂語。

魯肅急於彌補過失，非常生硬地對諸葛亮說：「你要是見了孫將軍，千萬不要據實而言，說曹操兵多將廣。如果他問你曹操有沒有攻占江東的意圖，你就說不知道！」

諸葛亮見魯肅的態度驟然轉變，心裡清楚魯肅這會兒突然想明白了。但是，諸葛亮接受邀請到東吳，並不是為了「公費旅遊」而來。你不讓他說東，不讓他道西，他心中早有定念，怎可能聽人擺布呢？

諸葛亮知道如果此刻和魯肅翻臉，到岸後就會被遣送回夏口。此時面見孫權是唯一可以讓劉備絕地逢生的機會，絕對不容錯過。因此，諸葛亮只是回答說：「不須子敬叮嚀，我自有對答之語。」

諸葛亮也只能這樣回答。要是虛偽承諾，順了眼前的魯肅，當然可以蒙蔽一時，但諸葛亮早已想好與魯肅所囑截然不同的答辭，不可能自縛手腳，所以眼前只能含糊應對，以免日後落了當面欺騙魯肅的口實。諸葛亮一生謹慎，就是體現在種種的細節之中。

魯肅見諸葛亮不肯承諾，心裡更著急了，一連囑託了幾遍。諸葛亮卻只是含笑不語。這個舉動惹毛了魯肅。魯肅心想：「你要是做不到，就不讓你去見孫權了。」

魯肅這招也算是釜底抽薪，任諸葛亮再神通廣大，也沒有任何施展的可能。眼看諸葛亮的江東之行，就要成為「軟禁之旅」了，但是情勢的發展終究超乎所有人的預料。

就在魯肅趕赴夏口的短短幾天，整個江東正陷入一場漫天遍地的超級恐怖之中，其肇因就是曹操寫了一封信給孫權。

這封信改變了整個情勢的走向，最後也改變了整個天下的格局。

心戰領悟

一心只為自己做嫁衣裳的人，往往是在為他人做嫁衣裳。

16 幸與不幸的糾結

曹操寫給孫權的是一封恐嚇信，看上去語氣輕鬆，意存悠閒，卻透露出服者濃重的自大傲慢、目空一切的氣息。

信是這樣寫的：

操近承帝命，奉辭伐罪。旌麾南指，劉琮束手；荊、襄之民，望風歸順。今統大兵百萬，上將千員，欲與將軍會獵於江夏，共伐劉備，同分漢土，永結盟好。相見再期，早宜回報。

曹操充分利用了「挾天子以令諸侯」的優勢，將出兵包裝為「奉辭伐罪」的正義之舉。同時，又利用劉琮不戰而降的「成功案例」來烘托自己戰無不勝，天下無敵。最後，用明確的數字著重點明了自己兵力雄厚，無可抵敵的氣勢。這一封信只有短短的五、六十字，卻著實把孫權嚇到了。

乍一看到這封信，孫權的第一反應就是天塌了！

孫權如履薄冰般度過了執政初期，終於因剿滅黃祖而找到自信。但這一自信立時被曹操居高臨下指點江山的氣勢所擊碎。曹操來得實在太快了一點。孫權剿滅黃祖後不過三個月，曹操就出現了。這時的孫權還沒有從勝利的喜悅中擺脫出來。而最可怕的是，和曹操相比，黃祖實在是太微不足道了。

漢末群雄割據混戰，多少英雄豪傑都已灰飛煙滅。不可一世的袁紹、袁術兄弟，無敵天下的呂布等均早已長眠於地下。而名聲卓著的劉備，奮鬥了大半世，年近半百，至今尚無立足之地。唯有曹操，順勢而起，一路剪滅群雄，成為地盤最大、實力最強的割據勢力。

那麼，孫權該何去何從呢？

在孫權的思想倉庫中，現在已經有兩套戰略武器了。一套自然是「孫策模式」，另一套則是「徐氏模式」。

孫權不由自主地想到，如果此刻江東依然是長兄孫策在位，他會如何應對。答案不難想像，孫策當然是拍案而起，一怒應戰，絕不會拖泥帶水，猶疑不定。一想到這裡，孫權不由自慚形穢，內心湧起強烈的自卑感。孫權很清楚自己絕對做不到像哥哥那樣英勇無懼，和曹操決一死戰。

人們往往習慣於根據過去來判斷現實、預測未來。孫權也不例外。當他想起曹操不可勝數的英雄往事，不由心生寒意，理所當然地認為要是和曹操鬥，結果必然是螳臂擋車。

不過，孫權還有另一個選擇，那就是「徐氏模式」，先虛與委蛇，穩住曹操的百萬大軍，然後等待時機，徐圖後事。

從孫權的個性及本心來說，他是十分樂意採用徐氏模式的。但從曹操的意圖來看，這似乎是一廂情願的想法，曹操此來興師動眾，對江東必是得之而後快。孫權如果假意臣服投降，恐怕很難擁有「東山再起」的機會。

活生生的案例就在眼前。劉琮投降之後，曹操根本就不讓他在荊州停留，立即將他遠逐青州。如果孫權也像劉琮那樣不戰而降，勢必也會被曹操遠遷他鄉。如果是這樣，父兄兩代嘔心瀝血、篳路藍縷開創的這份基業也就灰飛煙滅了。

顯然，投降會讓孫權愧對九泉之下的父兄。他沒有勇氣投降，但更沒有勇氣決戰。對他個人來說，投降尚有一條活路，但決戰必死無疑。孫權才二十六歲，他不想像父兄那樣早逝。此時，孫權一母同胞的三個兄弟都已去世，父母亦雙亡，已經是不折不扣的孤家寡人了。

孫權這才真真切切地感受到當初孫策交給他的擔子是何等沉重！

很多人都以為孫權是三國中最為幸運的人，不費吹灰之力就得到整塊從天而降的超級大蛋糕。有多少像劉備這樣的人，苦苦奮鬥幾十年，都沒能得到一塊夢寐以求的地盤。但是，對於準備不足或能力不夠的人來說，從天而降的超級福利，與其說是幸運，毋寧說是巨大的不幸。

孫權執政六年多，已經不能說是準備不足了。他以為是自己能力不夠，其實是他嚴重缺乏自信。巨大的壓力讓孫權無力承擔，也讓他陷入了無力決策的模糊情境。

當情境模糊不清，很難選擇正確答案時，人們往往會努力從他人那裡獲取需要的額外訊息。而且，當決定對個人而言愈重要，對他人訊息與指導的依賴性則更強，就會產生所謂的「模糊情境依賴」[19]。

心理學家謝里夫（Muzafer Sherif）利用人類的「游動錯覺」[20]驗證了上述的模糊情境依賴。所謂「游動錯覺」，是指固定不動的光點在缺乏任何視覺參照的條件下出現的一種運動錯覺。

謝里夫讓一些受試者坐在暗房中，集中注意力凝視四．五公尺遠的一個光點，然後估計光點移動了幾公分。受試者給出了判斷，這些判斷因人而異，有的說移動了約五公分，有的說約移動了十公分。事實上，因為「游動錯覺」的存在，這些估計都是錯誤的，光點根本就固定不動。

謝里夫籍此創造出一個沒有準確答案的模糊情境。隨後，實驗進入第二階段。謝里夫將受試者再次召集起來，並分成了幾個三人小組，再一次進行實驗。

在團體評測的情境下，每個人都必須大聲說出自己對於光點移動距離的判斷。經過幾次實驗後，每個小組的受試者對於光點移動距離達成了共識，都同意某一個估計值。而在此之前，當他們單獨測試時，他們的判斷差異極大。

這足以說明在缺乏確定性的模糊情境中，人們往往依賴他人的判斷來做出自己的選擇。

孫權難以做出決定，於是召集文武百官共同商議。

此時，魯肅正好回到江東。魯肅與諸葛亮下船登岸後，立刻安排諸葛亮住在驛館中，心中打定主意，不讓諸葛亮面見孫權了。

孫權聞報，立即召見魯肅。一看到魯肅，孫權立刻急切地問道：「子敬去荊州探聽消息，情況如何？」

孫權這是要確認曹操的軍事實力和戰略意圖，以努力摒除模糊情境的不確定性。但魯肅不知道孫權已被曹操的恐嚇信嚇得七葷八素，他好整以暇、慢悠悠地回答：「未知虛實。」

孫權差點氣昏了。你一去好幾天，什麼訊息也沒掌握，那到底幹嘛去了？孫權氣急之下，脫口問道：「你在夏口都幹了些什麼啊？」

這個問題，魯肅可是有點難以回答的。他在夏口被劉備、諸葛亮忽悠一通，啥情報也沒摸到，又自作主張把諸葛亮帶回江東。後來因為擔心諸葛亮亂說話，又打定主意不帶諸葛亮面見孫權了。如此複雜的情形，可不是三言兩語能夠說清楚的。魯肅只好說：「別有商議。」意思是當眾說有些不方便，我還是私下向您彙報吧！

魯肅的回答更增添了情境的模糊性。孫權心中不豫，哼了一聲說：「曹操昨天派了使者送來一封檄文。我召集文武商議，現在尚無定論。你先看看這份檄文吧。」

魯肅打開一看，頓時知道孫權嚇壞了。整個江東拼拼湊湊也不會超過十萬軍兵，但曹操竟然聲稱自己擁兵百萬。以一抵十，勝算幾何？更何況對手是威震天下的曹操？

魯肅對孫權的心理確實瞭若指掌。當初他在船上就頻頻告誡諸葛亮不要據實說出曹操的兵多將廣。沒想到，曹操倒是給自己做起廣告來了。

魯肅急忙問道：「主公意下如何？」

孫權臉上陰晴不定，肌肉僵硬，從嘴裡勉強擠出幾個字來：「未有定論。」

魯肅暗暗嘆氣，又暗自慶幸。他嘆氣是感慨孫權確實沒法和孫策的大無畏精神相比，他慶幸的則是好在孫權並沒有做出服軟投降的糟糕決定。

但就在這時，首席託孤重臣張昭卻搶著發話了：「主公，曹操乃虎豹也。現在他擁百萬之眾，借天子之名以征四方，抗拒他會顯得名不正、言不順。況且我們江東可以用來抵禦曹操的就是長江天險。現在，曹操攻占荊州後，荊州水軍已經全部為曹操所有，艨艟鬥艦，動以千數。曹操已與我共有長江天險，我們還拿什麼來抵擋其山嶽之勢？依我的愚見，將軍不如向曹操投降，這才是萬安之策。」

張昭一貫以託孤重臣的身分壓制異見者。他搶先發話，也正是為了阻止魯肅發表新的異見，但是，魯肅聽了張昭這句話，卻是如獲至寶！

因為，張昭這句話中隱含著一個巨大的漏洞。魯肅完全可以藉此一舉反制張昭，翻身脫困，擺脫屢受掣肘的不利局面！

【心戰領悟　任何一種幸運都會創造出一種新的不幸。】

17 抓住一個大漏洞

魯肅大喜，正要開言搶攻，卻聽到虞翻、步騭、薛綜、陸績等一幫謀士異口同聲地說道：「子布所言極是，正合天意！」

魯肅大驚，即將脫口而出的話硬生生又嚥了回去。他頓時明白了，投降曹操顯然不是張昭一個人的意見，而是以張昭為首的全體謀士共同的意見。魯肅因為被張昭排擠，一直未能進入這群江東謀士的圈子。此前他獨自渡江去會晤劉備、諸葛亮，也錯過了江東謀士們形成集體意見的時機。

魯肅知道一旦開口反駁張昭，立即會招致群起圍攻。他清楚以自己的辯才與應變能力，恐怕抵擋不了對手狂風暴雨般的車輪大戰，只好噤口不言。

為什麼江東謀士們面對曹操的挑釁，竟會如此一致地選擇投降呢？

其實是決策中的「群體極化」[21]現象。

群體極化是指群體決策往往會將群體成員的個人決策推向更為極端的程度。比如，當個人單獨決策時，必須有三〇%的成功機率，才會執行某項決策。但在團體討論時，人們一致認為只要有一〇%的成功機率，就可以執行決策了。當然，如果個人先前的決策較為保守，群體討論後，就會趨向於更加保守。也就是說，群體極化並沒有改變先前決策的方向，而是改變了先前決策的強烈程度。

究其實質就是群體成員的存在放大或縮小了決策背後的恐懼，但也導致群體決策往往比個人決策更荒唐，甚至更荒謬。

江東謀士們的「投降決定」也是群體極化的結果。最初，也許只是張昭的個人觀點，在孫權召集文武議事之前，謀士們私下就已展開對策討論。由於張昭在江東的獨特地位，群體討論中，他的個人意見被不斷強化，最後成為全體謀士們一致的群體意見。

這正是張昭一發言，謀士們便紛紛響應支持的原因。

面對強勢的群體意見，儘管魯肅根本不以為然，但他還是不敢當面提出反對意見。

事實上，魯肅的做法是正確的。好漢不吃眼前虧，如果他當面反駁張昭，其他謀士們必然立即展開反駁，迫使魯肅順從多數人的意見。

孫權心亂如麻，沉吟不語。

張昭見狀，又補上一句：「主公不必多疑，降了曹操，則東吳安定，江東六郡也就保住了。」

略微清醒一點的人都會覺得張昭是胡說八道！向曹操投降明明就是丟了江東六郡，怎麼還敢堂而皇之地說「江東六郡也就保住了」呢？

這其實是一種特殊的心理防禦機制使然。

張昭身為託孤重臣，肩負著維護江東六郡平安的重責。但是，曹操大軍一來，張昭斷定江東在劫難逃。他的判斷依據未脫俗套，因為絕大多數人都傾向於根據過去經驗來判斷未來。從曹操戰無不勝的既往戰史來看，拿下江東不在話下。曹操甚至在官渡之戰中以弱勝強，擊敗了頭號強敵袁紹。憑這一點就足以讓張昭噤若寒蟬了。

但是，張昭的這個判斷卻大大地造成他內心認知失衡。這樣一來，作為首席託孤重臣的他，只能以失職的恥辱收場了。張昭的潛意識對此極為抗拒，因此激發了「現實重構」[22]的心理防禦機制。所謂「現實重構」，是指個體為維護內心信念的平衡，而對已經發生的現實重新給予扭曲性解讀，使其符合自己的預期。

因此，張昭不由自主地將「投降曹操」解讀為「江東六郡也就保住了」。張昭經由這一典型的自我欺騙而獲得了內心的平靜，但是孫權的內心卻變得更不平靜了。

孫權的內心充滿著自相矛盾的搖擺。一方面，孫權不是堅定地拒絕投降。如果投降能夠確保他繼續統治江東，不致於辜負長兄重託，他也不是不可以投降；另一方面，孫權也想要奮起一戰，但前提是必須確保一戰而勝，不會斷送父兄基業。

張昭的說辭不能讓孫權信服無憂。孫權愁腸百結，煩悶難抑，決斷不下，於是微嘆一聲，起身如廁，讓自己暫時從困境中抽離。

魯肅敏銳地抓住了這個機會，趁著朝堂上眾人嘰嘰喳喳之際，緊跟著孫權來到廁所。

孫權內心倍感無助，覺得自己是世上最孤獨的人。他一聽到有人跟隨自己而來，轉身看到了魯肅，心中不由一動，問道：「卿欲何為？」

魯肅直截了當地說：「剛才眾人之意只能耽誤將軍，不足以共圖大事。江東之人，誰都可以投降曹操，唯獨將軍不可！」

孫權大感訝異，忙問道：「子敬，你為什麼這樣說？」

魯肅說：「像我這樣的人，降了曹操，還能在他手下當個從事之類的，也有牛車可乘，也有隨從二、三人，如果積年累官，也能升到刺史郡守。但是將軍投降了曹操，還能做什麼呢？官最多不過封侯，車不會超過一乘，馬不過超過一匹，隨從也就十來個人，哪裡還能像現在這樣南面稱孤呢？我看眾謀士的本意，只不過是為自己的榮華富貴打算，有誰是為將軍您考慮的呢？」

魯肅這番話可謂深得攻心之妙，牢牢抓住張昭話語中的大漏洞不放，並將其清晰地呈現在孫權面前。謀士，最為主公忌諱的就是只顧個人私利，卻置主公利益於不顧。張昭提出降曹，未必全是為個人私利考量。但魯肅以為例，列舉了自己降曹後的前景圖像，就把張昭推到最卑鄙尷尬的境地了。因為，魯肅和張昭基本上屬於同一群體，降曹後，魯肅可能的前途就是張昭的前途。魯肅的前途不受影響，張昭的前途自然也不受影響，其他謀士的前途同樣不受影響。也就是說，降曹之後，江東諸謀士的未來不受影響，依然前程似錦，只不過換了主公而已。

但是，對孫權來說，降曹之後的待遇卻會天差地別。因為，唯一要限制的就是孫權。曹操不但不會讓孫權和他的舊部發生聯繫，也絕不會讓他繼續停留在江東故地。所以，唯一不能降曹的人就是孫權。

魯肅一一剖明其間的利害關係，一舉擊碎以張昭為首的江東謀士之前在孫權心目中的美好印象。而與此同時，他本人的形象踩在張昭之上自然就變得高大無比了。

說話一定要分場合。如果魯肅是在朝堂之上，當著張昭等人的面說這番話，恐怕眾人的唾沫星子就能將他淹死。魯肅隱忍不發，等到孫權上廁所的時候，一對一交流，卻取得了奇效。

孫權忍不住說了一句：「這些人都太讓我失望了！幸好老天把您賜給了我。子敬，有什麼好辦法可以保全江東呢？」從這句話裡可以看出，孫權將魯肅視為天賜之物，顯見這一刻他對魯肅的推崇已經達到無可復加的境界。

魯肅的意見當然是奮起一戰，但孫權對此顧慮重重，他對魯肅說：「我早就想與曹操決戰了，只是他不久前擊敗袁紹，聚攏了袁紹舊部，又得到了荊州全班人馬，勢力實在太過強大，恐怕傾盡江東之力，也難以抵擋啊！」

魯肅暗暗嘆了一口氣。孫權畢竟不是孫策啊！魯肅這才死心塌地地接受，單憑一己之力，實在很難讓孫權鼓足勇氣與曹操開戰。這一認知迫使他不得不打出手上唯一的王牌，此前，他本已決定不再打這張牌了，但計畫不如變化快，要想堅定孫權的戰鬥信念，只能使出這張王牌了——那就是曾經連續戰勝曹兵的諸葛亮。

魯肅對孫權說：「我渡江去見劉備，得知有一人深知曹操虛實，因此特意將他請到了江東。主公可以詳細地請教他。」

孫權問是何人，魯肅說：「此人就是諸葛瑾的弟弟諸葛亮！」

孫權「哦」了一聲，繼續說道：「莫非是臥龍先生？」

魯肅點頭稱是。

孫權微一沉吟，說：「今日天色已晚，等來日一早，再請他來朝堂議事。」

如何應對曹操是孫權心頭之急，恨不得立即找到一個萬全之策，而諸葛亮是幫這個忙的最佳人選。但為什麼孫權不急著立即和諸葛亮見面呢？

【心戰領悟　永遠不要讓自私變成對手攻擊我們的武器。】

18 被逼著冒一把險

急如星火的時刻，孫權沒有立即召見諸葛亮，這是因為他自信不足，羞於在外人面前露怯。

魯肅深知這一點，所以有意將諸葛亮介紹為「諸葛瑾之弟」，而不是「劉備之軍師」，有效拉近了諸葛亮與孫權的距離，讓孫權更容易接受諸葛亮的到來。但孫權還是選擇了拖延一晚。

不過，孫權的拖延，無意中讓事態的進程節外生枝，發生了意想不到並幾乎影響最後結局的巨大變化。

次日一大早，魯肅急急忙忙趕到驛館去見諸葛亮，一路上暗自慶幸沒有提前對諸葛亮下逐客令。魯肅想利用諸葛亮的這張嘴來說出自己想說的話，只好再一次明確叮囑諸葛亮說：「先生見了吳侯，切切不可說曹操兵多將廣！」

魯肅也不想一想，諸葛亮在孫權面前最有用的標籤就是「抗曹專家」。如果把曹操說得不堪一擊，豈不等於讓諸葛亮自砸招牌嗎？凡人皆有炫耀心理，為了彰顯自己的光輝形象，即便對手真的不堪一擊，也有必要給對手戴上幾頂高帽。

諸葛亮深知此行責任重大，關係到整個劉備集團的生死存亡，絲毫不敢大意。在這樣的心理預設下，他絕不會輕易為了自己的臉面而大肆炫耀，一切只能以維護劉備集團的核心利益為重。以他的口才，既可以將曹操說得一文不值，也可以將曹操說得天下無敵，但具體如何說，還是得看情勢靈活決定。所以，他還是不能根據魯肅的要求給出明確的承諾。

這是魯肅第二次直接叮囑了，如果還是笑而不語，就大大失禮了。於是，諸葛亮說：「魯大夫，你放心好了。我自會見機行事，不會誤了你的大事。」意思是，你不要管我怎麼對孫權說，總不讓你失望就行了。

有了含糊的保證，魯肅總算是放下了心，於是帶著諸葛亮前往朝堂，等著覲見孫權。

一到朝堂，魯肅就感覺到氣氛不對。以張昭為首的二、三十位謀士，個個峨冠博帶，正襟危坐，早等在朝堂之上了。這是很反常的現象。時間尚早，孫權還未登堂，張昭等人根本沒必要這麼早就上朝等候。

顯然，這些人的目標不是孫權，而是諸葛亮。

正是孫權的拖延，讓張昭等人意識到諸葛亮的存在，並對他的來意先進行了一番充分揣摩。他們斷定諸葛亮與魯肅一起前來東吳，必有所求。而劉備此前一直與曹操為敵，屢敗屢戰，絕不投降。由此，張昭等人推斷諸葛亮絕不可能是來勸孫權投降的。那麼，他自然就成了主降派的頭號大敵！

諸葛亮本來就是外人，再加上主張相悖，「外群體偏見」[23]在江東謀士們之間迅速滋生肆虐。他們立即做出了「一致排外」的決定，必要趕在諸葛亮面見孫權之前，將諸葛亮徹底擊潰，以免他影響到孫權的最後決定。

外群體偏見還進一步推波助瀾了「群體極化」，將張昭等人的「投降論」推向了匪夷所思的極端。張昭等人先從貶低諸葛亮的能力入手，隨即開始貶低他的主公劉備。但這些攻擊性言辭均被諸葛亮一一反擊，化於無形。江東謀士惱羞成怒，竟然開始為曹操大唱讚歌，將曹操吹捧為上承天意的有德之人，所有一切與他抗衡之人都是逆天之賊。江東謀士希望透過美化曹操來醜化諸葛亮，以打擊他繼續抗曹的合法性及信心。

一時之間，東吳朝堂滿眼都是曹丞相的鐵桿粉絲！魯肅在一旁看了，又是氣憤，又是擔心，又是著急。他氣憤這些人不知廉恥，竟然盡心竭力為敵手吹捧而絲毫不顧及江東利益。他擔心諸葛亮無力應對，敗下陣來，從而顏面掃地，黯然逃離江東。他著急反對勢力如此之大，孫權恐怕很難抵擋這一股強勁的投降風潮。

但諸葛亮口才出眾，言辭凌厲，抓住對方的道義漏洞，大肆反擊，將江東群儒說得啞口無言！

魯肅大喜，諸葛亮舌戰群儒並大獲全勝後，卻是憂上心頭。江東群儒窮凶極惡的表現，徹底影響了諸葛亮對於當前形勢的判斷。

諸葛亮生性謹慎，他這一次冒險前來江東，實屬被逼無奈，必要取得成果才能為劉備挽回一線生機。面見孫權之前，他反覆權衡琢磨，覺得對於孫權這樣未經大事的年輕領導者來說，可能採用溫言撫慰的方式，更能消融他內心的抗拒，激勵他的鬥志。

這本是諸葛亮預先謀劃的穩妥之策，當他經歷了朝堂上江東群儒圍攻的「下馬威」後，內心卻產生了很大的轉變。諸葛亮以為江東謀士的「投降論」如此肆無忌憚，顯見孫權控制內部的權威嚴重不足，「投降論」勢必對他造成極大的壓力，如果自己溫文而言，恐怕根本不能激發孫權與曹操抗衡的決心與勇氣。

被逼無奈之下，諸葛亮決定再一次冒險行事，拿出自己的壓箱絕技——激將法，而且火力全開，絕不留情！

魯肅見識到諸葛亮的絕頂口才後，深感欣慰，在孫權上朝之前，還是再度提醒諸葛亮不要忘了囑託。諸葛亮點點頭以安魯肅，心中卻自有主張。

孫權見諸葛亮十分年輕，容貌出眾，氣度不凡，不禁有些訝異。諸葛亮的兄長諸葛瑾一直在孫權麾下效力。諸葛瑾這一年是三十五歲，比諸葛亮大七歲。孫權從諸葛瑾的年齡來推斷諸葛亮的年齡，沒想到兄弟倆的年歲相差甚多。事實上，諸葛亮只比孫權大一歲，孫權見諸葛亮這麼年輕就已經兩敗曹操，又想想自己對曹操的恐懼，多少有些汗顏。再加上魯肅之前的鋪陳，孫權不免將諸葛亮當成權威人物而深為敬重。

孫權下令賜座。魯肅緊貼著諸葛亮站在一旁，滿懷熱望，等待著諸葛亮幫他扭轉乾坤，搞定孫權。

孫權很客氣地對諸葛亮說：「我聽子敬盛讚足下之德，今日有幸相見。希望你不吝指教。」

諸葛亮見這個碧眼紫鬚、和自己年紀相仿的年輕人表面雖然鎮定自若，但細細打量，仍能覺察到不夠自信的痕跡，可見孫權的表裡並不完全如一。也印證了諸葛亮此前的判斷。

諸葛亮不失禮節地回答道：「不才無學，有辱明問。」

孫權已經煎熬等待了一晚上，和諸葛亮簡單的禮節寒暄後，不再繁文縟節，而是立奔主題，問道：「先生最近在新野輔佐劉備，與曹操多次交鋒，勝負如何？」

諸葛亮微微一笑，回答道：「劉豫州兵不滿千，將唯三、四人，再加上新野城小糧少，哪裡能和曹操抗衡呢？」

孫權以為這是諸葛亮的謙虛之詞，也不在意，繼續發問：「先生可知曹操到底有多少兵馬？」

諸葛亮伸出手指，盤點計算：「曹操破了呂布、滅了袁紹、收了北番，定了遼東，新近又取了荊州劉琮，算起來共有馬步水軍一百多萬！」

孫權嚇了一大跳，心想如果曹軍真有這麼多兵馬，還打什麼打，直接投降就是了。

魯肅是氣得吐血。事前千叮嚀萬囑咐，一再讓諸葛亮不要說曹操兵多將廣，沒想到他反其道而行，誇大其詞，為曹操大作廣告。

張昭等人又高興、又懊悔，原來諸葛亮根本就是同夥，早知道他會這麼說，之前又何苦為難他半天呢？

孫權聽了諸葛亮的介紹，先是一驚，隨後就是極度的不甘心，追問道：「曹操哪有這麼多兵馬？莫非其中有詐？」

諸葛亮是故意這麼說的，他就是要引發孫權的質疑，然後進一步誇大其辭。諸葛亮淡然一笑道：「怎麼會有詐？曹操在兗州時就有青州兵四、五十萬；平了袁紹，又得了四、五十萬；新招中原之兵，不下二、三十萬；又得了荊州之兵二、三十萬，加起來，要超過一百五十萬。一百萬還算說少了，以免嚇到了江東之士。」

孫權很不甘心，又問道：「曹操手下謀臣戰將又有多少？」

諸葛亮當然還是繼續誇大其辭，說：「足智多謀之士，耀武揚威之人，何止一、兩千人！」

孫權聽諸葛亮說得斬釘截鐵，顯見確鑿無疑，一顆心不由得死死地沉了下去……

【心戰領悟　所有對你而言的正確答案都存在於你的潛意識中。】

19 要的就是你的憤怒

魯肅見孫權臉色大變，不由氣得面色鐵青。早知道諸葛亮如此混帳，就是把刀架在脖子上，他也絕不會帶他來見孫權。而站在魯肅對立面的張昭等人，心裡卻是笑意盎然。

孫權心中驚恐加劇，波濤翻滾，但要他當著全體文武的面，服軟認輸，主動提出向曹操投降，還是說不出口。

於是，孫權繼續發問，希望從諸葛亮提供的訊息中極力找到一點對自己有利的東西：「現在曹操占了荊襄，還有別的打算嗎？」

這個問話頗有點自欺欺人的味道了。曹操的檄文已經來了，情勢擺明了，還用得著問諸葛亮嗎？這正中諸葛亮下懷。就算孫權不問，諸葛亮也是要說的：「曹操現在沿江紮寨，操練戰船，他要是不來奪取將軍您的江東之地，還想幹什麼？」

孫權頓覺渾身冰涼，長嘆了一口氣，說：「既然曹操有吞併之意，戰與不戰，請先生決斷吧！」

孫權這句話一說，諸葛亮的心頓時涼了半截。他沒想到孫權會如此膿包，聽了幾句虛誇之辭，就嚇得交出一方之主最為神聖的決策權！懊悔頓時湧上心頭。他才明白魯肅為什麼要對自己千叮嚀萬囑咐了。

諸葛亮知道，雖然孫權讓自己決斷「戰與不戰」，但結合他的表情神態，他的潛臺詞毫無疑問是「不戰」。只是孫權顧及顏面，不便主動說出「不戰」，所以要借用諸葛亮這張嘴來公開宣示。若是有人問及東吳為何不戰而降，孫權也得以將責任推到諸葛亮身上——是聞名天下的臥龍先生讓我這樣做的。

諸葛亮正要慨嘆自己火力太猛，搞砸了原定計畫，卻突然想到孫權問的是「戰與不戰」，而不是「降與不降」，頓時又看到了一線希望。

一般人往往粗略地認為「戰」即是「不降」，「不戰」即是「降」，兩者並無多大區別。但語言是內心情緒的微妙呈現。孫權用「戰」字發問，說明潛藏的思考框架是「戰鬥模式」，而非「投降模式」。兩者還是有很大區別的。

諸葛亮敏銳地覺察到孫權並非不想抗戰，而是被自己的描述嚇到了。一念及此，立時就有了辦法。在短短一瞬間翻雲覆雨，從「殺生致死」到「起死回生」，正是絕頂智囊必備的話術基本功。

諸葛亮決定繼續挑動孫權，直到將他拚死一戰的勇氣完全激發出來為止。

諸葛亮說：「我擔心將軍您不肯聽從我的建議啊。」

孫權恭恭敬敬地說：「我願聽先生的金玉良言。」

諸葛亮沒有直接說「戰」還是「不戰」，而是繞了一個大彎，把主公劉備給扯了進來：「現在海內大亂，將軍您占據了江東，劉豫州也在荊襄立足，與曹操並爭天下。現在曹操攻破了荊州，威震天下，天下英雄無可匹敵。將軍您還是量力而行吧。如果覺得可以率領部眾，與曹操抗衡，就趕快與之斷絕。如果覺得抵擋不住，那還有一計可保平安。」

孫權的問題其實和劉備並無關係，但諸葛亮絕不是無緣無故將劉備拉進來的。諸葛亮孤身闖江東，後來為劉備掙得的滾滾紅利，均來自於這幾句話語中埋下的伏筆。

孫權只顧著聽諸葛亮的「終審判決」，毫不在意劉備的「入圍」，但他的潛意識在不知不覺中已經接收了諸葛亮有意發出的訊號。孫權急切地問道：「請問先生，什麼計策可保平安？」

諸葛亮微微一笑，說：「為何不聽從諸位謀士的建議，按兵束甲，北面而事曹操呢？」

孫權一聽，差點沒昏倒。說了半天，諸葛亮等於啥也沒說。如果自己能夠衡量利弊得失，還用得著來請教你？

孫權強壓著怒氣，臉上肌肉抽動，卻沉默不語。

諸葛亮繼續煽風點火：「事已危急，將軍如果當斷不斷，大禍就不遠了。」

孫權還是強忍著不說話。

諸葛亮決定對著孫權最敏感的痛處下猛藥，赤裸裸地說：「我聽說古語有云：寡不可敵眾，弱不可敵強。這是必然的道理。將軍您如果不早點投降曹操，恐怕整個江東就要生靈塗炭了啊！」

孫權最怕聽見這個「降」字，為了維護自尊，孫權不再忍氣吞聲，而是發起反擊。諸葛亮剛才嵌入他潛意識的「劉備」在這關節點上冒出來了。如果「寡不敵眾，弱不勝強」是必降之理，那麼，諸葛亮的主公劉備比我還寡，比我還弱，為什麼就不降曹呢？

以子之矛，攻子之盾，孫權立即說：「如果真的像你所說的那樣，劉豫州為什麼不投降呢？」

諸葛亮繞來繞去，就是要在孫權和劉備之間製造「社會比較」[24]。所謂「社會比較」，是指人們透過與其他個體的對比，來判定自己的社會地位、聲譽及成就的高下。

此時劉備的頭銜是大漢左將軍、宜城侯、遙領豫州牧，但都是空頭虛銜；而孫權是討虜將軍、吳侯，實領會稽太守。僅從頭銜來看，兩人大致處於同一社會階層；但從實際情況來說，孫權卻比劉備強得太多。孫權坐擁江東六郡，是實實在在的一方諸侯，而劉備在新野是寄人籬下，又被曹操趕到夏口苟延殘喘，簡直就是喪家之犬。

劉備的條件遠不如自己卻不降曹，不正好反證諸葛亮此言的荒謬可笑，孫權的用意是拉劉備墊底，以挽回受傷的自尊，卻正中諸葛亮下懷。

諸葛亮立即以此立基，刻意揚劉抑孫，以達到激怒孫權的目的。諸葛亮頓了一下，說：「田橫，是齊國的壯士，尚且守義不降，更何況劉豫州是王室之胄，英才蓋世，眾士仰慕，好像流水奔歸大海。劉豫州敗於曹操，實乃天意，怎麼能屈居人下呢？」

田橫是秦末六國復辟時的齊國之主，後來劉邦擊敗項羽，一統天下。劉邦逼迫田橫投降，田橫不肯屈就，用自殺維護尊嚴。諸葛亮以田橫為墊腳石來烘托劉備的高貴。劉備本是織席販履之輩，雖有劉氏王室血統，但支脈早已衰落。不過，在劉備刻意經營下，他的漢室宗親身分得到漢獻帝的親口背書，為天下所公認。所以，這時候，諸葛亮已經可以堂而皇之地說劉備是天潢貴胄了。

孫權試圖強調劉備的境況大不如己，諸葛亮卻要反過來強調劉備的身分比孫權高貴，並以此宣示孫權可以降曹，劉備卻不能降曹。這一招正是諸葛亮最為擅長的「激將法」[25]，這次面對孫權，是他平生第一次運用激將法。

諸葛亮抬高劉備來貶低孫權，並用劉備的絕不投降來反襯孫權的理應投降，也極大地激發出了孫權的社會評價顧忌。當一個人被壓迫到了極點時，往往會出現反彈。諸葛亮的強力施壓，頓時把孫權為了江東榮譽文化而戰的使命感激發出來了。

這一瞬間，孫權只覺得血氣上湧，怒意橫生，冷哼一聲，不發一言，拂袖轉身走入後堂去了。誰也沒料到諸葛亮面見孫權，竟會出現這樣的結局！魯肅固然是氣得肝疼，張昭等人先是笑得合不攏嘴，但見到孫權被氣得勃然色變，也覺得沒趣。畢竟諸葛亮是個外人，況且先前倚仗人多勢眾，也沒能在嘴上占到諸葛亮便宜，現在見他出言不遜，惹惱了孫權，捅了大婁子，自然感到幸災樂禍。於是，一陣譏諷嘲笑中，江東謀士一哄而散，只剩下魯肅呆若木雞，愣在當場。

唯有諸葛亮露出了一絲不易覺察的微笑。如果這樣刺激孫權，他還不生氣，諸葛亮可就要深深失望了，同時也只能哀嘆自己黔驢技窮，無計可施了。

〔心戰領悟　語言是心靈的顯微鏡。〕

20 生氣竟然很神奇

孫權的憤怒，正是諸葛亮最期待看到的反應。因為孫權的憤怒，諸葛亮認為孺子尚可教也。諸葛亮的判斷，說明了憤怒對於心理認知的微妙影響。

社會心理學家拉麗莎・泰登斯（Larissa Tiedens）曾經對人類情感表達與權力之間的關係進行了大量研究。在一項實驗中，參與者分成兩組，分別觀看了前美國總統柯林頓（Bill Clinton）在陸文斯基（Monica Lewinsky）醜聞案中作證時的影片。在一段影片中，柯林頓表現得很憤怒；另一段影片中，柯林頓垂下頭，避免與法官目光接觸，表現出了明顯的內疚和悔恨。

結果，與看到「內疚影片」的參與者相比，那些看到「憤怒影片」的參與者明顯更為支持柯林頓。

泰登斯繼續深入研究後發現，當一個人在不利的境地下表現出憤怒時，人們往往傾向於認為他擁有權力或者更有能力。這就是「憤怒法則」[26]。

孫權的憤怒，讓諸葛亮對他掌控東吳群臣的能力產生了信心。以張昭為首的文官勢力是非常強大的，以致武將群體沒有一個人敢直接在孫權面前表示反對！如果孫權不敢表示憤怒，就說明他不敢違逆「投降論」，或者說沒有能力反對「投降論」。

而孫權表達憤怒的方式十分含蓄，更讓諸葛亮大感開心。孫權和孫策確實是大不一樣的。如果諸葛亮是在孫策面前說這一番話，孫策絕不會不發一言，拂袖入內。他必定會一怒拔劍，砍下諸葛亮的腦袋！

如果孫權也是這樣的脾性，諸葛亮的打算就要落空了。因為如此強悍的孫權，不會考慮與劉備聯合的。他一定會拚盡自身之力，與曹操誓死決戰。而諸葛亮激怒孫權的目的不僅是要激勵他奮起與曹操決戰，而是要誘導孫權與劉備聯合，共同對抗曹操。只有這樣，劉備集團才有可能絕處逢生。

孫權的憤怒是屬於「懦弱的憤怒」。他不敢盡情釋放憤怒，說明內心還有恐懼，於是給諸葛亮留下了騰挪變幻的空間。但諸葛亮沒有料到的是，「懦弱的憤怒」帶來的衝動性轉變不那麼牢固，也為張昭等人再度插手攪局預留了空間。

諸葛亮正在得意，魯肅終於回過神來。諸葛亮已經把他氣到不行了，他從諸葛亮身後繞到面前說：「先生，你為什麼要這樣說呢？你實在是太小看我家主公了！要不是孫討虜寬宏大量，恐怕你今天當場就下不了臺！」

面對魯肅的指責，諸葛亮先是仰面一陣大笑，然後氣沖沖地說：「孫討虜的心胸難道這樣狹窄嗎？我自有破曹之計，他卻不請教我，那我還說什麼！」

明明是諸葛亮把孫權氣得半死，竟倒打一耙，反過來說孫權沒有好好請教他！諸葛亮的潛臺詞是：孫權根本問錯了問題！我到東吳來幹什麼？我又不是曹操的說客，為什麼要問我「戰與不戰」？為什麼不問我「如何與曹操作戰」、「如何擊敗曹操」？

憤怒法則的效力果真神奇。諸葛亮一生氣，立即讓魯肅覺得他能力高超，必然有對付曹操的絕招。

魯肅聽懂諸葛亮的潛臺詞之後，立刻就不生氣了，連忙追問道：「先生如果真有破曹良策，我一定讓孫將軍來請教您！」

諸葛亮「氣呼呼」地哼了一聲，說：「曹操雖有百萬之眾，在我看來，不過一群螞蟻罷了，我只要舉手，統統化為齏粉！」

諸葛亮愈是生氣，魯肅就愈是相信他的神奇。魯肅如獲至寶，立即懇請諸葛亮在原地等候，自己一溜煙跑到後堂去見孫權。

孫權正在後堂氣鼓鼓的，餘怒未休。朝堂之上，屬於公共場所，孫權不想讓眾人看到自己失態，他強行控制了憤怒情緒，沒有發作。後堂則是私密場所，孫權可就控制不住了。旁邊一眾侍從見他神色不豫，早就躲得遠遠的，唯恐惹禍上身。

魯肅一跑來，孫權可就找到發洩的對象了。細究起來，這一切的罪魁禍首就是魯肅。孫權的怒火立即衝口而出：「子敬，都是你幹的好事！你說渡江帶來一個賢士幫我，怎麼會是這麼一個荒謬之人！」

魯肅卻笑嘻嘻的，絲毫不在意孫權的痛責，說：「主公，我剛才也這樣說諸葛亮了，沒想到反而被他一陣搶白！」

孫權一驚，世上竟有如此強詞奪理之人，問道：「他說什麼了？」

魯肅說：「諸葛亮仰天一陣大笑，說主公不能容人，甩甩袖子就走人了。他有破曹妙策，主公卻沒問，他自然要『胡言亂語』了。」

孫權這才明白原來是自己問話不當，得罪高人了。這個時候，孫權的第一需求就是解決曹操問題。如果有人能夠給他打包票可以擊敗曹操，孫權願意付出任何代價。

孫權立即回嗔作喜，說：「原來諸葛亮是有好辦法的呀，他是故意激我。我一時淺見，差點誤了大事。」

孫權連忙整了整衣冠，再度來到朝堂，與諸葛亮相見。

孫權對諸葛亮賠罪道：「剛才冒犯，還請恕罪！」

諸葛亮目的達成，心花怒放，連忙也恭敬謝罪道：「剛才我言語不當，乞請寬恕。」

當兩個人都請對方寬恕時，實際上內心已經先行寬恕了對方，氣氛一下子變得融洽起來。孫權隨即將諸葛亮請入後堂，置酒款待。

酒過數巡，孫權首先進入了正題。因為魯肅已經說過諸葛亮有破曹良策，孫權心中有了底，說話的口氣可就不一樣了。

孫權說：「曹操生平所惡者，是呂布、劉表、袁術、劉豫州和我呀。現在其他人都已被曹操滅了，只剩下劉豫州和我還在。我擁有吳地十萬軍兵，絕不能受制於人。我意已決，必當和曹操決一死戰！」

孫權說的這段話，純屬為自己臉上貼金。曹操確實有一份對手黑名單，但這份名單上從來沒出現過孫權的名字。一直以來，曹操顧忌的不是孫權，而是孫權的長兄孫策。從曹操自鳴得意，派人送來恐嚇信就可以看出，他絲毫沒有將孫權放在眼裡。

孫權為什麼要這麼說呢？

其實是一種「自我提升策略」[27]，其目的是為了挽回因先前在諸葛亮面前表現出懦弱而失去的面子，同時也是在為自己打氣壯膽。

諸葛亮微微頷首。貶低他人後，一定要給對方挽回面子的機會。這是人際關係當中很重要的一個法則。諸葛亮心知肚明，因此並不戳破孫權話語中的泡沫，只是靜靜聽他繼續往下說。

孫權又說道：「我知道天下英雄除了劉豫州之外，沒有能與曹操抗衡者。只是劉豫州剛剛敗於長坂坡，不知道還有沒有能力共抗此難？」

人在恐懼時，往往會產生「結伴需求」[28]，希望找到志同道合或者同病相憐的人來一起面對。孫權這麼說，就是想拉上有著豐富抗曹經驗的劉備一起來對付曹操。但是，他也知道劉備最近在長坂坡敗得很慘，主力部隊已經被曹操殲滅。而且，諸葛亮也說了劉備兵不滿千。孫權雖然有心和劉備聯合，但如果劉備已經喪失了有生力量，那也只是空談了。所以，孫權會有此問。

諸葛亮一聽，立即明白了孫權的用意。剛才他不顧一切打擊孫權，是為了促使孫權與劉備聯合。現在，他的任務就是不惜一切地強化孫權對劉備的信心。

諸葛亮說：「豫州雖然在長坂坡大敗，但戰士生還者也有不少。現在，關羽麾下有精兵一萬人，劉琦所部也有一萬多人。」

這是在說劉備實力猶存，以減少孫權的顧慮，但這多少是諸葛亮的粉飾之辭，而且與他此前的言論正好相反。諸葛亮避重就輕，轉而將說服的重點放到貶低曹操的實力上。

諸葛亮說：「曹操之眾，遠來疲敝。此前為了追擊劉豫州，鐵甲輕騎一日一夜，竟然急行了三百餘里。這就是古語所說的『強弩之末，勢不能穿魯縞者也』。這是兵法大忌，必定折損統軍之主將。況且，曹操之兵多為北方之人，不習水戰。荊州水軍雖然歸附了曹操，但也是迫於形勢，而非心悅誠服。這樣算來，曹操軍馬雖多，卻不足為懼。將軍您如果能夠任命一員猛將，統兵數萬，與劉豫州協力，齊心合力，一定能夠擊敗曹操！曹操一敗，只能北還。這樣，吳地可保，荊州可得，將軍您還有什麼好顧慮的呢？」

落水之人只要看到稻草，哪裡還會考慮長遠，當然是先顧眼前。諸葛亮這番話虛虛實實，裡面埋了不少利益伏筆，孫權到底是年紀輕，歷練太少，竟然毫無覺察，完完全全予以接納。

諸葛亮描述的美好藍圖讓孫權興奮不已，一連幾天的心靈霧霾一掃而空。他奮然說道：「先生之言，令我茅塞頓開。我意已決，即日起兵，與劉豫州共滅曹操！」

說完，孫權當即讓魯肅傳令，遍告文武百官。

【心戰領悟】有時候，憤怒是一種可以化腐朽為神奇的力量。

21 忘了最重要的話

魯肅見諸葛亮在一瞬間扭轉乾坤，不禁又是佩服，又是開心，忙不迭地前去傳令。張昭等人原本以為諸葛亮觸了霉頭，卻幫了自己大忙，正竊喜不已，沒想到孫權竟已下令與曹操開戰！

張昭搞不清楚諸葛亮到底用了什麼妖法，竟然在短短時間之內就徹底扭轉孫權的態度。他第一個反應就是必須立即反擊，推翻孫權的決定！

張昭這是為自己的地位和聲譽而戰了。此前，他提出降曹，基本上是出於公心而為江東打算的；但是，當魯肅攜手諸葛亮，一舉推翻了他的觀點後，張昭的態度就發生變化了。為了維護面子，人們往往會衝入不理智的死胡同。此時此刻，江東的利益、孫權的利益都不再重要，唯有自己的權威性和正確性才是最重要的！

張昭立即召集了顧雍等人去見孫權，要對孫權實施集體恐嚇！

張昭見了孫權，開門見山就來了一記悶棍：「我聽說主公要興兵與曹公爭鋒。主公，你自己掂量一下，和袁紹相比如何？」

張昭將曹操稱為充滿恭敬意味的「曹公」，這個言語上的小小細節，微妙地暴露了張昭為了維護自己的正確性，不知不覺中連帶改變了對曹操的態度。

孫權這個領袖當得真夠窩囊。他缺乏自信的軟肋一再被人利用，無論是諸葛亮，還是張昭都看準了這一點大肆下手。

孫權一聽，頓時就愣住了，剛剛被諸葛亮春風化雨後的喜悅心情頓時一掃而空。袁紹這樣數一數二的大人物，就連他的長兄孫策都不敢與其爭鋒，孫權怎麼敢拿自己和袁紹相比呢？剛才，孫權在諸葛亮面前，運用「自我提升策略」，藉曹操之口，將自己與呂布、劉表、袁術、劉備相提並論，但始終沒敢提袁紹。

張昭見孫權默不作聲，第二記悶棍趁勢跟上：「當年曹公兵微將寡之時，尚且能夠一舉殲滅袁紹。更何況他今日擁有百萬雄兵？主公，你趁早別聽諸葛亮的說詞。一旦妄動兵甲，無異於負薪救火！」

孫權一下子被嚇住了，臉色煞白，說不出話來。

顧雍見狀，連忙又補上一句：「劉備和曹公一向有仇，所以不得不戰。我們江東和曹公無冤無仇，他怎麼會有吞併之意呢？主公，千萬不要聽諸葛亮的話，免得自找麻煩。」

張昭和顧雍兩人，左一個「曹公」，右一個「曹公」，聽得孫權恐懼與煩惱齊發，六神無主，滿腔怒火，不知如何發作，只好故技重施，一轉身又退回後堂去了。

張昭和顧雍等人大功告成，相視一笑，各自回家。

他們倆開心了，可孫權內心的煎熬與掙扎卻達到了頂峰！張昭要面子，難道孫權就不要？他剛剛下令要對曹操開戰，張昭、顧雍當頭一桶冰水潑了下來，把他好不容易被諸葛亮鼓勁點燃的激情心火澆滅。但是，孫權又怎麼能在短短的時間裡出爾反爾，收回剛剛下達的開戰令呢？這樣做，等於是自打耳光，豈不是顏面蕩然無存？

孫權正在暗自煩惱之際，魯肅又上門來了。

原來，魯肅得知張昭、顧雍「二進宮」，擔心孫權禁不住他們的恐嚇，急忙趕來「強本固基」，卻沒想到孫權已經「變心」！

魯肅的應變能力不像諸葛亮，他能夠用來勸說孫權的還是此前在廁所裡說過的那幾句話。魯肅說：「主公不要被張昭等人蠱惑了。他們自有嬌妻幼子，家大業大，眷戀富貴，怎麼肯為主公您拚死一戰呢？」

但這個論調孫權聽過一遍，已經有「免疫力」了，所以魯肅不能再次打動孫權。孫權說：「子敬，你先退下吧。讓我好好想想，再做決定！」

魯肅大失所望，說：「主公如果猶疑不決，一定會被這幫庸儒誤了大事！」但孫權已經頭大如斗，任何人的話都不想聽了。

張昭、顧雍這一攪局，頓時讓諸葛亮的激將白費一場，打回原點。魯肅只能黯然告退。

孫權心亂如麻，寢食難安，整體情勢又回到決策之前。

吳國太知道後，過來探看。孫權嘆了口氣，說：「現在曹操屯兵於江漢，有吞併江東之意。詢問諸位謀士的意見，有說要投降的，有說要作戰的。我有心要與曹操決戰，卻擔心寡不敵眾。要想投降吧，又擔心曹操不能相容，白白丟了父兄留下的基業。所以，心裡猶豫不決。」

吳國太一聽，長嘆了一聲，說：「仲謀啊，你怎麼忘了我姐姐去世時說的話了呢？」

孫權一驚，眼望著吳國太，不知道到底忘了母親哪一句遺言。

吳國太說：「我姐姐的遺言就是伯符說過的：內事不決問張昭，外事不決問周瑜。你為什麼不問問周瑜的意見呢？」

孫權恍然大悟。為什麼會忘了這麼重要的一句話呢？

佛洛伊德（Sigismund Freud）是最早探索人類記憶之謎的人。他認識到人的記憶是可以被丟失或扭曲的。他認為這些變化源自人們內心的欲望、恐懼以及衝突造成的壓力。佛洛伊德明確提出，痛苦或是充滿威脅的記憶會被某種心理防禦機制阻擋在意識之外。這就是「防禦性遺忘」[29]。

孫策這一句遺言固然是出於對孫權的關愛，但孫權卻體會到完全不同的另一層含義，那就是對孫權能力的不信任。無論是「內事不決」，還是「外事不決」，只要是「不決」，就表明了孫權無能，不足以自行決斷，只能請教託孤重臣張昭和周瑜。孫權是在一片懷疑聲中繼位，繼位後，又接連發生了數次不服的叛亂，更加重了他的敏感度。他的潛意識不願意自己被否定、被視為無能，所以就形成了一種自我保護機制，將「內事不決問張昭，外事不決問周瑜」這句話阻擋在意識之外。

發生在孫權身上的防禦性遺忘，卻不會發生在對孫權滿懷關愛的吳國太身上。所以，孫權忘了這句孫策和母親兩次交託最重要的遺言，而吳國太立即就想到了。

孫權恍然大悟，立即派人去請周瑜趕回柴桑商議大事。那麼，周瑜到哪裡去了？怎麼一直沒有看到他的身影呢？

原來，周瑜得知曹操在鄴城派人工挖掘玄武湖，開始操練水軍時，就有了警覺，判定曹操在掃平北方後，一定會覬覦江南沃土。周瑜未雨綢繆，先行到鄱陽湖訓練水軍，以應對來日之難。以此看來，周瑜無疑是一個積極的主戰派。

孫權的使者尚未出發，周瑜已經趕回了柴桑。魯肅和周瑜交情最深，他一聽說周瑜回來了，知道強援來了，頓時有了精神，急急趕去迎接。

魯肅見了周瑜，將前後情形一說，滿心以為周瑜會對張昭等投降派破口大罵，沒想到周瑜只是淡淡地說了一句：「子敬，你不要擔憂，我胸中自有主張。你可速速引諸葛亮來一見！」

魯肅依言而去。他前腳剛走，後腳張昭、顧雍等人就來見周瑜了。他們當然也是來尋求周瑜的支持的。

張昭的說辭十分狡猾，希望周瑜支持降曹，以免諸葛亮想要從中漁利，卻害慘了江東百姓。

周瑜說：「我也早就想投降曹操了。你們先回去吧。等我明日見了吳侯，自有定論。」

周瑜什麼時候也變成了「投降派」？

其實，周瑜和魯肅一樣，是最堅定的「主戰派」。但是，他和魯肅不一樣之處在於，他和張昭一樣，不希望諸葛亮插手。所以，故意擺出投降的姿態，在穩住張昭等人的同時，也讓諸葛亮知難而退，無趣而回。

魯肅帶著諸葛亮來見周瑜，周瑜故意擺出投降派的姿態，卻被諸葛亮一眼識破。諸葛亮再次運用激將法，巧妙地敲開了周瑜的心門，兩人決定齊心協力，共破曹操。

不過，周瑜的任務並不輕鬆。他首先要說服孫權，堅定其信念，而且要徹底掃清投降主義的濃重陰影。

【心戰領悟　任何一個人的記憶始終都是為自己的切身利益服務。】

22 砍斷所有的退路

次日一早，孫權聚齊文武，升堂議事。

孫權與周瑜好久不見，寒暄幾句立即進入正題。

孫權命人取出曹操的檄文給周瑜看。周瑜看了之後，先是一陣大笑，隨即怒喝道：「曹賊是欺負我江東沒人嗎？竟敢如此欺辱我們？」

諸葛亮昨日以曹操有意掠奪江東美女大小二喬為由，徹底激怒了周瑜。因為小喬是周瑜的妻子，而大喬是孫策的妻子，任何一個男人都不能容忍他人染指自己的女人。所以，周瑜對曹操恨之入骨，以「曹賊」來稱呼他，這與張昭所稱的「曹公」形成了鮮明的對比。

張昭一聽到「曹賊」二字，心中疑雲驟起，周瑜的論調與昨日顯然完全不同，難道他半夜裡又變卦了？張昭頓時想起魯肅和周瑜非同尋常的交情，不由明白了幾分。

周瑜又問道：「主公是否已經和眾文武商議過對策了？」這句話純屬明知故問，魯肅事先早已將所有情形一一向周瑜說明。

孫權說：「已經商議多次了。有的勸我投降，有的勸我開戰，因此尚未定奪，現在就等公瑾您一句話了。」

孫權在諸葛亮的力推下，好不容易做了一回開戰的決定，但被張昭嚇了回去。現在，他還是不敢自行做主，又把最重要的決策權交給了周瑜。

周瑜怒道：「是誰勸主公投降的？」

孫權說：「張昭等人都勸我投降。」

周瑜轉過身來，殺氣凜凜地面對張昭，質問道：「先生為什麼要主張降曹？」

張昭頓感如芒刺在背，心想：「昨天在你府上，不都一五一十說過原委了嗎？為什麼還要公開發問？」但勢已至此，也不能不答：「曹公乃虎狼之人，挾天子而征討四方，動輒打著朝廷的旗號，如果我們發兵抗拒，就是與朝廷為敵。現在，曹公已經攻占荊州，荊州水軍盡入其手，長江天險與我共之，我們哪裡能抵擋得住？所以，我的計策是暫且投降，以圖後計。」

周瑜毫不留情地怒喝道：「真是迂儒之論！」

張昭臉上一陣紅一陣白，但迫於周瑜的氣勢，一句話也說不出來。

「憤怒法則」再一次顯露奇效。人們總是將那些敢於公開發怒的人視為更強大、更有能力、更有智慧。此前，兩人均為託孤重臣，張昭排名猶在周瑜之前。但經由這一怒，周瑜取得對張昭的絕對優勢，也順勢取得了江東軍政事務的控制性話語權。

周瑜為什麼要當著孫權和一眾文武大臣的面前，給張昭難堪呢？倒不是周瑜有意折辱張昭，以取得內部權力鬥爭的勝利，而是出於現實的迫切需要。

周瑜知道以張昭為首的龐大文官集團已經形成了一致的投降態度。如果不能在對曹操開戰之前，徹底鏟除投降主義，東吳內部勢必分成兩派，不能齊心合力。所以，周瑜只能用最強勢的姿態，毫不容情地扒下張昭的臉皮，殺猴駭雞，讓所有文武的思想集中到「抗曹」。而且，周瑜借怒發威，也能讓孫權變得堅定，不再猶豫不決。

這正是周瑜深思熟慮後機心暗藏的地方。

憤怒法則果然對孫權也產生了作用。孫權大受鼓舞，連忙問道：「公瑾，既然如此，你有何妙策？」

周瑜昂然答道：「曹操託名漢相，實為漢賊。將軍以神武雄才，繼承父兄餘烈。江東方圓千里，兵精糧足，英雄雲集，又何必懼怕曹操！」

孫權聽了，不覺臉上一紅。

周瑜接著說道：「曹賊這次來戰，純屬送死！主公正好為國家除殘去穢。」

孫權一直怕曹操怕得要死，第一次聽到說曹操是來送死的，十分訝異，目光緊緊地盯住周瑜。

周瑜說：「請讓我來為主公分析一下。」隨即列舉了曹操必敗的四大理由。

第一條，曹操雖然已經基本平定了北方，但西涼馬超、韓遂仍然是他的後患之憂。

第二條，曹操所部都是北方人，不習水戰，卻要棄長揚短，與東吳作戰，豈能不敗？

第三條，眼看就要進入隆冬季節，軍馬糧草供應十分困難，不利於久戰。

第四條，曹兵多為北方人，到了南方，水土不服，必然生發瘟疫，導致戰鬥力大大下降。

孫權聽了這四條理由，深感周瑜所言十分在理，不由心花怒放，放聲長笑，積鬱已久的惡劣情緒頓時一掃而盡。

周瑜隨即擲地有聲地說道：「上述四條都是行兵大忌，而曹操卻毫不顧忌，焉能保身？將軍擒操，就在今日！」

孫權興奮地接過話頭，說：「公瑾，這是上天把您賜給了我啊！」這樣的話，孫權對魯肅也說過一次。每當孫權這樣說，就是他內心的自信程度達到巔峰的時候。

為什麼周瑜能夠乾淨俐落地說服孫權，堅定他的信念呢？

說服一般有兩種。一種是「中心途徑說服」[30]。說服者在掌握了足夠令人信服的論據後，透過開展縝密、系統的分析進行論證說服，中心途徑說服是硬碰硬的直搗黃龍。另一種則是「外周途徑說服」[31]，這種方式不從論據著手，而是從情感、感覺、價值認可等方面尋找突破口，外周途徑說服是以柔克剛的曲徑通幽。

一般而言，採用中心途徑說服的難度較大，對說服者和說服對象的要求都比較高。說服者首先要找到足夠的強有力證據，然後開展符合邏輯的分析論證，才能提出站得住腳的論點，以打動說服對象。同時，說服對象也需要付出更多的腦力思考來判斷說服者的論據是否真實可靠，論證是否符合邏輯，論點是否正確無誤。

採用外周途徑說服相對比較容易達成目標，這是利用人與人之間的感性力量。只要說服者的說法符合人之常情的經驗、慣例，就比較容易讓說服對象感同身受。

外周途徑雖然見效很快，說服的效果卻不一定能持續很久；而中心途徑說服比較費力，但說服的效果能持續很久。

此前，諸葛亮對孫權的激將說服，主要是採用的外周途徑說服，透過操控孫權的情緒變化來達到目的，不過，激情一消退，說服的效力就打折扣了；後來，張昭一恐嚇，孫權就故態復萌了。而周瑜的四大理由完全站得住腳，經得起分析，孫權明瞭之後，自然對於戰勝曹操充滿了信心。

這是周瑜的高明之處，也是諸葛亮不得不佩服周瑜的地方。

孫權雖然說得堅決無比，但因為有諸葛亮的前車之鑑，周瑜還是擔心他會再度變卦，因此趁熱打鐵，也學諸葛亮的招式用了一記激將法：「我願為主公浴血奮戰，萬死不辭，但擔心主公您猶疑不定啊！」

孫權被周瑜一激，熱血上湧，又是羞愧，又是激動，當下立即拔出腰中的佩劍，一揮而下，將面前奏案砍下一角，大聲說道：「諸公聽好，如有再敢說降曹者，與此案同！」

孫權終於拿出了一方霸主的氣勢，這舉動其實是一種「承諾強化」32，是透過外在的儀式、動作、信物等來強化承諾，以確保承諾的效度。

承諾在人類的社會互動中具有極其重要的地位，承諾對於承諾者的言行具備相當大的約束力。一個無法兌現承諾的人，勢必被群體拋棄而成為孤家寡人。孫權此前已經違背過一次承諾了，但那次承諾是在深宮裡私下做出的，見證者只有魯肅和諸葛亮兩個人；在張昭的恐嚇下，孫權偷偷撕毀了承諾。而這一次強化版的承諾，是當著江東所有文武的公開承諾。

愈是公開的承諾，愈是不敢公開違背。孫權用這一劍砍斷了自己的退路，也砍斷了所有人的退路，充分顯示了決一死戰、絕不猶疑的決心。同時，這一劍也砍出了他的尊嚴與威信。以張昭為首的投降派個個噤若寒蟬，從此再也不敢提及投降二字。江東上下再無雜音，形成了一致對外、一致抗曹的合力。

周瑜大喜，說：「主公，曹操雖然誇口說有百萬大軍，但據我探知，實際上他從北方只帶來十五、六萬人馬，加上荊州的降兵七、八萬，最多只有二十來萬。曹兵人數雖多，但已疲乏不堪，人心不齊，不堪一擊。只要給我五萬精兵，一定能夠破曹成功！」

孫權心情激動，深感欣慰，走到周瑜跟前，拍了拍他的背說：「五萬精兵一時難以調集，但我已準備好了精兵三萬，公瑾，你先帶著這三萬精兵上前線，我當你們的後援。你能擊敗曹賊最好，如不能勝，我親自和曹賊決一雌雄！」說完，當場把寶劍賜給周瑜，並封他為大都督，總領江東所有人馬。同時任命老將程普為副都督，魯肅為贊軍校尉，共參軍機。凡不聽號令者，立斬不饒！

孫權一直在猶疑不決，這三萬精兵是什麼時候準備好的呢？

原來，還是諸葛亮的說服成果。上次孫權被諸葛亮說動，要對曹操開戰，魯肅立即傳令下去，集結了三萬兵馬。後來孫權變卦，但還沒來得及下令解散兵馬，今天正好用上了。

孫權在這節骨眼上的靈機變通，倒給他的形象加分不少。很多人都以為他看似猶疑不決，其實他內心早有定論，只不過一直在等待屬下給他明確的擁護。

心戰領悟　讓自己沒有退路，也許是最好的進取之道。

23 幸運與幸運的對決

周瑜領命後，先斬了曹操的使者，以示死戰到底的決心。曹操大怒，與東吳開戰，卻首戰告負。周瑜抓住時機，使出「反間計」，誤導曹操殺了擔任水軍都督的原荊州降將蔡瑁、張允。曹操為了克服北方士兵不習水戰，難禁風浪之弊，又被鳳雛先生龐統所騙，將大小戰船均用鐵鎖鏈接。周瑜藉機與諸葛亮定下火攻之計。萬事俱備，只欠東風之際，又得諸葛亮「巧借」東風。隨後，周瑜與黃蓋上演了一幕「苦肉計」，黃蓋詐降，曹操再度中計。等到東南風起，東吳快船直奔曹操大營，由此上演了三國中最為驚心動魄的「火燒赤壁」，完成了軍事史上堪稱經典的「以弱勝強」戰例。

魯肅第一個趕回來向孫權報捷。孫權大喜，親自帶著一眾部屬在府邸門口列隊，以最隆重的禮節迎接魯肅到來。

魯肅下船後，騎上快馬，趕到孫權府邸門口，正要下馬，卻見孫權急步上前，親自將魯肅從馬上扶了下來。孫權的這個舉動驚呆了在場的人，魯肅卻一反常態，坦然受之。孫權恭恭敬敬地請魯肅入內堂。孫權為什麼要這樣做呢？

固然和「喜鵲效應」[33]的因素有關——人們往往將好消息的傳達者視為好消息的創造者而給予積極的評價。但僅是喜鵲效應，還不足以讓孫權對魯肅施以最高的禮遇。

實際上，此刻孫權的心目中，魯肅是再造江東的第一功臣！如果沒有魯肅一開始的力排眾議，孫權早就在張昭等人的集體勸降聲中放棄了，根本不可能有後來逆轉乾坤的赤壁大戰。在孫權最孤立無援的時刻，其他的謀臣大夫都為自身的利益考量（此一認知其實是魯肅灌輸給孫權的），唯有魯肅堅定地維護孫權的利益。

一言以概之，沒有魯肅，就沒有孫權；沒有魯肅，就沒有江東。孫權的最高禮遇，正是一種真情流露的回報。

兩人落座後，孫權不無得意地說道：「子敬，我親自扶你下馬，是不是足以顯出你的榮耀了啊？」

孫權以為魯肅一定會對自己的做法大大領情。沒想到，魯肅卻一反常態地說道：「這又算得了什麼？」

旁邊的人聽到了，大為訝異，以為魯肅這傢伙真是不知抬舉。孫權也大吃一驚，急忙問道：「子敬，那怎樣才算是榮耀呢？」

魯肅一本正經地說道：「只有等到主公威加四海，一統九州，建立帝王之業，那時再派安車來接我，才算是顯出了我的榮耀啊！」

魯肅早在第一次和孫權見面時，就對他提出了「自建帝號」的戰略藍圖。那時的孫權剛剛繼位，自信嚴重不足，根本不敢奢望這個高遠的目標，只以「力所不能及」推托。但是，戰勝了天字第一號大對頭曹操後，孫權的自我限制信念一下子就被撕破了，自信心驟然暴漲。

孫權從來沒敢想像過擊敗曹操的任何一絲可能性，這也是戰前一再遲疑不決的重要原因，要不是必須維護父兄基業的責任感苦苦支撐，孫權早就拱手而降了。但是，當這個不可能的設想成為了現實後，孫權頓時看到了未來有著更多可能性。「建號稱帝」也就沒什麼不可能的了。

孫權這一次再也沒說自己「力所不能及」，而是放聲長笑，顧盼自雄，志得意滿。都說魯肅是一個不會拍馬屁的老實人，但他的這個馬屁拍得實在高妙無比。他用表面上的傲慢無禮，給予孫權最大限度的認可與信任，大大膨脹了孫權的野心。同時，魯肅也強悍奠定了自己在孫權心目中的地位，孫權從此對他言聽計從。

對東吳一方來說，赤壁之戰最大的勝果不是擊潰了多少曹軍，奪取了多少土地，而是促成孫權走向真正的成熟。

赤壁大戰之前，孫權懷著自卑的心理，一直將曹操視為天下最幸運的人。曹操也確實是這個時代呼風喚雨的幸運兒，很順利地將皇帝挾持在手，東征西討，成為天下最強大的力量。而孫、劉聯軍開創的「赤壁奇蹟」，絲毫不亞於曹操當年的「官渡奇蹟」。在與曹操的幸運大比拚中，竟是孫權笑到了最後！孫權由此意識到，自己的幸運比起曹操，也是不遑多讓。

孫權年不滿二十已經坐領江東，這是包括曹操、袁紹、劉備、呂布等在內的豪強都不曾做到的。這不是天賜幸運，又是什麼？

堂兄孫暠有意叛亂，立即就有虞翻洞察先機，一番施壓，將叛亂扼殺在搖籃之中。這不是天賜幸運，又是什麼？

堂兄孫輔要向曹操輸誠，密信竟然送到了孫權手中，孫權由此得以應變裕如，輕鬆搞定。這不是天賜幸運，又是什麼？

三弟孫翊被奸人刺殺，弟媳婦徐氏竟然挺身而出，巧妙施計，無須孫權操一點心，就擒殺奸人，確保丹陽郡安然無恙。這不是天賜幸運，又是什麼？

征討黃祖，竟有對方得力幹將甘寧主動來投，得益於此，孫權竟然完成了連長兄孫策都沒能完成的為父復仇的重任。這不是天賜幸運，又是什麼？

赤壁之戰不但有魯肅、周瑜這樣的股肱之臣，連聞名天下的臥龍諸葛亮也來助力，並「借」來東風，將百萬曹軍燒得灰飛煙滅。這不是天賜幸運，又是什麼？

在擊敗曹操之前，一直惴惴難安的孫權是看不到這些幸運的。「赤壁奇蹟」掃清了他的心靈霧霾，隨即又想起母親懷他時曾經「夢日入懷」，想起自己碧眼紫髯的天生異相，想起相術大師劉琬評價自己「形貌奇偉，是個大富大貴之相，而且還很長壽」的話。

這一連串的幸運終於讓孫權確信自己是獨一無二的天之驕子。從赤壁大勝的這一天起，孫權邁入了真正的成熟，這才是他開創偉業的開始。

不規律的幸運經歷會大大提升一個人抗擊逆境的能力，這就是「幸運強化」[34]。此一心理規律是美國行為主義心理學家、新行為主義的代表人物斯金納（B. F. Skinner）發現的。

斯金納在以老鼠做操作性條件反射實驗的過程中，偶然發現這個規律，他設計了裝有按壓控制桿的箱子，並將老鼠放入其中，一開始，只要老鼠按壓了控制桿，就可以得到食物的獎賞。老鼠很快就「喜歡」並習慣了這樣的獎勵方式，樂此不疲。隨後，斯金納又取消了獎賞，不管老鼠怎樣按控制桿，食物都不會出現了，老鼠習得的操作性條件反射很快就消失了。

後來，斯金納改變了獎賞的方式。老鼠若要獲得食物，必許連續按壓控制桿三次、五次或二十次。聰明的老鼠在經過多次的失敗嘗試後，又掌握了這種固定強化的新獎勵方式。隨後，斯金納再一次將獎勵方式改為不固定的強化方式。在大多數時候，不管老鼠多麼努力地按壓控制桿，食物總是不見蹤影。但也許在不經意間，老鼠按了四十次或六十次控制桿後，食物突然「從天而降」。

剛開始的時候，斯金納認為這種不規律、間隔時間太長的獎勵強化，會導致老鼠已習得的操作性條件反射消失。但出人意料的是，間歇式獎勵方式不但沒有導致老鼠的「失望與放棄」。相反地，牠們就像染上了毒癮一樣，不管會不會得到食物，還是瘋狂地不斷按壓控制桿。

總之，習慣了連續強化條件的老鼠，很快就放棄了努力。如果一開始給老鼠施以部分強化，那麼其操作性條件反射消除前，老鼠至少要按成科上百次才會死心。

與老鼠的學習機制類似，人類同樣存有「幸運強化」的心理機制。如果一個人從一生下來就事事順利，從未遭受挫折，一旦遇到打擊，就很難適應，很快就會失望、放棄。如果一個人經常遭遇逆境，並經常在逆境中得到幸運青睞而度過難關，這個人自信心就會大大增強，對抗逆境的堅韌性也隨之大大增強。

回顧孫權的經歷，從十九歲繼位，到二十七歲打贏赤壁之戰的八年間，他確實歷經坎坷，但與此同時，他所有的幸運也都在逆境中生發。孫權原本將曹操來襲視為最不幸的事件，這一打擊曾經讓他原形畢露，卻給他帶來最幸運的結果。經過這一系列的幸運強化，孫權已經具備了足夠的勇氣，可以真正以一方霸主的氣度，傲然屹立於天下群雄之前了。

心戰領悟

「這世界上再也沒有比不幸更大的幸運了。」

【策三】荊州恩怨

24 勝利之後的失敗

曹操敗退後，荊州的歸屬就成了三分之地。曹操手下的大將曹仁退居北部的南陽郡，孫權攻占中部的南郡和江夏郡，劉備則占據了南部的長沙郡、桂陽郡、武陵郡、零陵郡。

從面積來看，劉備所占的地盤最大；但孫權占據的南郡和江夏郡更為富庶，而且地理位置更具優勢。南郡和江夏郡北接襄樊，西通巴蜀。在諸葛亮的規劃中，首先是要輔佐劉備奪取荊州之地，然後謀取巴蜀（西川）之地，再舉兵中原，成就帝業。現在，劉備只取得了荊州的一半土地，且通連巴蜀的軍事要地又為東吳所占，心裡自然是很不滿意的。

而在孫權方看來，劉備在赤壁之戰前，幾無立足之地，況且，赤壁的勝利，東吳出力更多，劉備可以說是搭便車的。現在劉備得了荊南四郡，就該大大滿足了。

自古以來的聯盟關係，絕難長久，這是顛撲不破的真理。孫、劉兩家的意見分歧，從赤壁之戰結束的那一刻就開始了，也為日後糾纏不休的紛爭埋下伏筆。

此後，劉備、諸葛亮使計取了南郡，擁有最具地理優勢的發展基地。周瑜氣得差點吐血，立即派魯肅前去交涉。兩人以劉表之子劉琦尚在為由，提出己方占有南郡，實屬子承父業，合情合理。魯肅見劉琦雖然年輕，但因縱情酒色，已經病入膏肓，眼看不久於人世，於是順勢提出，一旦劉琦亡故，東吳就要討回南郡。（世俗所傳的劉備借荊州，實際上只是借南郡。）

魯肅擅自做主已經越權，他本該不予置評，將劉備、諸葛亮的反應上報孫權，由孫權決定。雖然孫權多半也會聽從魯肅的意見，但和魯肅僭越做主，性質是完全不同的。魯肅敢於這樣做，也是因為他一力推動了赤壁大勝，內心頗為自得，不知不覺中自我膨脹的緣故。

諸葛亮只想盡快把魯肅打發走，很快答應了魯肅的這個要求。但智者千慮，亦有一失，諸葛亮這個隨意做出的口頭承諾在情勢發生變化後，進一步推動了孫、劉兩方關係的惡化。

魯肅得到這項承諾，放心地回去報知周瑜。周瑜一向對劉備、諸葛亮深懷戒心，根本不相信他們在劉琦死後會如期歸還南郡。魯肅卻信誓旦旦地說：「討回南郡包在我身上。」

魯肅為什麼對劉備、諸葛亮有這麼大的信任度呢？

有兩個原因。

首先是魯肅的個性。當年周瑜找素不相識的魯肅借用軍糧，魯肅毫不猶豫地就將三千斛糧食給了周瑜。這一事件充分說明魯肅生性豪爽，是「互惠法則」[35]的最忠實的奉行者。

所謂「互惠法則」，是指人類社會經由進化而來最為普遍的通用法則，施惠必然會促發回報。魯肅奉行「互惠法則」，也從「互惠法則」中深度獲益。他今日所能擁有的地位與尊榮，第一推力就是周瑜的力薦。由此，互惠法則也成了魯肅心靈地圖的固定模式之一。他認為今天對劉備、諸葛亮慷慨大方，日後也必獲得豐美回報，所以才會同意對方的「無理」要求。

其次，東吳與劉備一方的關係是魯肅一手開創的。這一關係的創立，直接帶來了赤壁之戰的勝利，魯肅因此自矜不已。任何一個人對曾經付出諸多心力的東西，必然會悉心維護；從而，魯肅不會像周瑜那樣，對劉備、諸葛亮持不信任態度。某種程度上，魯肅和他們是一體的，懷疑劉備、諸葛亮，就等於是懷疑自己，所以，他會在周瑜面前，為他們拍胸脯、打包票。

魯肅還到孫權面前為劉備暫借南郡遊說。孫權心裡雖有不爽，但一方面他對魯肅的好感正處於最佳狀態，所以分外寬宏大度。另一方面，孫權也知道曹操雖敗，但實力猶在，一定會想方設法來報奇恥大辱。如果現在和劉備翻臉，很有可能雙面受敵，陷入困境。

綜合這兩個因素，孫權在魯肅的勸說下，同意了劉備對南郡的占領。就當時而言，孫權的這個判斷是正確的。此後幾年，孫權與曹操兩家在接壤之處的淮南多次短兵相接，展開鏖戰。

赤壁之戰帶給了孫權前所未有的巔峰體驗，但也留下了巨大的遺憾。那就是孫權一直在後方遠觀，始終沒有深入到第一線，多少還是出於對曹操的恐懼心理。面對黃祖，孫權可以「逆恐」而勇，但面對曹操的「恐懼能量」實在太大了，「逆恐反應」就失效了。

赤壁之戰後，孫權自信暴漲，徹底克服了「恐曹症」，反倒躍躍欲試，熱盼著與曹操當面一較高下。

孫權親自引兵到合肥，但這一次他沒有見到曹操。曹方的合肥守將是大將張遼、李典、樂進。張遼出馬搦戰，孫權意氣風發，渾然不懼，竟然想要親自出馬對戰！孫權此前從未親自出戰，莫非這一刻是英勇無敵的小霸王孫策靈魂附體？

當然不是。真正的原因是，赤壁的成功讓孫權全然相信自己是天之驕子了。偉大的相術大師劉琬不也說過孫權壽數極高嗎？當這樣的信念深入了孫權的潛意識，陣前對敵的一剎那，孫權想的就是天之驕子怎麼可能臨陣而亡呢？壽數極高怎麼可能半途而夭呢？

但是孫權的部下可不敢讓他輕易冒險。猛將太史慈挺槍衝出，抵住張遼廝殺。李典、樂進見了孫權分外眼紅，對部下大喝道：「對面頭戴金盔者就是孫權。衝上去捉了孫權，為百萬大軍報仇！」

李典、樂進直取孫權。孫權部下宋謙、賈華上前迎抵。幾個回合後，宋謙不敵，被李典一箭射死於馬下。太史慈急忙回馬，張遼趁勢掩殺，吳兵大亂，四散奔走。孫權勒馬急退，幸好程普斜刺裡殺出，抵住張遼救回孫權。

這一次的失敗，主因就是孫權心浮氣躁、傲慢自大。孫權回營，見折損了宋謙，十分心痛，放聲大哭。長史張紘見孫權頗有懊悔反省之意，忙藉機勸諫他不要逞莽夫之勇，而要深懷王霸雄圖。

張紘當年曾目睹勇猛無敵的孫策死於非命，對江東造成無法估計的損失。他不願看到慘劇再一次上演，所以冒著激怒孫權的危險，直言強諫。

沒想到孫權面色凝重，黯然說道：「子綱所言甚是，都是我的錯。從今天起，我一定改正。」

很多領導者犯了錯後，擔心顏面受損，往往千方百計文過飾非，東遮西掩。只有真正自信的人，才敢於公開承認錯誤，也才能真正改正錯誤。說明孫權確實比以前自信許多，也成熟多了。

孫權正在自責之際，太史慈不甘失敗，來見孫權，說手下有一個叫戈定的人，與張遼部下的養馬人是親兄弟。戈定的兄弟願意當內應，舉火為號，刺殺張遼。太史慈提出要帶五千兵馬，與戈定兄弟裡應外合。

孫權痛惜宋謙之死，復仇之心強烈，當即同意了太史慈的請求。但是張遼足智多謀，行事精細。當晚，戈定兄弟舉火後，張遼迅速反應，強勢控制住了局面。太史慈不知就裡，仍按原計畫行事，不幸被曹軍亂箭射中，五千吳兵折損大半，倉皇退歸本營。

孫權見太史慈身負重傷，傷感不已。張昭見狀，知道形勢已經很難扭轉，於是提請孫權退兵。

張昭在赤壁之戰中的拙劣表現，大大影響他在孫權心目中的地位。但孫權還是原諒了他，並未將他打入冷宮。苦難與逆境逼著孫權學會了自我覺察：那個時候，自己也得了「恐曹症」，又怎麼能奢求張昭等人不恐曹呢？況且，張昭代表了一大群謀士，處置張昭就會打擊一大群人的積極性。這樣對孫權反而最為不利。

有意思的是，孫權的這種應對方式，其實是從死對頭曹操那裡學來的。當初，官渡之戰勝利後，曹操繳獲了一大袋書信，都是自己的部下偷偷寫給袁紹的投誠效忠信。曹操看也沒看，當著大家的面一把火就燒了。有人問曹操為什麼不追究這些意志不堅的叛徒。曹操說：「與袁紹對峙之時，就連我自己也沒有取勝的把握，每天惴惴不安，以己推人，他們有這樣的行動也是很正常的。」曹操的大度感動了所有的部屬，讓他們從此死心塌地地效忠。孫權的模仿學得惟妙惟肖，完全可以打滿分。

孫權本已無心戀戰，當下同意了張昭的請求，匆匆收兵。這是孫權繼位從軍以來遭遇的第一次敗仗。尤其是在赤壁大勝後的敗仗，更像是陰溝裡翻船，讓他的心情非常抑鬱。

等回到江東，太史慈傷重不治。臨死之前，太史慈大叫：「大丈夫生於亂世，當帶三尺之劍，以升天子之階，今所志未遂，奈何死乎！」太史慈是個眼界和志向都很高的人，就連當世公認的明主劉備都不被他放在眼裡。他為孫策折服後，一心要幫助孫策開創帝業，但孫策已死，壯志難酬，只能抱憾而終。

孫權聽說了太史慈的遺言後，一陣悵然，他聯想起魯肅對自己的期望，不禁陷入了沉思……

【心戰領悟　成功的大廈裡往往開著一扇通往失敗的大門。】

25 英雄與英雄的較量

就在孫權回到江東，自我反省之際，荊州又有消息傳來——劉琦過世了！周瑜立即派魯肅前去索討南郡。

當初魯肅是在周瑜面前拍過胸脯的，他志在必得，以祭奠劉琦的名義，興沖沖地趕去，隨後就開口討索南郡。不料劉備裝聾作啞，推給諸葛亮，諸葛亮毫不客氣地翻了臉，反將魯肅痛斥一頓，責怪東吳貪心不足。

魯肅沒想到名聞天下的諸葛先生竟會公開耍賴，他毫無心理準備，辯才又比不過口若懸河的諸葛亮，頓時吃了悶虧，一下陷入了「認知失調」的糾結之中。

魯肅在諸葛亮這裡討不了好，回去沒法向周瑜交代，只好放下尊嚴，苦苦向諸葛亮說好話。諸葛亮於是寫了一紙文書，讓劉備簽字畫押，說明暫借南郡，等取了西川再行奉還。

要債的討不到錢，要來一張借據也是好的。魯肅拿著「借據」回去見周瑜，周瑜頓時明白魯肅又被騙了，這張借據根本沒寫劉備什麼時候取西川，等於是一紙空文。周瑜大怒，決心幫魯肅討回公道。

隨後，周瑜探知劉備的妻子甘夫人去世了，想出了一條妙計。

原來，孫權的妹妹孫仁得了孫堅基因真傳，喜好舞刀弄槍，是個不讓鬚眉的女中豪傑。她心氣很高，立志非英雄不嫁，可是，當世的英雄少之又少，孫小姐高不成低不就，一不小心就成了超齡剩女。

周瑜的計策就著落在孫小姐身上。周瑜想用孫小姐當誘餌，招引劉備到江東成親，然後伺機將其扣押，不交割南郡就不放還。

周瑜寫明此計，派魯肅呈送孫權審批。孫權正在為合肥戰敗生悶氣，人在心情不好的時候，往往變得心胸狹窄，熱衷報復。劉備食言而肥更讓孫權氣惱，一氣之下，竟然同意拿自己的妹妹當香餌、誘引劉備到江東成親的所謂妙計。

孫權派呂範為使者，前去荊州說親。劉備頗有些猶豫，他考慮原配屍骨未寒，不宜新娶，也擔心遠赴江東，身入陷阱會有危險。但是，又想到自己剛拒絕了東吳索討南郡，雙方的關係十分尷尬，如果能夠和孫權結親，顯然有利於繼續占有南郡。

諸葛亮力挺劉備前往結親，並指派忠誠精細的趙雲陪同護駕。諸葛亮還特別給了趙雲三個錦囊，裡面寫明抵達江東後的行事及應變策略。

劉備在諸葛亮的推動下，終於下定決心，為了自己的基業親自往江東走一遭。

孫權得知劉備答應前來的消息，先是為他上鉤而一喜，隨即又為其無所畏懼的英雄氣度而一驚。兩人還沒碰面，孫權就覺得自己在氣勢上已經輸給劉備了。

孫權和劉備其實是兩輩人。孫權這一年才二十八歲，而劉備比孫權大了二十一歲。劉備和孫權的父親孫堅，以及曹操、袁紹等人才是同一代的豪強。曹操曾經在許都和劉備青梅煮酒，說：「天下英雄，唯使君與操耳！」而孫策則被曹操視為「黃口孺子，當不得英雄」。

孫權擊敗了自命不凡的英雄曹操後，自己也變得有些自命不凡了。曹操眼中的另一位英雄劉備雖然是赤壁之戰的盟友，但赤壁的勝利多半是東吳之力，所以，孫權一開始並不怎麼看得起一向顛沛流離的劉備。

劉備一到江東，立即大造輿論，將劉備與孫小姐結親一事廣為傳播。一使出這招，周瑜原定祕密扣押劉備的計畫就泡了湯。吳太夫人得知孫權擅自將妹妹當作誘餌後，大發雷霆，孫權只能賠罪認錯。孫、劉交手的第一回合，猝不及防的孫權被劉備來了個下馬威，輸得乾淨俐落。

吳太夫人決定在甘露寺設宴款待劉備，並當面相親，看劉備是否能如她意。孫權被母親責怪一通，有些惱怒，見母親如此安排，又看到了一絲新的機會。於是，孫權祕密在甘露寺內布下刀斧手，只要吳太夫人說一聲不滿意，立即就對劉備下手。

劉備容貌不凡，又歷經滄桑，自有一份成熟男人的魅力。吳太夫人見了，對他十分滿意。雙方言談甚歡。機警敏銳的趙雲發現寺內藏有伏兵，立即告知劉備。劉備慣於察言觀色、隨機應變，立即跪在吳太夫人面前垂淚道：「太夫人若要殺劉備，就此請誅！」

吳太夫人驚道：「何出此言？」劉備說：「廊下暗伏刀斧手，不是為了殺我，又是為什麼呢？」吳太夫人大怒，喝斥孫權道：「玄德是我女婿，你為什麼要伏下刀斧手，是何用心？」

孫權只能推說不知情。吳太夫人隨即喝出領頭埋伏的大將賈華，要將他斬首。

劉備見狀，立即求情道：「斬殺大將，與親事不利。我也就難以安心居留了。」吳太夫人這才饒了賈華，一眾刀斧手抱頭鼠竄而出。

在這件事的應變上，可以看出劉備的成熟老練。不但巧借吳太夫人之力，修理了孫權，而且也掐準輕重，沒有讓賈華喪命流血，為日後與孫權的相處留足了空間。

薑畢竟還是老的辣。青澀的孫權在老辣的劉備面前，又輸了第二回合。

劉備涉險過關，藉著更衣（上廁所）的機會，出了大殿。劉備見孫權殺心已露，不免心生憂慮，抬眼望處，看見庭下有一塊巨石。劉備心中一動，隨手拔出隨從的佩劍，仰天嘆告：「我要是能平安回歸荊州，成就王霸之業，一劍就能將這塊石頭劈成兩半。如死於此地，劍劈不開。」說完，手起劍落，火星四濺，石頭被劈成兩半。

一個人只有在自信不足、對前景沒有把握的時候，才會把命運的決定權交給更高的權威。劉備用劍劈巨石來探測天意，說明內心深感不安，唯恐命喪江東。其實這種方法並不牢靠，如果一劍未能劈開巨石，劉備不但心有未甘，還會信心渙散。幸好結果正如他所願，劉備舒了一口氣，覺得安心了許多。

正在此時，卻聽身後孫權大聲說道：「玄德為何如此痛恨這塊石頭？」

劉備不知道孫權什麼時候跟在自己身後走了出來，嚇了一大跳。但他素來應變能力極強，這樣的情形自然難不倒他。劉備隨口道：「我年近五旬，不能幫助國家剿除賊黨，心中常有恨意。今天幸蒙太夫人招為女婿，真是平生之快事。故而剛才問天買卦，如我能破曹興漢，則劍出石開，現在果然如此。」

孫權料定劉備是拿巨石發洩憤恨，並不相信他所說的話。孫權面對劉備，已經輸了兩個回合，好勝心大作，心想劉備能夠劍劈巨石，難道我就不如他？孫權此念一生，其實已經把對劉備的傲慢全然撤銷，反倒在不知不覺間被劉備吸引影響了。

孫權也拔出佩劍，說：「我也問天買卦，如能破除曹賊，也一劍砍斷此石！」卻暗自祝禱：「若我能夠再取得荊州，興旺東吳，就讓我砍斷此石！」孫權滿懷攀比之心，使出全身之力，竟然也是一劍而石開。

這塊石頭不知得罪了誰，被孫、劉二人，一人一劍，破成四半，後人就稱此石為「恨石」。

如果世上真有神靈，一定不會護佑這兩個「口是心非」的人，真正的成功，必然來自堅定的信念。孫、劉二人將內心所想，佐以最為堅決的行動，後來果然一一夢想成真。

孫、劉兩人的劈石大賽，是第三回合的較量。看起來，雙方打了個平手，但孫權不過是出於攀比心理，模仿了劉備的創意，所以還是略遜一籌。

石頭遭殃，孫、劉開顏，兩人各得其所，於是棄劍歸席。又飲數巡後，劉備告辭說：「我不勝酒力，要先告退了。」孫權送出，兩人並肩觀看長江之景。

只見江面上，江風浩蕩，波濤翻滾，一葉小舟，卻是如履平地。劉備心中感慨「難怪曹操會慘敗於赤壁」，不禁說道：「看來南人善於駕船，北人善於騎馬，此言不假啊！」

劉備這話本無他意，但孫權聽了卻以為是在諷刺自己不善騎馬，當下命從人牽馬過來，飛身上馬，疾馳下山，然後又加鞭上山，對劉備說：「玄德，誰說南人不善騎馬？」

劉備的原話是「南人善於駕船」，和「南人不善騎馬」完全是兩個意思。孫權卻做這樣的理解，只能說明他心中再度泛起久違的自卑心緒。

赤壁之戰後，孫權本已自信飽滿，遠離自卑。但是劉備身在客地，卻反客為主，一連幾個回合都讓孫權落了下風，不免引發了他內心的自尊衝擊反應。和劉備相比，孫權畢竟還是嫩了一點。自卑導致敏感，無論是模仿劉備劍劈巨石，還是刻意展露騎術，都是孫權偏於敏感的過度反應。孫權深深感到了劉備的可怕之處，暗下決心，即便不能殺了劉備，也不能讓他安然返回荊州。

心戰領悟 「敏感往往是自卑的代名詞。」

26 被辜負的溫柔

在吳太夫人的安排下，劉備與孫權的小妹擇吉日成親。洞房花燭夜，年近半百的劉備為能夠迎娶二十出頭的青春美少女而欣喜不已，但入洞房的時候卻被嚇了一大跳。

孫小姐頗有乃父之風，喜好舞刀弄槍，是個女中豪傑。她在洞房內擺滿了刀槍劍戟，一眾侍婢們也個個佩劍掛刀。劉備看得心驚肉跳，臉上失色。

管家婆見新郎這般模樣，連忙解釋這是孫小姐慣常所好，一向如此，並無他意。劉備孤身闖江東，本就心懷恐懼，如果連洞房中都刀槍密布，就很難安心成婚了。

劉備說：「我看了這些東西甚為心寒，暫且都先拿掉吧。」劉備提出這個要求，其實不全是因為害怕。在成婚當日，提出這個改變孫小姐多年積習的要求，更是一種試探，以圖牢牢掌握夫妻之間的控制權。

管家婆向孫小姐稟報說：「洞房中擺放兵器，嬌客心中不安，想要移除，不知可否？」

再凶悍的女人在洞房花燭那一刻都是柔情似水的。孫小姐莞爾一笑，說：「疆場廝殺了大半生，怎麼到頭來還懼怕兵器呢？」話雖是這麼說，還是依照劉備的要求，將刀槍劍戟全都移出洞房。這是夫妻兩人開始親密接觸之前的第一次「交手」，劉備在不動聲色中取得了主控權。

劉備見孫小姐花容月貌，青春無敵，自然是歡喜萬分。而且，他也非常清楚自己在江東的安危完全繫於這位夫人身上。於是，他使出渾身解數，一連串的甜言蜜語，立時將孫小姐哄得五迷三道，沉浸在無比的幸福之中。夫妻二人自此情好日密，如膠似漆。

孫權眼見弄假成真，極不甘心，只好再問計於始作俑者——周瑜。

周瑜也不甘心失敗，左思右想，又想出一個妙計。他告訴孫權，既已不能硬取，不如軟困，用聲色犬馬來麻醉劉備，消磨他的鬥志，讓他樂不思歸，疏遠關、張、諸葛亮。

周瑜的這一計可真是抓住劉備的罩門了。劉備幾十年來苦苦奮鬥，幾乎沒有過上一天安生日子。他初得諸葛亮時，某天一時興起，動手用氂牛毛編織帽子（這是他幼時的生存之本），還被諸葛亮說了一通。劉備的本性卻是不甘淡泊的，他是個「喜犬馬，愛音樂，美衣服」的人，只是天時不與，無可奈何。

孫權拿著周瑜的主意，又徵詢張昭的意見。張昭說：「劉備出身微末，奔走天下，從未嘗過富貴滋味，恐怕很難抵擋誘惑。只要他深陷溫柔鄉，就不會想著回去了。那麼，關、張、諸葛亮自會生怨而去，荊襄就可不戰而得了。」

張昭對關、張、諸葛亮的判斷未免太過樂觀，但他對劉備的判斷卻非常精準。孫權見兩大重臣一致同意，當下依計而行。

孫權下令修整劉備所住的東府，廣栽花木，配上一應奢華器物，又增加了女樂數十人，供劉備享用。人人都以為孫權是疼惜小妹而厚待劉備，卻不知他別有用意。

環境裡種種看似無足輕重的因素，對於一個人的情緒及行為影響非常之大。在心理學上，有一個「粉紅牢房效應」[36]，說的是粉紅色具有一種神奇的平復心緒、抑制暴力的作用。西雅圖美國海軍懲教中心把一間牢房刷成了粉紅色。結果，整整七個月的時間裡，管理者眼看著新來的犯人充滿憤怒地進入牢房，卻在短短的十五分鐘後平靜了下來。在七個月的試驗期內，整個監獄沒有發生過一起暴力事件，而此前這個數據居高不下。此外，一位肌肉發達的健美先生，先是輕而易舉地做了幾輪舉重，但凝視了粉紅色的紙板後，卻瞬間失去了力量，一次也舉不起來了。

僅是改變環境的色彩這個因素，就可以讓身處其中的人發生天翻地覆的變化。而對劉備來說，東吳的新婚蜜月期在孫權的精心布局下，也無異於坐「聲色之牢」。試問一個顛沛流離、從未嘗過富貴滋味的老男人，怎麼能抵擋得住流金溢彩、嬌聲鶯語、錦衣玉食環境的全面誘惑呢？

劉備當然是毫無抗拒之力地沉迷於溫柔鄉，就像日後他的寶貝兒子阿斗所說的一樣，「此間樂，不思荊也」了。

孫、劉二人這一回合交手，孫權總算是扳回了一局。

孫權見劉備入了圈套，沉溺於享樂之中，十分開心，也漸漸放鬆了警惕。但是，忠於職守的趙雲卻開始坐立不安了，忍無可忍，打開了諸葛亮事先給他的錦囊。趙雲依計而行，對劉備詐稱曹操大軍壓境，荊州危急。劉備頓時驚醒過來，開始思索脫身之策。

此時劉備與孫夫人正是情濃之際，捨不得扔下嬌妻，獨自逃回荊州，孫夫人同樣也捨不得與劉備分離。如果兩個人一起動身，孫夫人必然要正式向母親和兄長辭行，孫權得知後，肯定不會放劉備回荊州。劉備再度施展看家絕技，擺出一副可憐的姿態，激起了孫夫人的同情和保護欲。孫夫人同意以元旦祭祖的名義向母親辭行，卻不告知兄長。這自然是「蜜月效應」[37]發揮作用了。當兩個人的情感處於熱烈升溫階段，相互間的任何要求都有可能得到對方的許可。

元旦日前一夜，孫權大宴文武，喝得酩酊大醉。劉備抓住有利時機，帶著夫人和趙雲等一干護衛，立即上路。

等到孫權醒來，眾人來報劉備逃走，已經是午後時分了。孫權得報，惱羞成怒，隨手操起桌案上的玉石硯臺摔了個粉碎！

這是孫權第一次當著下屬的面暴怒！為什麼會如此失態呢？

原因有二。

首先是未能如願控制劉備帶來的挫敗感。自從劉備來到江東，孫權一直和他較勁，先後敗了幾局，直到使出聲色犬馬的手段，才算是羈絆住了劉備。但最後他還是幡然醒覺，趁孫權不備偷偷溜了。如果真的被劉備跑掉了，這一場孫、劉大較量中，孫權就徹底輸了。

其次是小妹不顧手足情深，私自跟著丈夫逃走帶來的挫敗感。孫權一向寵愛小妹，他想當然地以為小妹在關鍵時刻一定會站在自己這一邊，沒想到小妹被劉備的甜言蜜語所惑，竟然絲毫不顧兄妹之情。這就引發了「叛徒效應」[38]——人們往往對背叛了原有關係所設定的責任與義務的人加倍痛恨。

孫權立即命陳武、潘璋率領五百精兵，急急追趕。

大將程普見孫權怒氣勃發，又來火上澆油：「主公，您空有衝天之怒，但我料定陳武、潘璋肯定不能將劉備抓回。」

孫權的性格最是受不得激，怒道：「陳武、潘璋怎麼敢違背我的命令？」

程普不急不慌地說：「郡主自來嚴毅剛正，諸將哪個不怕她？陳武、潘璋追去，見了郡主，肯定不敢下手。」

孫權一聽，確實是這麼一回事。他這個妹妹恃寵而驕，確實人見人怕。這麼一想，更覺得妹妹辜負了自己的厚愛，怒氣更甚，竟然拔出了寶劍，吩咐蔣欽、周泰：「你們兩人拿著我的寶劍去取我妹妹和劉備的首級，再回來見我！違令者斬！」

蔣欽、周泰隨後率領一千人馬，疾馳追趕。

再說劉備，一路急行，卻被徐盛、丁奉攔住了去路，這是周瑜早就設下的關卡。劉備一看無法通過，急得像熱鍋上的螞蟻。趙雲見狀，急忙打開諸葛亮給的第三個錦囊給劉備看。

劉備立時明白，脫困之策還是要著落在自己的夫人身上。

劉備轉身來到孫夫人的車駕前，說：「夫人，我有心腹之言，想要和妳訴說。」劉備此前擔心夫人顧慮手足之情，並未將婚事背後的糾葛全部告知孫夫人。但此刻情勢危急，唯有激怒孫夫人才能激發她出面排除障礙。

劉備說：「當日妳兄長與周瑜合謀，將夫人嫁給我，並不是為妳的前程考慮。他們是想以夫人為香餌，誘引我來到江東，然後奪了荊州。現在周瑜在此設伏，必要取我性命。劉備若死，夫人豈能安心？還請夫人憐憫，解脫今日之困。」

孫夫人聽了，將信將疑，但徐盛、丁奉攔住去路卻是確鑿無疑。孫夫人當下向前，一陣痛斥，喝退了徐、丁二將，劉備車馬得以再度上路。

徐盛、丁奉剛放走了劉備，後腳陳武、潘璋就趕上來了。四人合兵一處，再行追趕，很快又追上了劉備。

孫夫人見陳武、潘璋率兵來追，頓時相信了劉備所言不虛。這一刻，她覺得兄長欺人太甚，為了政治利益，絲毫不顧手足之情，頓時勃然大怒（這也是叛徒效應的作用）。

孫夫人的暴怒果然如程普所料，嚇退了陳武、潘璋，等到蔣欽、周泰再追上來，劉備已經上了諸葛亮派來接應的蓬船了。

周瑜聞報，親自來追，卻中了諸葛亮的埋伏。諸葛亮又令軍士大喊道：「周郎妙計安天下，賠了夫人又折兵。」周瑜聽了，氣得金瘡崩裂，昏倒於地。而孫夫人聽了，心中也是思緒翻滾，別有一番滋味。她知道與劉備成親的真相後，心中的幸福感下降了一大半。她怎麼也想不到，兄長竟然會聽信周瑜之計，將自己的終身大事作為政治誘餌。由此，她對孫權痛恨難抑；但是，轉念又想起孫權此前的寵愛呵護，不禁矛盾萬分，眼淚不由自主地灑落一地。但不管如何，如今她只能嫁雞隨雞，一心追隨劉備了。

且不說孫夫人心情複雜，孫權得知劉備逃脫後，不由為自己徹底輸給劉備而氣急敗壞，心中湧起了強烈的報復之心。

那麼，接下來孫權會怎麼做呢？

【心戰領悟　除去石塊稜角的，不是鐵鎚的剛硬，而是水的溫柔。】

27 悲痛的雙重代價

孫權有意要起兵攻打劉備，但考慮到曹操與己方在淮南戰事不斷，唯恐兩線用兵會導致全盤皆輸。兩害相權取其輕，這個道理孫權自然是明白的，但實在嚥不下這口氣，左思右想，決定再派魯肅前去索討荊州。

劉備、諸葛亮早知魯肅來意。魯肅開門見山，要劉備看在雙方已結親眷的分上，歸還荊州。劉備不說話，只是掩面大哭。魯肅不知如何是好，諸葛亮按照事前的安排，出來打圓場，說：「當初我家主公借地之時，曾經許諾取得西川就歸還。後來想到，西川劉璋是劉皇叔的同宗兄弟，都是漢室子孫，如果興兵去奪他城池，恐怕被外人唾罵。但不取西川，還了荊州，又無處安身。若要不還，又恐妻舅面上不好看。皇叔左右為難，因此痛哭不止啊！」

諸葛亮這一番說辭，又將魯肅擋回。

魯肅回轉江東，沒敢去見孫權，先去告知周瑜。周瑜見魯肅又被騙，不由頓足說：「子敬啊子敬，你又中計了！當初劉備投靠劉表時，就有吞併之意，他怎麼會顧慮同為漢室子孫而放過西川劉璋呢？」

魯肅束手無策，周瑜靈機一動，有了主意，對魯肅說：「子敬，你先不用回報吳侯，再回一趟荊州，對劉備說既然我們兩家已經結為親眷，你們不便取西川，就讓我們代你去取，然後將西川交給你們，你們則還回荊州。」

魯肅大驚道：「都督，西川路途遙遙，取之何易？這如何能行？」

周瑜哈哈大笑道：「子敬啊，你真是個忠厚長者！你以為我真的要去攻取西川？這是一個『假途伐虢』之計啊！」

魯肅一聽「假途伐虢」，立即明白過來了。

春秋時期，晉國想吞併鄰近的虞和虢這兩個小國，先用寶物賄賂虞國國君，借道去伐虢國。晉國滅了虢國後，回師途中，順手又滅了虞國，當初送給虞國國君的寶物又回到了晉國手中。

周瑜的用意是打著為劉備攻取西川的旗號，從荊州地盤上經過，趁著劉備前來迎接，猝不及防之際，順勢將其拿下，輕鬆攻取荊州。

魯肅聽了，拍手稱妙。周、魯二人沉浸在妙計功成的美好想像中時，卻忘了劉備是一個經歷過強烈「過度合理化」的人！

當一個人的所得遠遠超過了他的應得，就會引發內心的懷疑而不敢接受。這就是「過度合理化效應」[39]。

當年，陶謙三讓徐州，讓劉備飽受煎熬，怎麼也不敢接受天外飛來的大餡餅。現在，孫、劉雙方因荊州歸屬糾紛不斷，東吳怎麼可能這麼好心，主動出兵為劉備攻取西川，以換回荊州？如果說孫權是看在妹妹的分上，當初為什麼會苦苦追殺，連妹妹也不放過呢？

顯然，這只是東吳的詭計！

劉備、諸葛亮故作不知，誑騙魯肅。等到周瑜親自率兵前來，才發現中了諸葛亮的計。

諸葛亮派趙雲率兵迎住周瑜，問：「都督此來何意？」

周瑜說：「不是早就知會你們了嗎？我是替你家主公去攻打西川，為什麼還要再問？」

趙雲笑道：「我家軍師早就知道都督的假途伐虢之計了。都督你就別裝了。況且，我家主公說了，他是大漢皇叔，不能背義去攻打西川。如果你們真的要去攻打西川，他就披頭散髮，入山修行去了，絕不失信義於天下！」

趙雲揭了周瑜的底，周瑜惱羞成怒，正要動兵，卻聽探子來報，關羽、張飛、黃忠、魏延四路人馬分頭殺來，個個揚言要捉拿周瑜！

周瑜大怒，又氣又急，大叫一聲，墜於馬下！

眾將急忙將周瑜救回。周瑜醒後，怒氣勃發，咬牙切齒地說道：「你們不讓我去西川，我偏偏要取給你們看！」

正在此時，孫權派遣宗族兄弟孫瑜帶著援兵趕到。原來，孫權以為周瑜、魯肅和劉備商議後，真的要去攻打西川了，於是派孫瑜前來支援。

周瑜、孫瑜合兵一處，改走水路入川。行至巴丘，卻被劉封、關平率領的水軍攔住去路！原來，諸葛亮早就安排他們在此阻擋東吳入川的水路。劉封、關平堅決不讓周瑜過關，以免影響劉備的信義。

周瑜連遭打擊，舊病復發，終告不治。周瑜自覺大限將至，拚盡餘力寫了一封信給孫權，然後對眾將說：「我天命絕矣，不能再盡忠報效了。你們一定要善事吳侯，克成大業！」眾將無不為周瑜的忠義而感動涕零。

周瑜想起自己一直春風得意，但和諸葛亮遭逢後，卻處處受制於人，不禁一聲長嘆：「既生瑜，何生亮。」連叫數聲，黯然而逝，一代英傑就此命殞疆場，年僅三十六歲。兩年之前，周瑜作為主帥，以弱勝強，打贏了赤壁之戰，取得了一生中最輝煌的勝利。但兩年之後，周瑜就像一顆流星，在最燦爛的時刻悄然墜落。

周瑜之死，對孫權來說，是非常沉重的打擊。周瑜去世時，孫權是二十八歲。兩個人都是風華正茂的年紀，又君臣同心，本該攜手共創一番偉業的。

周瑜作為託孤重臣之一，明顯比另一個託孤重臣張昭發揮了更大的作用。正是周瑜，消除了孫權在赤壁之戰前最後的疑慮。周瑜也由此和魯肅一起成為孫權最重要的心靈支柱。但是，就在孫權變得自信，想要有所作為的時刻，周瑜卻英年早逝，撒手人寰了。

得知周瑜的死訊後，孫權如喪考妣，竟然哭絕於地。

孫權被救醒後，馬上拆看了周瑜的遺信。周瑜在將死之際，並未考慮自己的身家妻子，而是諄諄告誡孫權天下的形勢，提醒他不但要提防曹操，也要高度警惕劉備，以免養虎貽患。最後，周瑜又向孫權推薦了魯肅，讓魯肅接替自己的職位。

孫權看了信，再度放聲大慟，說：「公瑾，公瑾，你棄我而去，讓我依靠誰呢？既然你獨薦魯肅，我怎麼會不聽從呢？」於是，任命魯肅替代周瑜，擔當都督一職。魯肅當年仗義借糧的慷慨之舉，這一天得到了最為豐厚的回報。

魯肅卻覺得自己力不能勝任都督之職。他被周瑜公忠為國的精神所感動，決定不以個人得失為重，向孫權推薦另一個更為合適的人選。

這個人就是和諸葛亮齊名的鳳雛先生龐統。魯肅知道以周瑜之能，面對諸葛亮只能甘拜下風，更不用說自己了。而能力水準與諸葛亮相當的龐統此刻就在東吳。赤壁之戰時，周瑜很看重龐統，龐統也獻上了連環計，巧妙地說服曹操將所有戰船用鐵鏈連在一起，為火燒赤壁立了很大的功勞。

等到辦完周瑜的喪事，魯肅見孫權的心情漸漸平復，就將推薦龐統一事提了出來。

魯肅對孫權說：「我是一個碌碌庸才，恐怕擔負不起公瑾的臨終重託。我願意保舉一人以助主公，這個人上通天文，下知地理，謀略不在管仲、樂毅之下，神機可媲美孫武、吳起。此前公瑾多次採納他的建議，諸葛亮也對他十分佩服。這個人就在江東，主公何不重用他呢？」

孫權聽魯肅將這個人說得神乎其神，未免有些不相信，心想：「這個人如此厲害，而且就在江東，我怎麼沒聽說過呢？」

其實魯肅根本用不著這麼囉嗦，只要說這個人和諸葛亮能力相當，一句話就足以打動孫權了。畢竟，孫權親眼見識過諸葛亮的厲害。「言多必失」，好話說得太多了，也會產生「過度合理化」的。

但魯肅肯主動將都督職位讓出，還是觸動了孫權。他問：「此人是誰？」

魯肅說：「這個人姓龐名統，道號鳳雛先生。」

孫權對龐統有所耳聞，於是下令召見龐統。

龐統來了後，孫權見他濃眉掀鼻，黑面短鬚，不修邊幅，邋裡邋遢，心裡就有幾分不高興。這也不能怪孫權以貌取人，他見慣了周瑜的英俊瀟灑，諸葛亮的風流倜儻，再加上他自己一家子也都是相貌堂堂之人，見了龐統這副樣子，自然有些看不上眼。

龐統生性敏感，見孫權輕視，立覺心中不快，說話的口氣就難聽了。

孫權帶著幾分不屑，問：「你有哪些本事啊？」

龐統冷冷地說：「我隨機應變，無所不能。」

孫權心想：「口氣還挺大！」接著問道：「你的才學和公瑾相比，怎麼樣呢？」

以孫權對周瑜之偏愛與敬重，只要龐統如實說周瑜當初十分看重自己，孫權立即就會對他刮目相看，大加重用。這是人類「愛屋及烏」心理的必然。

偏偏龐統受了孫權的傲慢刺激，自尊受傷，也用傲慢的態度回應，說：「我的才學和周瑜大不相同。」言下之意，我比周瑜強多了！

孫權此時並未完全從痛失周瑜的悲傷中解脫出來，一見龐統竟然輕視周瑜，心中頓時極為不快，冷冷地對龐統說：「你先退下，等有用到你的時候，再來叫你。」

像龐統這樣的絕世高才豈是能這樣慢待的？孫權因心傷周瑜之死，對龐統無禮，終於將龐統推出門外，推到了劉備的陣營。

孫權的這一舉動，不但為對手增加了強援，也大損了自己的實力。如果東吳留住和諸葛亮勢均力敵的龐統，加以重用，無論是對付曹操，還是對付劉備，都會更加裕如。但是，孫權的意氣用事讓魯肅的苦心付諸東流，也讓東吳的發展之路多了一份坎坷。

【心戰領悟 悲痛的代價往往比悲痛還要大。】

28 萬般唯有讀書好

當孫權正在為屢屢受制於劉備而煩惱不已之時，卻得知劉備已經應西川劉璋之請，帶領龐統、黃忠、魏延等人入川支援，幫助劉璋抗擊東川（漢中）張魯去了。

孫權對此極為憤怒，有兩個原因。

第一，周瑜的遺言一直牢牢印刻在孫權心中。他知道劉備必定會藉此機會奪取西川。孫權想起當初劉備極力阻擾己方攻取西川，現在卻腆著臉自己獨享了。孫權當然忿忿不平。

第二，孫權看不上眼的龐統，現在成了劉備的座上賓，與諸葛亮同為劉備的左膀右臂。孫權對自己有眼無珠，十分懊惱。也導致他內心嫉恨交迸。

孫權懊惱之下，有心要趁劉備遠離、荊州空虛之際發起攻擊，於是，他先派人將妹妹從荊州接回。但就在他盤算出兵之際，頭號大敵曹操親率十五萬大軍，號稱四十萬，揚言要報赤壁之仇，浩浩蕩蕩，進逼淮南。

孫權只能暫時先放下荊州，優先考慮對付曹操。他立即召集眾將商議對策。曹操這一次大舉來襲，距離赤壁之戰已經過了四年。但是，那次奇蹟般的偉大勝利之後，與會諸將深深沉浸在「東吳水戰，天下無敵」的美好感覺之中。眾將紛紛認為上一次曹操的百萬大軍都不在話下，這一次的兵力還不到上次一半，哪裡還用得著擔心呢？只要放手讓曹軍進入長江水域，必可一戰而勝。

與上一次眾謀士悲觀的「群體極化」不同，這一次，東吳的眾武將顯露出了樂觀的「群體極化」。但無論是哪一種群體極化，都不是組織之福。美國通用汽車公司的總裁艾爾弗雷德·斯隆（Alfred Pritchard Sloan）曾說過一句頗為睿智的名言：「在沒出現不同意見之前，不做出任何決策。」這樣的做法是確保領導者能夠看到正反兩種意見。

赤壁之戰前，孫權曾經深受「眾口一致」的困擾，幸而有魯肅力排眾議。這一次，孫權也希望能聽到各種不同意見，然後再做決定。

孫權環視眾將，終於看到了他想要的情形，但站出來說話的人，卻有點讓人意外。這個人竟然是以莽撞武勇著稱的呂蒙。

呂蒙說：「用兵之道，不可固守定規。赤壁之戰，我方大勝，是因為天時地利人和都在我方。現在曹賊捲土重來，必然吸取了赤壁的教訓，對水戰做了充分演練。從兵力對比上來看，依然是敵眾我寡。如果放手讓曹軍進入長江，恐怕勝負難料。依我愚見，不如在濡須水域建造堅固壁壘，扼守入江水道拒敵。敵不能進，必然敗退。」

呂蒙獻策，其他諸將紛紛鼓噪，反對說：「我東吳水軍作戰，從來是上岸殺敵，洗腳登船，哪裡用得著構建堡壘？」

諸將對呂蒙的意見大加駁斥，有兩大原因。

首先，呂蒙提出的做法和東吳水軍慣例大相徑庭，而人們往往會不假思索地按照舊有模式行事，這就是慣性思維。

其次，眾人對呂蒙的印象一直是那個懵懵懂懂的「吳下阿蒙」，根本不相信他會有什麼奇思妙策。這是「首因效應」[40]的影響所致，即最初呈現的訊息對人們的認知與判斷有著特別大的影響力。

孫權聽了呂蒙的這番建議卻非常高興，倒不是因為呂蒙的建議完全正確，而諸多老將的想法完全錯誤。事實上，按照諸位老將的策略，也未必不能破曹致勝。讓孫權深感欣慰的是呂蒙的巨大變化。

此前，孫權曾對大將呂蒙和蔣欽說：「你們現在當權掌管大事，可要好好讀書學習！」呂蒙回應說：「軍中事務繁忙，我沒有時間讀書。」孫權說：「我又不是讓你去研究儒家經典當博士，只需廣泛涉獵，多瞭解歷史就好了。再說了，你說軍中事務繁忙，難道還能比我忙嗎？我自己就經常讀書，而且覺得受益匪淺！」

孫權之所以會有如此感觸，也是有原因的。赤壁之戰的決策中，他本人束手無策，但眼見只比他大一歲的諸葛亮胸有成竹，謀略萬端，不免大受刺激。諸葛亮也從未有過實戰經驗，但一出山，就能夠揮斥方遒，運籌帷幄。這只能是讀書所致。孫權再想起周瑜、魯肅等人，莫不如此。於是，就暗自下決心，要好好補上這一課。赤壁大戰，他未親自操盤，所以有大量的時間可用於讀書學習，積以時日，孫權自覺收穫良多。出於人所共有的炫耀心理，才會將自己的經驗分享給呂蒙、蔣欽這些武將。當然，他不會去找那些書讀得比他多、智識在他之上的謀士們「班門弄斧」的。

這個呂蒙雖然讀書不多，卻是個非常機靈的人。當初，孫權繼位的時候，要對部隊進行整編，東吳軍制，部屬歸主將所有，孫權想把一些小股部隊進行合併。呂蒙得知消息後，立即借錢給自己所部的士兵製作了深紅色的衣服，並置辦了綁腿。等到孫權檢閱的時候，呂蒙所部著裝鮮亮，整齊劃一，立即引起孫權的注意和喜愛，於是將其他人的部屬劃歸呂蒙統領。呂蒙的機智由此可見一斑。

呂蒙聽懂孫權勸學的深意，從此無論軍務多麼繁忙，每天都要抽出時間看書學習。以他的聰明，日積月累之後，學識水準果然大有所成，才會在軍事會議上說出這一番與眾不同的話來。而另外那位一起受教的蔣欽，卻沒有將孫權的告誡放在心上，當然也就不會有長足的進步了。

孫權既為呂蒙忠實執行自己的意見而高興，更為呂蒙學有所成而欣慰，當下決定採納呂蒙的意見，與建濡須塢，對付曹軍。

曹操大軍到達之後，先以水軍進攻。東吳水軍充分利用了濡須塢的堡壘作用，戰則能進，退則可守，曹軍始終占不到任何便宜。

兩軍相持數月，曹操眼看軍糧將盡，起了退兵之意。正在此時，孫權給曹操送去了一封信。信上只寫了十六個字：「春水方生，公宜速去。足下不死，孤不得安。」

這是告訴曹操，春雨開始下了，道路泥濘，水勢大漲，你在這裡耽擱，恐怕不太有利，還是趕快回去吧。你要是不死呢，我是不會安心的。

孫權這封信如實寫明了當前的情勢判斷，曹操深感在理。尤其值得一提的是孫權的口氣。「足下不死，孤不得安」，孫權把自己放到和曹操平等論交的位置上，口氣略帶調侃，卻透出了如許自信。回想起當初被曹操的恐嚇信嚇得魂不守舍的模樣，孫權確實已經不可同日而語了。

這封信對曹操的觸動很大。曹操看了信之後，哈哈大笑，把信交給部下傳看。曹操說：「孫權小兒說的都是真話！」

曹操決定下令退兵，退兵之際，心中頗有幾分無奈。他遙遙看見東吳水軍，戰船齊整，旌旗獵獵，一眾將士戒備森嚴，凜然有威，不由大聲讚嘆道：「生子當如孫仲謀！像劉表那幾個兒子啊，不過是豬狗罷了！」

曹操曾經不把孫權放在眼裡，所以才會「大意敗赤壁」；但濡須一戰讓曹操知道，又多了一個不容忽視的強勁對手。

孫權徹底改變了曹操對自己的看法，這是出於「近因效應」[41]的影響，即最新呈現的訊息對人們的認知與判斷有著特別大的影響力。

孫權等曹軍撤退後，也返回了治所所在的建業。這幾年來，孫權為了對敵所需，已經多次遷移治所的駐地。

孫權回來後，奉命鎮守漢昌郡（新置之郡）的魯肅來見他，兩人談及濡須的戰況，不由心懷大暢。魯肅也深為孫權的成熟而大感興奮。

閒談中，孫權對於呂蒙的表現大加讚許，頓時勾起了魯肅的記憶。

原來，魯肅去漢昌郡赴任途中，經過呂蒙鎮守的尋陽縣。魯肅一向認為呂蒙不過是個勇猛莽夫，頗為不屑，本不想去訪見呂蒙。但他的部屬卻勸說：「呂蒙深得主上厚愛，您還是要和他搞好關係才行。」魯肅勉強去見呂蒙，沒想到兩人一交談，呂蒙竟然讓魯肅刮目相看。

呂蒙問魯肅：「您現在替代承擔了周都督的重任，與鎮守荊州的關羽為鄰，不知有何策略，以備不虞？」

魯肅一向是主張孫、劉聯合共抗曹操的，並不太以劉備、關羽為敵，因此隨後答了一句：「隨機應變即可。」

呂蒙卻說：「如今孫、劉雖為一家，但關羽實為熊虎之將，野心勃勃，怎麼能不預先制定應對之策呢？」說完，呂蒙一口氣提出了五條對付關羽的計策。

魯肅聽得目瞪口呆！他根本沒想到這個一向被人看不起的「吳下阿蒙」，竟然有如此超前的眼光和精深的謀略！魯肅頓覺呂蒙的水準已經遠在自己之上。他緩過神來，走到呂蒙的跟前，親熱地拍了拍他的後背，說：「子明，我真沒想到，你的才略竟然已經高深到如此程度了！」

呂蒙微微一笑，說出了一句日後流傳千古的名言：「士別三日，當刮目相看。大哥你怎麼才看出來啊？」

這是「近因效應」最經典的案例。魯肅立即拜見了呂蒙的母親，從此將呂蒙視為自己的心腹兄弟。魯肅對孫權說出這段往事，孫權連連點頭，對呂蒙的印象更是好上加好，心中那份因為錯失龐統的遺憾與懊悔，便漸漸消逝無蹤了。

心戰領悟 絕對不要用一個人的過去判斷他的未來。

29 土地能不能換和平

對曹操，孫權已能昂首面對，但劉備始終是孫權的肉中刺。當劉備攻克西川，自領益州牧的消息傳來後，孫權的心理立即失衡了。

孫權召集文武，說：「當初劉備借我荊州，說取了西川就還，現在他得了益州，必須讓他歸還荊州，否則就出兵攻打！」

眾人面面相覷，心想：「借荊州都是魯肅整出來的事，還荊州也得落在他身上才對。」但此時魯肅鎮守陸口（漢昌郡治所）未歸，眾人也不能不給孫權出謀劃策。張昭說：「我有一計，可以讓劉備拱手將荊州奉還主公。」

張昭的辦法是派諸葛瑾去討要荊州，因為劉備對諸葛亮極為倚重，不可能不給面子。但是，東吳眾謀士也考慮到劉備可能不願意交還南郡，於是又提出了一個替代方案，即索要荊南的長沙、零陵、桂陽三郡，以替換南郡。

劉備得了益州後，心氣更加高漲，正要以荊、益二州為根基，北伐曹操，以圖建立更大的功業，怎麼肯把戰略要地拱手相讓呢？

劉備只能對諸葛瑾虛與委蛇，於是故技重施，拿出對付魯肅的招數，說：「等我攻取了涼州，就將南郡奉還。」諸葛瑾不是傻子，自然明白這不過是劉備的緩兵之計。可是自此之後，劉備稱病不出，諸葛瑾只能黯然退歸東吳。

諸葛亮以國事為重，不可能像張昭所說的那樣因私廢公，顧及手足之情。張昭這一計可以說是完全落空了。

孫權聞報，大怒，立即自行任命了長沙、零陵、桂陽三郡的太守，讓他們各自前去赴任。孫權這一舉動，明顯有意氣用事的成分，也說明他心中那股被劉備玩弄於股掌之上的怒火，已經達到噴薄而出的地步了。

此時的荊州由虎將關羽鎮守，他怎麼能坐視別人來接管治下的荊南三郡了，關羽下令將孫權所派的官員全部用武力驅逐出境。

孫權怒氣更甚，當下命呂蒙率領三萬精兵，迫近荊南三郡；而坐鎮南郡治所江陵的荊州主將關羽竟然對此毫無覺察，無論如何是說不過去的。

長沙、桂陽二郡聞風而降，唯有零陵郡太守郝普堅守不降。

劉備在西川得知孫權出兵，大吃一驚，立即命諸葛亮鎮守成都，自己率五萬精兵趕回公安，並派關羽率兵三萬至益陽，擺出了不惜一切代價打「荊州保衛戰」的架勢。

孫權見劉備也真的行動了，不免有些擔心，立即調整了軍事部署，令魯肅率領一萬兵馬急趨益陽，同時命呂蒙停止繼續攻打零陵，緊急馳援魯肅。

呂蒙接到孫權的命令後，卻不甘心放棄即將到手的零陵。這個大器晚成、令人刮目相看的俊傑，當下想出了一個誑取零陵的妙策。

呂蒙對孫權的命令祕而不宣，然後連夜召開軍事會議，聲稱次日早晨就要攻城，慨嘆郝普不識時務。

呂蒙還故作神祕地透露了一些軍事情報，說劉備已經被夏侯淵包圍，根本就沒能趕回荊州，還說關羽已經被孫權擊敗，無力前來救援，郝普負隅頑抗，根本沒有任何希望。

呂蒙有意將這些訊息透露給郝普的老朋友鄧玄之，然後派他進城勸降。

郝普聽了鄧玄之的話，十分恐懼，只能選擇投降。呂蒙親自迎接了郝普的歸降，拉著他的手，然後將孫權的諭令拿出來給他看。

郝普才知道自己中了呂蒙的計，但木已成舟，為時已晚。呂蒙看到郝普目瞪口呆的樣子，不禁高興得拍手大笑，竟然沒顧得上郝普懊喪欲死的心情。這是呂蒙第一次獨立擔當主將而立的功勳，難怪他會如此得意忘形。

呂蒙隨後立即馳援魯肅。孫權得知了呂蒙計取三郡的經過後，對呂蒙的印象更是好上加好。自從孫、劉兩家開始打交道以來，孫權幾乎沒占到什麼便宜，一直被劉備牽著鼻子走。唯有呂蒙這次流光溢彩之舉，讓孫權好好地出了一口氣。在孫權看來，呂蒙的能力甚至超過了周瑜、魯肅。更讓孫權高興的是，呂蒙可以說是他一手栽培起來的。孫權不禁為自己的知人善任、明察於先而自得不已。

劉備當然不甘心被孫權占了三郡。孫、劉兩家劍拔弩張，眼看一場殊死大戰即將拉開帷幕，但是劉備卻突然服軟了，主動派人和孫權講和。

這是為什麼呢？

原來，曹操趁機攻取了漢中，有意對西川發起進攻。劉備擔心兩面受敵，左支右絀，不但益州可能失守，荊州也可能不保。為了確保西川安全，只能忍氣和孫權講和。

孫、劉兩家經過協商，終於議定了領土歸屬。雙方決定以南北流向的湘水為界，湘水以東的江夏、長沙、桂陽三郡為孫權所有。湘水以西的南郡、零陵、武陵三郡為劉備所有。

對於孫權來說，這樣的折中方案是用一個南郡換回了長沙、桂陽兩個郡，頗為划算。但還不是孫權最重要的收穫。孫權此前一直拿劉備的無賴行徑毫無辦法，但這一次真正下狠心，很快就讓劉備服軟了。這一事件是孫、劉、曹三家博弈關係進入全新階段的肇始。孫權一時尚未真正認識到這事件之於東吳的極大戰略價值，但他的思想火花已經藉此點燃。

而對劉備來說，雖然失去了長沙和桂陽，但戰略位置更好的南郡卻名正言順歸自己所有了。況且，長沙、桂陽、零陵本已失守，在孫權的控制之下，透過和談，又撈回了零陵，也算是很不錯的「買賣」了。再者，和孫權握手言和後，就不用擔心腹背受敵，更為重要的西川就可保無恙了。所以，劉備也為自己的「土地換和平」策略感到滿意。

劉備的滿意是暫時的。事實上，荊州地盤重新劃分後，劉備所有的南郡、零陵已在曹操和孫權的包夾之中。這是很危險的情形。土地能不能換來真正的和平，還不能立下定論。更重要的是，關羽作為荊州主將是否稱職的問題。如果關羽一向謹慎小心，警覺靈變，怎麼會對呂蒙大軍壓境毫無覺察？如果關羽一向治理有方，御下有術，長沙、桂陽二郡守將怎麼會望風而降？

劉備沒有另換他人鎮守荊州，也沒有對關羽善加提醒，最後為後來荊州的全面失守埋下了禍根。

孫權和劉備講和後，繼續將曹操當做頭號大敵。張昭因此獻策說：「主公，可趁曹操在漢中之際，攻打合肥。」

孫權同意了，親自率領呂蒙、甘寧、凌統等將領前去攻打合肥。呂蒙衡量形勢後，對孫權說：「現在曹操派廬江太守朱光屯兵於皖城，作為合肥的強援。我看不如先攻取皖城，再打合肥。」

孫權此時對呂蒙寵愛有加，自然是言聽計從。東吳三軍用命，甘寧身先士卒，很快攻下了皖城，殺死了朱光。

當夜，孫權大犒三軍，重賞呂蒙、甘寧等人。凌統見甘寧又立新功，深得主上厚愛，再一次想起父仇未報，心中大怒。

凌統站起身來，說：「筵前無樂，且看我舞劍。」甘寧知道他的用意，為了自保，也拿出兩支鐵戟，說：「看我筵前使戟！」

呂蒙一見不妙，立即一手拿著盾牌，一手提刀，分開兩人。

孫權將甘寧、凌統兩人分開已經數年，以為隨著時間的流逝，凌統已經淡忘了殺父之仇，沒想到兩個人碰到一起，還是分外眼紅。

孫權喝令二人放下軍器，說：「我一直讓你們兩個莫記舊仇，今日何故又如此呢？」凌統不答，哭拜於地。孫權深感無奈，只好再三勸說。

進攻合肥之前，發生了這樣一檔子事，孫權頗感不快，但想到合肥守軍只有七千餘人，而己方大軍有十萬之眾，以多擊少，以強凌弱，自然勝算在握，也就放下了煩惱。

大敵當前，東吳兩員大將卻差點因私仇而火拼，並不是好兆頭。顯然，輕鬆攻克了皖城後，東吳軍中已經彌漫了一股輕敵情緒，否則，凌統、甘寧不可能將注意力放在私仇之上。

另一個壞消息則是瘧疾悄然在軍中蔓延，對軍隊戰鬥力的削減影響甚大，正如當初赤壁之戰時，瘟疫也是導致曹軍潰敗的重要原因之一。

孫權令呂蒙、甘寧為前隊，自己和凌統居中，往合肥殺去。甘寧前隊與曹將樂進正面遭遇，殺成一團。樂進詐敗而走，吳軍直驅而入，忽然左側張遼、右側李典直奔孫權中軍殺來。孫權身邊僅有凌統手下三百餘騎。甘寧回救不及，孫權大驚，凌統拚死抵住，孫權策馬而逃。凌統所部均死於亂戰之中，凌統本人也多處負傷。

孫權僥倖逃脫了張遼的追殺，但他狼狽不堪的模樣卻讓張遼暢快不已。張遼看著孫權逃竄的身影，大聲喊道：「紫髯小兒，知道我的厲害了嗎？」

孫權敗退之處叫做逍遙津，這一場戰役就稱為「張遼威震逍遙津」。此一戰後，張遼的大名在東吳軍中廣為傳頌，就連江東小兒夜啼，一聽到張遼的名字立即就嚇得不敢再哭了。

東吳大軍因為瘟疫和輕敵，慘敗於兵力不到十分之一的曹兵。孫權十分不甘，退回濡須塢暫行休整，準備擇機再戰。

【心戰領悟　敵人有時是最好的幫手。】

30 干戈如何化玉帛

曹操得知合肥被攻，留夏侯淵鎮守東川，自領數十萬大軍，殺向合肥。孫權與眾謀士商議後，先派董襲、徐盛二人領五十艘大船，在濡須口埋伏，又派陳武帶領人馬，往來江岸巡哨。

孫權問諸將：「曹操遠道而來，誰能當先迎敵，挫其銳氣？」此時的孫權雖然敗於張遼之手，但面對曹操，依然信心滿滿。

凌統第一個站出來說：「我願領兵去打頭陣！」

孫權問：「你要帶多少兵馬？」

凌統說：「只需三千人馬就足夠了。」

甘寧在一旁聽了，冷笑道：「我只要一百騎兵，足以破敵，哪裡用得著三千人馬？」

凌統大怒，出言反駁，兩個人在孫權面前吵了起來。孫權只好再做和事佬，說：「曹軍勢大，不可輕敵。」於是派凌統率三千兵馬，前去哨探。

甘寧見孫權發話，只好將火氣壓抑下去。甘寧為什麼要故意在孫權面前刺激凌統呢？

原來，這是一種典型的「攻擊轉移」[42]現象。甘寧因為與凌統有殺父之仇，自從投了東吳後，就一直有意避著凌統。雙方數年未見，但這次孫權將兩人調在一起後，凌統依然不依不饒。甘寧不勝其煩，決意和凌統痛痛快快做個了斷，以免永無寧日。但孫權一直居中彈壓，不讓兩人爭鬥。既然不能私鬥，甘寧的怒氣就只能轉移到公差了。甘寧故意用「百騎」這個看似不可能的數字來對應刺激凌統的「三千人馬」，就是要「假公濟私」，挑起爭鬥，以徹底制服凌統。

凌統領命而去，當頭正遇到曹兵先鋒張遼，兩人相鬥一番。孫權擔心凌統有失，命呂蒙接應凌統回營。

甘寧見凌統無功而返，覺得自己的機會到了。連忙去找孫權，表明自己要率領一百騎兵，夜劫曹營，如果折了一人一騎，都算不得功勞。

甘寧、凌統兩人間的恩怨，糾纏不休，早已讓孫權頭痛不已。百騎劫營，如同天方夜譚，聞所未聞。但孫權知道如果不答應甘寧的要求，不知道他還會生出什麼事來。甘寧想做個了斷，孫權也想做個了斷。這麼一想，竟然答應了甘寧的請求，還賞賜了五十瓶酒、五十斤羊肉，讓他一併犒勞隨他前去夜襲的一百精銳馬軍。

當甘寧請這一百人喝酒吃肉，並告訴他們吃飽喝足後要連夜去劫曹營，這些吃喝正歡的馬軍們可都不幹了！他們面面相覷，吃不下，也喝不下了。

甘寧一看他們面露難色，立即拔劍在手，大怒道：「我身為上將都不惜一死，尚且要去，你們這一群小小兵卒，怎麼敢顧惜自己的小命？」

眾馬軍一看甘寧的架勢，如果再不響應，恐怕沒死在曹營，就先死在甘寧劍下了，於是群情激憤，齊聲喝道：「我們願效死力，跟著將軍去闖曹營！」

甘寧大喜，當下與一百馬軍風捲殘雲般將酒肉吃盡，在頭盔插上白鵝毛作為記號，等到二更時分，披甲上馬，急衝至曹操的中軍大寨邊上。

甘寧喝令部下撥開鹿角，就在馬上敲鑼擊鼓，在中軍大寨中往來衝突。曹營將士睡意正濃，忽聽到鑼鼓齊鳴，不知道多少敵人來襲，嚇得從睡夢中驚醒，四處逃竄。

甘寧率領百騎，見人就殺，曹營中一時大亂，甘寧趁亂又帶著一百軍騎從容殺出。孫權擔心甘寧有失，急命周泰率一支兵馬前來接應。曹操唯恐再中東吳埋伏，不敢追襲，甘寧輕鬆突出重圍，回歸自家大營，一百人馬毫無損傷。

甘寧憑著血氣之勇，創造了一個奇蹟，孫權卻緊張不已。他早早迎在大營門口，等著甘寧回來。孫權看到甘寧平安歸來，心中連稱慶幸，如果他有個三長兩短，那就是主帥的重大失職了。

甘寧急忙下馬拜倒，孫權疾步上前扶起，拉住甘寧的手，說：「將軍此去，足以把曹操老賊嚇得半死了！這可不是我捨得拿你冒險，只不過是想看看你的膽量到底有多大啊！」

孫權的御下之術確實愈來愈高了。這句話一說，就把此前所有考慮不周之處都輕輕抹去了。隨後，孫權又賞賜甘寧絹一千匹、利刃一百口。甘寧本來就是要藉劫營做給凌統看，出一口惡氣，哪裡會吝惜這些賞賜之物？轉手就分給了跟隨他同闖敵營的一百勇士。

孫權愈想愈興奮，覺得甘寧真是給自己掙足了面子，衝口而出：「曹孟德有張遼，我有甘興霸，足以相敵！」興頭上隨即又封甘寧為平虜將軍。孫權以為張遼是曹操手下的頭等猛將，其實是沒見過另外幾個狠角色。

甘寧揚眉吐氣，凌統可就受刺激了。第二天，張遼引兵搦戰，凌統第一個討令出戰，想要為自己掙回臉面。

張遼令樂進迎戰。凌統與樂進相鬥五十回合，不分勝負。曹營中曹休見狀，施放了一支冷箭，正中凌統胸膛！樂進大喜，持槍要刺死凌統。正在此時，東吳陣營中也飛出一箭，正中樂進面門。

兩軍齊出，將己方大將搶救回營，雙方罷戰。

凌統回營後，拜謝孫權。孫權說：「不要謝我，放箭救你的人是甘寧！」凌統又驚又愧，回身向甘寧頓首謝道：「不想兄長如此施恩！」

這一意外事件給了孫權最好的調和機會，他藉機讓凌統、甘寧兩人消弭恩仇，結為生死之交。二人從此歡好，再不爭鬥。

曹操分兵五路，來襲濡須，正趕上江風大作，白浪滔天，將東吳戰船掀翻。吳軍大亂，大將董襲沉江而死。徐盛被李典包圍。孫權親自引兵去救，卻被張遼、徐晃團團圍住。

曹操喝令諸將：「誰敢去擒拿孫權？」虎將許褚應聲而出。情勢十分危急，東吳大將周泰見狀，殺入陣中，死命來救。

周泰尋見孫權，讓他跟著自己殺出重圍。周泰成功突圍後，卻發現孫權不見了。再度殺入重圍，救出孫權。如是衝鋒三次，才將孫權救出。

周泰護著孫權來到江邊，呂蒙過來接應，孫權才算是保住了性命。

這一仗，東吳死傷慘重。戰後檢點，東吳大將陳武也死於亂軍之中。孫權不敢再戰，下令死守濡須塢。呂蒙當初的建議，此刻見了奇效。曹軍攻不進來，而東吳軍也攻不出去，雙方相持月餘，終於決定罷兵不戰。

曹操留曹仁、張遼駐守合肥。孫權則留周泰為鎮守濡須的主將，同時留守的副將朱然、徐盛卻因為周泰出身寒門而很看不起他。

孫權看在眼裡，卻未置一詞。他已經從處理甘寧、凌統的恩怨糾葛中得出了教訓，知道直接強行干涉並非良策。

孫權在離開之前，設宴與諸將話別，突然走到周泰面前，手扶其背，眼淚滾滾而下。眾人見狀大驚。孫權眼含熱淚，說：「幼平，您為了我孫家兄弟，在槍林箭雨中，不惜性命，多處負傷，身上到處是傷疤，就如刻畫一般，怎麼能不讓我感動呢？」說完，孫權讓周泰解開衣服，吩咐眾將上前觀看。只見周泰身上傷痕累累，遍布全身。孫權指著周泰身上的一處處傷痕，詢問周泰是在哪一次戰鬥中負傷的。周泰一一作答。孫權每指一處傷痕，就敬周泰一杯酒。

眾將被這一幕行為驚呆了。周泰的形象一下子變得異常高大，誰還不對他深懷敬意呢？誰還敢低看他呢？而孫權不忘舊恩的「款款深情」也感動了諸人。

周泰喝了一杯又一杯，眼看已是酩酊大醉。孫權依然親熱地撫著他的背，一字一頓地說道：「幼平，你是我孫家的功臣。我和你是榮辱與共，休戚相關。我委任你兵馬重任，你可快意行事，不要因為出身寒門而畏手縮腳！」

孫權這句話就是說給朱然和徐盛聽的。你們不是因為周泰出身寒門而瞧不起他嗎？我就要給他最榮耀的禮遇。孫權隨即下令將自己專用的青羅傘蓋賞賜給周泰。

朱然、徐盛看了這幅架勢，心中深感慚愧。孫權雖然沒有指斥他們一句，卻成功地改變了他們對待周泰的態度。

孫權用這巧妙的方法協調了部屬之間的矛盾，說明他的領導智慧已取得長足的進步。這樣的孫權，完全擔當得起東吳第一人的重任了。

〔心戰領悟　感官刺激是激勵的最高境界。〕

31 把選擇當成測試

此後，曹操進位為魏王，在僭越之路上跨出了關鍵性的一步。漢高祖劉邦取得天下後，曾經搞過一次「白馬盟誓」，宣稱「非劉氏而王者，天下共擊之」。曹操這外姓之人稱王，對外界而言，是非常明顯的逆篡信號。

劉備則攻下了漢中之地，漢中是老祖宗劉邦的龍興之地，劉備因此自立為漢中王。

孫權頓時感到很大的壓力。曹操敢於稱王，說明他對整個局勢的掌控力更大了；而劉備擁有了東西兩川以及部分荊州之地後，確實也具備了稱王的實力。孫、劉兩家的聯盟關係早已名存實亡，面對這兩個日漸強大的對手，孫權坐立不安。

就在這個時候。孫權的第一重臣魯肅卻去世了。孫、劉兩家的關係趨惡，孫權對一力主張並促成孫、劉聯合的魯肅，心情頗有點複雜。

孫權厚葬了魯肅，但心中已經對他產生了芥蒂，只是隱忍未發。多年以後，已經稱帝的孫權對當時最信任的重臣陸遜透露了對魯肅的看法。孫權說：「魯子敬有二長一短。當初，他因為公瑾的推薦來見我，一見面就提出了帝王之略。這是一長。後來曹孟德率百萬之眾，進逼江東。張昭等人力主投降，子敬卻力排眾議，勸我奮起抗擊。這是二長。但是他勸我借荊州之地給劉備，卻是一短。」

孫權又說：「周公旦從不對人求全責備，所以我對子敬也是忘其短而貴其長。」話雖是這麼說，如果孫權真的能做到「忘其短」，只需「貴其長」即可，沒有必要再將他所認為的魯肅之短再宣之於外。況且，就當時的形勢而言，魯肅的主張未始不是正確的抉擇。後來，孫、劉失和，也是形勢發展產生的變局，絕不能因為這一決策之後的不如意而完全抹黑此前所產生的正面作用。

魯肅去世之前，力薦令他刮目相看的呂蒙接替自己的職位。孫權對呂蒙正處於最欣賞、最信任的階段，當然是如其所請了。呂蒙一上位，就意味著東吳的「對劉政策」發生了根本性轉變。呂蒙和周瑜的戰略思路是一脈相承的，都將劉備視為不容忽視的對手，而非聯合對象。

再說曹操，得知劉備隨後稱王的消息，極為憤怒，非常失態地破口大罵：「織蓆小兒，安敢如此！我要不滅了你，誓不回都！」曹操立即要傾國之兵，殺奔兩川，與劉備決一雌雄。

司馬懿瞅準時機，勸諫曹操說：「王上不可動一時之怒。我有一計，不須動刀舞槍，就能讓劉備在蜀中不得安寧。等到他兵衰力竭，再派一將，就能一舉殲滅！」

曹操一聽，還有這麼便宜的好事，當然是願聞其詳了。

原來，孫、劉失和的種種跡象已經被洞燭其微的司馬懿發現了。司馬懿說：「江東孫權曾經把妹妹嫁給劉備，現在卻已接回江東，說明他們之間已有不可彌合的裂痕。王上可以派一位能言善辯之人到東吳去見孫權，陳說劉備惡跡，讓他去攻打荊州。劉備必然起兩川之兵救援荊州。那時，大王再去攻打漢中蜀中，劉備首尾不能相救，大事必成矣。」

曹操大喜，立即派滿寵為使者去見孫權。

孫權召集眾謀士商議。張昭自從赤壁之戰前的勸降之舉後，一直被周瑜、魯肅壓得抬不起頭來。現在，周瑜、魯肅都已過世，曹公又派使者來了。張昭立即覺得平反昭雪的機會到了，說：「魏與吳本來無仇，都是一時聽了諸葛亮的說辭，兩家反目，終年征戰不息，生靈塗炭。這次滿寵前來，必有講和之意，主公可好好接待他，看其言行。」

孫權於是對滿寵以禮相待。滿寵的口吻彷彿和張昭事先商量過的，如出一轍，卻更加直白。滿寵說：「吳、魏自來無仇，都是劉備居中弄事。這次魏王派我前來，就是要約會東吳，共破劉備，共分疆土。兩家誓不相侵！」

長期以來，孫權的慣性思維中一直將曹操視為不容置疑的敵人，從來沒有思考過以曹為友，共圖劉備的念頭。事實上，這也是整個江東精英群體的共識，所以，張昭最大膽的估計也不過是曹操有意與東吳「講和」。

滿寵赤裸裸的請求大大超越了孫權的思想底線，強行拉開了他的思維鐵幕，雖然只是透進了一點點光亮，但這一點光亮卻有可能在適宜的情勢下成為燎原之火。

孫權一時不敢下定論，於是先將滿寵安頓好，再與群臣商議。

顧雍與張昭是同一派的，很快就接受了滿寵的方案，對孫權說：「滿寵所言雖是說詞，但頗為有理。主公可以一邊送滿寵回去，與曹公約好首尾相擊，一邊派人渡江去荊州，探聽關羽動靜。」

諸葛瑾卻不幹了。他是諸葛亮的兄長，張昭把魏、吳交惡的一切責任都推到諸葛亮的身上，這是他不能接受的。諸葛瑾不願意手足相殘，只好想方設法為挽回孫、劉關係而再做一次努力。

諸葛瑾對孫權說：「主公，我聽說關羽有一個女兒，尚未嫁人。我願意去一趟，為主公的世子求婚。如果關羽答應婚事，我們就和他共破曹操。如果關羽不肯，我們就和曹操聯合攻打荊州。這樣師出有名，才會人心歸附。」

孫權頓時想到了自己的妹妹與劉備不成功的婚姻。在當時的世代，女子是沒有多少權利的，不過是男權統治下的物品罷了。比如曹操，對漢獻帝苦苦進逼，殺了他的伏皇后，又把自己三個親生的女兒嫁給了他。

孫權左思右想，覺得不如將諸葛瑾的建議當作測試，看看劉備一方對東吳的真實態度到底是什麼樣的。這樣做毫無損失，就算關羽答應了婚事，自己也絕不會因為這一門親事束縛了手腳，就像當初劉備也不曾因為與東吳結親而有所顧忌一樣。

諸葛瑾領命來到荊州。

關羽十分傲慢，聞報後，也不派手下人迎接，大剌剌地等著諸葛瑾來見。諸葛瑾對關羽細說來意：「我家主人有一世子，非常聰明，吳人紛紛稱奇。我聽說將軍有一女，尚未室人，因此特來求親。兩家和好，併力破曹，實乃天下之美事也。」

諸葛瑾是話中有話。他出於對江東的忠誠，必須保守曹操有意聯合東吳共同對付劉備的機密。只能用「兩家和好，併力破曹」來委婉提醒關羽，不要僅從婚嫁的一般意義上來理解他這次登門求親，而是要從戰略大局的高度來看待。

可是，關羽素來看不起東吳之人。不久前呂蒙巧奪三郡，又讓他臉上無光。一聽諸葛瑾這麼說，關羽頓時把一腔怒火傾瀉而出，怒喝道：「我家虎女怎麼肯嫁給孫權的犬子！你怎麼敢到我面前胡言亂語，要不是看在你兄弟的臉面上，一刀就砍了你的頭！」

諸葛瑾的一番苦心，非但沒有得到關羽的響應，反而被羞辱一頓，只好憤懣不平地回轉東吳。

孫權聽了諸葛瑾的回報，勃然大怒。關羽的極端蔑視，頓時讓他聯想起當初諸葛亮孤身渡江，諷刺挖苦自己不如劉備的往事。諸葛亮為了激將孫權，話也說得很難聽。當時孫權囿於情勢，並未深究。

但是，此一時也，彼一時也。孫權已經不是當初那個青澀稚嫩的「吳下阿權」了，他經歷日多，經驗日豐，自信日盛，已經很難容忍他人對自己的蔑視了。孫權將諸葛亮和關羽的無禮一聯繫起來，自然就引發了對整個劉備陣營的憤恨不滿。

可以說，正是關羽毫無遠見的魯莽之舉，硬生生將孫權推入了曹操的懷抱。孫權召集文武，商議攻打荊州之事。

商議中，步騭突然擔心會不會中了曹操的「隔山觀虎鬥」之計。他的判斷理由是曹仁屯兵於襄陽、樊城，正可從陸路攻打關羽，卻按兵不動，只等東吳渡江而戰。步騭建議孫權再派使者去許都見曹操，讓他命曹仁先從陸路發起進攻，東吳再從水路配合。

步騭的辦法當然更為穩妥。孫權依言行事。曹操得知孫權願意聯合出兵，大感快慰，立即同意了東吳的要求，再派滿寵為使者，讓曹仁出擊。

曹仁領命，尚未出征，哪料關羽已經兵臨城下！

原來，劉備進位漢中王後，立即命關羽攻擊襄陽、樊城，以張聲威。關羽這一次快速軍事行動，徹底打亂了曹、孫兩家的陣腳，其影響極為深遠，終究改變了天下大勢的走向。

心戰領悟

〔哪有什麼正確的選擇，你所有的努力無非是讓自己的選擇變得正確。〕

32 想起了玉女心經

關羽這一次出擊如有神助，很快以雷霆之威攻克了襄陽。曹仁退守樊城，曹操急忙令大將于禁、龐德緊急支援曹仁。

關羽量形度勢，趁著襄江、白河之水大漲之機，上演了一幕「水淹七軍」的磅礴大戲，于禁大軍淹死者不計其數，餘者嚇得魂不附體，紛紛投降。主將于禁被擒後，竟也貪生而降。唯有龐德奮血氣之勇，不肯服軟，受擒後被關羽處死。

關羽一戰成神，威震華夏。曹操聞報後，嚇得連忙召集群臣商議遷都之事，以躲避關羽之鋒芒。

司馬懿挺身而出，堅持自己提出的「聯吳制關」之策。司馬懿說：「王上萬萬不可遷都！于禁被淹，於國家大計並無損傷。現在劉備、孫權嫌隙已生，關羽得志昂揚，孫權定然心中不快。我們應該派遣使者趕赴東吳，對孫權挑明這一層利害關係，讓他暗中起兵，從後方偷襲關羽！」

曹操與關羽恩怨糾葛不休，一向深知關羽神勇，雖聽司馬懿這樣說，依然恐懼不已。這個時候，另一位深得曹操信任的大臣蔣濟給了司馬懿最堅定的支持：「司馬仲達所言正是金石之論。王上只須派使者去東吳知會孫權，何必興師動眾遷都呢？」

在司馬懿和蔣濟的雙重勸諫下，曹操終於決定不再動議遷都之事。此時，關羽正藉著水淹七軍之神威，瘋狂圍攻樊城。曹操急派徐晃趕去支援，然後再派使者前往東吳。

其實，曹操、司馬懿的算盤打錯了。關羽憑藉這一場不可思議的大勝，已經成了恐怖魔王的化身。不但曹操嚇得夠嗆，孫權也被嚇個半死。

安全感是人的第一需求。曹操的使者帶來的土地、爵位誘惑再大，都趕不上自身安全的重要。孫權十分慶幸關羽沒有將攻擊的目標對準自己，又怎麼敢為了配合曹操，主動去招惹關羽呢？

孫權暗下判斷，以關羽的凛然神威，襄、樊指日可克，隨後再揮師北上，必然所向披靡；到時候，曹操最後悔的一定是沒有趕快遷都。

曹操的使者急急前來，不但沒有推動孫權在背後偷襲關羽，反而加深了孫權的恐懼，讓他滋生了與關羽聯合攻曹的強烈念頭。

孫權好歹打發了曹操的使者，立即派出使者趕往樊城前線聯絡關羽。孫權的用意很簡單，就是要搭關羽的「神威號」便車，合力擊破曹操，然後孫、劉兩家平分天下。

對關羽來說，本來是一個天大的良機。這個時候，哪怕是假意和孫權聯合，至少也能杜絕後顧之憂，可以心無罣礙地向前攻擊。況且，孫權與關羽合攻後，其對曹操的陽奉陰違不但在精神上會予以重大打擊，東吳的兵力必然也對曹操的攻防布局造成牽制。

但是，此刻的關羽已經勝令智昏，飄飄若仙，真的以為自己無敵於天下了。他從來就不曾將東吳放在眼裡，現在當然是變本加厲了。

當孫權的使者表明來意後，關羽冷笑一聲，說：「你們這些江東鼠輩能派什麼用場？還想著和我聯合？趁早別做清秋大夢了！」

使者尷尬萬分，忍不住為孫權分辯了幾句。

關羽怒火更甚，喝道：「孫權這個小王八羔子要是敢耍什麼心眼，等攻克樊城，看我不立刻滅了你！」

使者又氣又怕，不敢出聲，急忙逃回江東。受辱之人必然心生報復，使者毫不隱瞞，將關羽的原話一一傳達給了孫權。

孫權聽了，血往上急湧，一張臉漲得通紅，幾乎趕上了關羽的面色，久久沒有說出話來。關羽的話深深刺痛了孫權，也斷絕了他對關羽、劉備的最後一點念想。他依然對關羽畏之如虎，但已經毫無退路。關羽的話說得很明白了，只要曹操一滅，他一定會對江東下手。

孫權不再抱任何僥倖心理，決定要奮起一戰！

人們做決策時，一旦損失已經不可避免，往往會做出更為冒險的選擇。這就是「冒險傾向」[43]。因為，巨大的恐懼產生了巨大的動力，為了逃避巨大的恐懼，孫權只能選擇與關羽為敵。

戰略方向已定，但要採用什麼樣的戰術策略呢？這是一個必須慎重考慮的問題。

關羽雖然舉兵北向，圍攻樊城，但依然在南郡的江陵、公安等地留下了足夠的防守力量。而且，關羽沿途早就安排了烽火臺，一旦孫權出兵抄後路，關羽很快就會聞訊趕回。要是關羽不再將曹操作為主攻方向，轉而攻擊孫權，東吳就會比曹操先遭殃。

孫權憂心忡忡，苦思冥想。他突然想到了一個人，頓時就像一道閃電掠過暮色濃重的夜空，照亮了黑夜中踽踽獨行者的前路。

整整十年過去了，孫權幾乎已經忘記了這個默默無聞的人了；但是，這個人在命運遽然變色之際的絕世壯舉，早已深深地刻入了孫權的潛意識。當他再一次陷入了人生困境，潛意識終於調出了他最需要的智慧指引。

這個人就是孫權的弟媳婦徐氏！

徐氏當年面對媯覽、戴員二凶，其力量對比之懸殊，猶勝於今日孫權之於關羽。但徐氏竟能不露聲色，妙手除凶，為夫報仇。徐氏致勝的「玉女心經」無非就是「卑辭求歡，虛與委蛇，靜候時機，反戈一擊」十六個字。

早在十年前，孫權就看懂了徐氏的致勝策略，但是，知易行難。內外部的種種限制導致孫權很難奉行這一套以柔克剛、以弱勝強的「玉女心經」。

首先，徐氏之所以「卑辭求歡，虛與委蛇」，實在是不得已而為之，因為那個時間點，她手上毫無資源。而孫權身為江東之主，資源豐沛，絕不是手無寸鐵的徐氏可比擬。但資源反過來也是一種限制，穿鞋的人自然很難援用光腳的策略。

其次，當時的孫權正處於一片質疑聲中，他必須證明自己是孫策的合格繼承者。哪怕他心裡怕得要死，也只能沿襲孫策硬橋硬馬的威猛作派，直接導致了他的逆恐反應。三討黃祖就是最好的例證。

第三，當時的孫權非常自卑。愈是自卑的人愈擔心別人覺察自己的自卑，凡是可能引發外界自卑懷疑的言行，一律自我禁忌，絕不奉行。

第四，徐氏是一個女子，而孫權是一個男人。在社會規範中，女子示弱是天經地義的，而男人則是「頭可斷，血可流」，絕不能卑躬屈膝。面對外部的強大壓力，「士可殺而不可辱」。這是極其重要的因素。即便後來孫權變得自信與成熟，足以排除其他限制因素，也很難擺脫這一強大社會規範的約束。

正因難能，所以可貴。整個中國歷史上，能夠做到這一點的人鳳毛麟角，屈指可數。春期末期的越王勾踐臥薪嘗膽十九年，開創了「三千越甲可吞吳」的奇蹟，勾踐也因此被視為「忍辱負重」的典範人物。

如今，身處吳越故地的孫權，在極特殊的情勢中、在強大自信和巨大恐懼的混合作用下，克服所有的限制，終於要將這部「玉女心經」付諸實行了。

孫權咬著牙，親筆寫了一封服軟認慫的謝罪信給關羽。他惡狠狠地想，今日的「卑辭求歡，虛與委蛇」，必將化作來日的「反戈一擊」、一擊致命！

孫權立即召見了呂蒙。呂蒙是東吳最堅定的「反劉派」。早在魯肅擔任都督時，他就已經為魯肅獻上了如何對付關羽的五條策略。君臣兩人一番密謀，一拍即合，迅速擬定了「示弱以勝強」的策略。

關羽這個驕縱成狂的猛將，依然沉浸在戰無不勝的神話中，絲毫沒有覺察到致命的危險已經迫近。而最可怕的是，關羽突如其來的神奇大捷，不但打亂了曹操、孫權的陣腳，也攪亂了劉備的手腳。

當初諸葛亮在「隆中對」時對劉備說：「待天下有變，則命一上將，將軍身率益州之眾以出秦川，百姓有不簞食壺漿以迎將軍者乎？」

如今天下已變，最好的戰略機會出現了，關羽已經「將荊州之兵以向宛洛」，但劉備根本沒做好「率益州之眾以出秦川」的準備……

心戰領悟　唯有真正「自信」的人，才能做到真正「自卑」。

33 捧殺猛於棒殺

孫權決定對關羽下手，也意味著東吳必須和曹操聯合。以關羽此時聲威之盛，曹、孫兩家都怯於單獨與其抗衡。孫權突然擔心自己匆匆打發了曹操的使者，會不會引發曹操的不滿而失去聯盟的機會。於是，立即又寫了一封言辭卑屈的信給曹操，表明效忠之心，並派使者立即送往許都。

孫權可以放下顏面，拋開自尊，對曹操奴顏婢膝，顯然是出於對「玉女心經」的深刻理解與精妙運用。曹、孫二人因為共同的需要而前所未有地「緊密團結」。這是孫權第一次掙脫了「只能與曹操為敵」的限制性信念。

此前，孫權與劉備或分或和，根據不同的情勢而有所選擇，但始終將曹操視為固定不變的敵人。但這樣的認知大大限制了孫權在三家博弈的靈活性。事實上，曹操擺明了要篡漢，而劉備是漢室子孫，他們兩家之間的矛盾才是不可調和的。當孫權經由這一次與曹操「化敵為友」而嘗到了在曹、劉之間游刃有餘的痛快滋味後，三家博弈的主動權和主導權就被孫權牢牢掌控了。在任何系統中，總是最靈活的部分發揮最重要的作用。此後，孫權縱橫捭闔，為東吳掙得了最大的博弈利益。

再說呂蒙，回到了與荊州對峙的駐地陸口後，發現關羽早已備好了烽火臺，偷襲之舉很難不被發現。呂蒙已經在孫權面前誇下海口，頓覺壓力巨大，開始稱病不出。

消息傳出，關羽無動於衷，因為他從不把呂蒙放在眼中，呂蒙病與不病，對關羽毫無影響；但東吳內部卻有人覺得不對勁了。這個人就是陸遜。

陸遜對孫權說：「依我看來，呂子明在這個節骨眼上生病，並非真的有病，其中有詐。」

孫權既已下定決心與關羽為敵，當然希望呂蒙早日動手。呂蒙按兵不動，更增加了孫權的擔憂。

孫權聽陸遜這樣說，就派他到陸口探視。

陸遜和當年的諸葛亮一樣，都是治心病的高手。他奉命來到陸口，見呂蒙面色如常，並無病態，卻說：「我有辦法可以為將軍治療沉痾，不知將軍願不願聽？」

呂蒙當然知道自己沒病，陸遜這樣說，讓他心中一動，說：「伯言若有良方，還請賜教。」

陸遜說：「我看將軍生的是『荊州病』！關羽雖然遠攻樊城，但荊州兵容整齊，沿江又有烽火臺隨時預警，將軍一定是擔心不能攻取荊州吧！」

呂蒙不由大驚失色！攻取荊州之議是孫權和他兩個人密謀商定的，此外再無人知情，陸遜是怎麼知道這一重大軍事機密的呢？

陸遜當然是根據觀察推斷出來的。世間萬事在最後揭開蓋頭之前，早有種種跡象先行溢出。關羽對孫權三番兩次的凌辱，曹操與東吳間使者的頻繁來往，孫、劉兩家之間的裂痕，呂蒙平素的強烈主張，都是真相拼圖的一些碎片。當陸遜將這些碎片拼接起來，自然就窺見全貌了。

呂蒙對陸遜的這一驚，就像當年魯肅對呂蒙的那一驚如出一轍。江山代有才人出。東吳與孫權何其幸運，又一位謀略深遠的帥才就在不經意間破空而出了。

陸遜不等呂蒙回話，繼續說：「我有一計可以讓沿江守吏不能舉火報警，荊州之兵束手投降，幫助將軍達成夙願。」

呂蒙恭恭敬敬地說：「請伯言賜教！」

陸遜微笑道：「關羽自恃英雄無敵，驕縱成狂，必然自取敗亡。將軍不如乘著稱病的機會，辭去都督之職，將鎮守陸口的重任交給他人。」

聽到這裡，呂蒙驚中生惱，以為陸遜是來挖苦打擊自己的，正要質問，卻聽陸遜說了下去。

「再讓此人給關羽寫信，卑辭誇讚關羽，以驕其心。關羽一向欺我東吳無能，必然中計，就會調動荊州守兵去攻樊城。如此，將軍再用詐計進兵，荊州唾手可得也！」

陸遜的一番高論，大出呂蒙的意料，但細細一品，合情合理，精辟入微，堪稱絕妙，正是對付關羽的最佳良策。

呂蒙心悅誠服，覺得陸遜的計策和自己與孫權商定的「示弱克強」之策完全吻合，不由大聲說：「江東有伯言，真乃主公之福也！」

呂蒙當下與陸遜一起去見孫權，主動辭職，至於替代人選，他已然心中有數。

呂蒙對孫權說：「我假託病重，辭職之後，請主公另派一人去守陸口。關羽本來忌憚的是我，換人之後，關羽就不會再小心提防了，我們則趁其不備偷襲荊州。」

孫權問：「誰可以替代你呢？」

呂蒙說：「陸遜智謀遠略，有王佐之才，如派他去守陸口，定不負重託。他現在聲名不著，不會引人注目。如果用名聲很大的人，反而會引發關羽的警惕。」

孫權一聽，陸遜確實是最合適的人選，他不為人知的缺點，此刻反而成了最大的優點。孫權當下任命陸遜為偏將軍、右都督，代替呂蒙鎮守陸口。

有時候，成功靠的不是解決問題，而是發現機會。陸遜憑藉獨到敏銳的眼光，一下子為自己鋪就了光明萬丈的職場快車道。

這個任命一下來，外界還來不及反應，東吳內部的一幫老臣就開始議論紛紛了。張昭、顧雍等人都很不服氣，當然是因為陸遜本是個無名小卒，竟然一步登天的緣故。但孫權快速下達任命，木已成舟，張昭、顧雍等只能把嫉妒與不滿隱忍在心間。

陸遜上任之後，第一件事就是去拍關羽的馬屁。他寫了一封「獻媚信」，準備了名馬一匹、異錦二段，以及酒水等禮物，精心挑選了一名使者，諄諄吩咐後，才派他去樊城前線拜見關羽。

關羽見自己斥退了好幾位東吳使者，但東吳還是絡繹不絕地派人前來，心想：「這幫鼠輩真是犯賤！打不退，罵不走。」當然，關羽心裡也不無得意之情，自從水淹七軍，威震華夏之後，覺得自己就像是東吳的太上皇一樣。

陸遜的使者見了關羽之後，按照事先吩咐的說詞，對關羽說：「關君侯，我江東陸口守將呂蒙病危，現在吳侯將其調回調養，現在拜陸遜為將，代替呂蒙理事。我就是陸將軍派來的使者，特意來向君侯致意。」

關羽從來沒聽說過「陸遜」這個人，但一聽這個名字，顯然挺「遜」的，當即傲慢地應答道：「孫權這個紫髯小兒一向見識短淺，這次怎麼用一個黃口孺子當將軍呢？難道你們江東沒人了嗎？」

關羽板起臉來說了這一席重話，真是說不出的威嚴。使者嚇得戰戰兢兢，差點把陸遜交代的話都忘了。關羽卻是內心暗喜，原來，他立即想到如果是陸遜這個無名小輩鎮守陸口，就根本不用多慮荊州安危了。曹操派徐晃前來增援樊城曹仁，關羽兵力有些吃緊，既然荊州無憂，就可以抽調荊州之兵來增援樊城了。

使者好不容易定了定神，又說道：「陸將軍特地準備了禮物書信，向關君侯致意。一來祝關君侯早日攻克樊城，二來祝兩家和好，請君侯笑納。」

關羽看了陸遜的信，差點沒笑出聲來。陸遜寫的這封信實在太對他的胃口了。陸遜在信中對關羽大肆吹捧，將他的戰功比為春秋時晉文公的城濮之戰和大漢開國時韓信的攻趙之戰。這兩大戰役屬於關鍵的歷史節點。晉文公因此成為春秋霸主，韓信因此成為一代名將，劉邦因此奠定大漢之基。

陸遜不但把關羽捧上天，同時也矮化自我，說身為書生不懂軍事，只不過僥倖獲得這個職位，希望關羽日後多加照拂。

千穿萬穿，馬屁不穿。驕傲的人最喜歡聽奉承話。關羽心情頓感暢快，對陸遜的感覺竟然好多了，也沒有原先那麼鄙夷不恥了。

使者見關羽興高采烈，知道自己不辱使命，於是告辭而去，將重大喜訊彙報給陸遜。陸遜不動聲色，派出探馬，嚴密監視荊州的變化。等到確認關羽將荊州防軍大批調往樊城後，立即連夜將此訊息報告給孫權。孫權大喜！他沒想到關羽這麼容易就上鉤了，頗有些興奮難抑，急忙召來呂蒙，任命為大都督，前去攻取荊州。

呂蒙點起精兵三萬，從中挑出一些水性極好的人，讓他們脫下盔甲，換上普通百姓的衣服，扮作商人。當時文武官吏的衣服上繡有「禽獸」以區分官位級別，百姓之衣上空無一物，故稱作「白衣」。呂蒙又調集了快船八十餘艘，將精銳之兵藏在船艙之中。這些「白衣者」駕著快船，以經商為名，很容易就騙過了喪失警惕的沿江守吏。等到天黑後，埋伏在船艙中的精兵們一躍而出，收拾了沿江烽火臺上的守兵。至此，荊州門戶大開，關羽設置的烽火臺形同虛設。東吳大軍長驅直入，終於踏入了孫權朝思暮想的荊州領地。這一段故事就叫做「呂蒙白衣渡江」。

心戰領悟

當你的驕傲成為別人的工具，你的榮耀必然成為別人的道具。

34 邁入天驕的殿堂

呂蒙攻取荊州後，再次表現出他的睿智。他對荊州降軍及百姓採取懷柔政策，要求部下秋毫不犯，從而迅速籠絡了荊州軍民之心。呂蒙之所以能夠如此迅速掌控局面，主要還得「感謝」關羽。關羽鎮守荊州的十年中，御下嚴苛，很少施恩於人。呂蒙反其道而行之後，在知覺對比效應的作用下，荊州軍民更願意歸屬於占領者呂蒙。這也許是關羽赫赫武功之下的最大敗筆。

呂蒙安定了荊州軍民之後，立即飛報孫權。

成功來得太容易了！孫權親自趕到了荊州，簡直不敢相信朝思暮想的高牆深池已經為自己所有，不由深深慨嘆「玉女心經」的神奇效力。他又想起關羽幾番對自己的凌辱，心中更覺快意無比。

高興之餘，擔憂又湧上心頭。如果關羽知道荊州被襲，立即放棄圍攻樊城，回師爭奪荊州，又該怎麼辦？

孫權左思右想，覺得只有將關羽繼續羈絆在樊城才是最保險的辦法。他馬上派出使者將自己襲取荊州的消息報告曹操，並請求曹操祕而不宣。他的理由是趁著關羽不備，兩面夾攻。

曹操得信後，又是高興，又是嫉妒。孫權背後得手，關羽心神不定，曹仁守樊城的壓力就會大大減輕；但孫權藉著己方牽制關羽的機會大肆獲利，又讓曹操不甚開心。

曹操是行兵布陣的大行家，他當然知道如果不讓關羽得知荊州失守的消息，更有利於孫權從後面夾擊。但是，他也知道樊城已經危在旦夕，如果不讓荊州失守的消息攪亂關羽的心神，恐怕樊城指日被克。曹操一時決斷不下，於是召集謀臣商議。

董昭反對祕而不宣。他說：「對我們來說，樊城一旦失守，就是最大的損失。這樣一來，孫權勢力就會大增。最好的辦法是將這消息寫在信上，用箭射進樊城之內。曹仁看見後，必會堅定守城信念。同時，我們故意將信射落城外，讓關羽獲悉後院起火，攪亂他的軍心，更利於樊城防守。隨後，再讓徐晃趁機攻擊，關羽必敗無疑！」

可見聯盟是很靠不住的。孫、曹雙方雖然聯合，但從一開始就是各懷鬼胎，為各自的利益考量。

曹操依計行事。一時之間，曹仁心堅似鐵，嚴防死守，而關羽所部卻開始議論紛紛，軍心動搖。關平聽見消息後，急忙報知關羽。

關羽大怒，說：「這是疑兵之計，絕對不能聽！誰要是散布傳播假消息，立斬不饒！東吳呂蒙已經病危，陸遜小兒接替，怎麼敢隨便對荊州動兵？況且，我早已布置好了烽火臺，至今未見報警，可見荊州穩如磐石！」

關羽是個很善於「自我欺騙」的人。當初，他被曹操包圍，就是靠著所謂的「降漢不降曹」等三個條件營造出來的自我欺騙，才克服了內心的認知失調，讓自己度過了一生最難熬的日子。同樣，荊州之失也是他的生命不能承受之責，所以，他絕不會接受荊州已失的事實。但是，儘管關羽不相信，但他所部兵馬掛念身在荊州的父母家小，卻信了個十之八九。

徐晃發起攻擊，關羽因此前攻城所受的箭瘡未癒，不敵徐晃。徐晃趁勢掩殺，荊州兵馬無心戀戰，一路敗退，樊城之圍遂解。

一路上，探馬不斷來報，說荊州已經被呂蒙攻取，而且糜芳、傅士仁也已經向東吳投降。關羽急怒交加，箭瘡迸裂，竟然昏絕於地！眾人急忙救醒關羽。關羽醒轉後，詳細瞭解了荊州被襲的前因後果，才知道自己中了呂蒙、陸遜的「示弱捧殺」之計。

關羽不得不強自冷靜下來，思考對策。如今他被魏、吳兩家前後夾攻，已是進退兩難。如果就這樣將整個荊州丟了，也就沒臉去見劉備，沒臉活下去了。

思考再三，決定派人去向劉備，以及鎮守上庸的劉封、孟達求援。部將趙累建議說：「君侯，當初呂蒙在陸口時，經常寫信給您，說要兩家結盟，共破曹操。現在他背信棄義，反倒與曹賊勾結，背盟偷襲。君侯為什麼不派人去交涉，看看他到底如何對答？」

趙累的想法真是太天真了。呂蒙當初完全是出於麻痺關羽的目的才寫那些信、說那些話的。關羽在得勢之時，一直是用拳頭說話的，從來沒有好好與人家善加交涉。現在，風水輪流轉，輪到呂蒙得勢了，你再想和人家好好談，人家能搭理你嗎？

但奇怪的是，一向眼高於頂的關羽竟同意了趙累的提議。可見，心高氣傲的關羽在猝不及防的重大打擊下，已經六神無主了。

談判的結果可想而知。呂蒙用慣常的手法，綿裡藏針，禮貌而堅定地擋回了關羽的質問。智謀過人的呂蒙再一次巧妙地利用了關羽的使者，讓他將自己厚待關羽部屬家人親屬的消息傳回了關羽軍中，這一招讓關羽所部本已風雨飄搖的軍心再無挽回的可能。

關羽見呂蒙如此狡詐，急怒攻心，失去了理智，決意與東吳拚死一戰。但他部下早已鬥志渙散，幾番衝擊後，關羽敗走麥城，身邊的士卒已經寥寥無幾。

關羽熱盼救兵，但因他一向冷對劉封，劉封心存芥蒂，並未出兵支援。關羽不想坐困愁城，率領殘部突圍，卻中了東吳埋伏，被東吳大將潘璋、馬忠所擒。

孫權得知關羽被擒，大喜過望！從來沒想過畏之如虎的關羽會落到自己的手中。這一神蹟般的成功更強化了勝利者心態，孫權決定要好好地問關羽幾句話。

孫權傳令將關羽押解到跟前，強行壓制住內心的得意，盡量用平和的語氣問關羽：「我一直十分仰慕您，想要和您結為秦晉之好，您怎麼就不願意呢？您一向以為自己天下無敵，怎麼今天就被我擒獲了呢？您今天是不是服了我呢？」

這幾句話在孫權心中翻來覆去不知自言自語多少遍，終於有機會當著關羽的面說出來後，內心鬱積的塊壘頓時一掃而空，渾身湧起一股強烈的舒暢感！

是啊，那顆被蔑視刺痛的靈魂、那些被凌辱傷害的自尊，都在這一刻得到了最完美的療癒。人生最大的快意，莫過於將自己的成功建立在先前欺凌者的失敗之上。縱觀歷史，能夠做到這一點的人少之又少，而孫權就邁入了這少數派的殿堂。

孫權的話語氣和緩，卻像尖針一樣深深刺入關羽脆弱而高傲的心靈。這一刻，關羽早已把生死置之度外，他挺起胸膛，破口痛罵道：「碧眼小兒，紫髯鼠輩！我今日誤中奸計，有死而已。想要我服你，簡直是做夢！」

關羽的怒罵和往日如出一轍，但孫權聽了，卻沒有往日那種激憤。因為，此前的強者和弱者已經交叉換位了。關羽再怎麼暴跳如雷，也只是失敗者，而孫權則是可以主宰關羽命運的勝利者。當一個人足夠強大、真正自信的時候，不會小肚雞腸、斤斤計較於過往恩怨和當面凌辱。孫權擺出了足夠的高姿態，沒有表現出一絲不快與懊惱，這才是對關羽最大的打擊與傷害！以暴易暴，只會助長關羽的氣勢。

孫權不再看關羽，而是環顧左右，彷彿關羽不存在似的，說：「雲長是當世之豪傑，我真的很欣賞他。我想賜之以厚禮，放了他，你們覺得怎麼樣啊？」

孫權這是想起了當年關羽向曹操投降的舊事，如果能讓這員虎將歸降東吳，豈不是天大的榮耀？

主簿左咸卻說：「主公，此議不可！當初曹操得到此人，三日一小宴，五日一大宴。上馬一提金，下馬一提銀。還封他為漢壽亭侯，賜他美女十人。這樣的恩遇已經是天下無雙了，但依然留他不住。後來，他過五關斬六將，絲毫不留情面。到了今天，你看他苦苦進逼，嚇得曹操要遷都以避。這不是自討其禍嗎？狼子野心者，不可養也！主公切宜慎之！」

左咸這段話，就差沒將關羽比作呂布了。但正如當年劉備用類似的言辭打消了曹操留用呂布之心，左咸的話也冷淡了孫權赦免關羽、留予重用的想法。

孫權知道自己確實不可能做得比曹操更好。況且，就算關羽答應投降了，日後劉備一召喚，他還是會拍屁股走人的。既然如此，還不如今天一刀兩段，永絕後患。

其實，關羽本人也是只求一死了。一方面，他辜負了劉備的重託，失了戰略要地荊州，其罪難逃；另一方面，他中了最看不起的鼠輩奸計，對他造成了致命的自尊衝擊。這兩個因素讓關羽根本失去了活下去的動力。

孫權下令將關羽以及他的兒子關平推出問斬。一代虎將就此殞命，一代天驕由此而生。整個天下的形勢因著關羽的死以及荊州的易手而走向了完全不同的方向。

心戰領悟

「人生最大的快意，莫過於將自己成功建立在凌辱者的失敗之上。」

【策四】夷陵之戰

35 將孬種裝到底

孫權取了荊州，殺了關羽，心中快意無比。這一戰的勝利帶給他的成就感、滿足感甚至超過了赤壁之戰。赤壁之戰其實是周瑜的傑作，孫權的快樂多少有隔靴搔癢之感。而襲取荊州，無論是謀劃，還是實施，都是孫權一手掌控的。這樣的快樂才是實實在在、真真切切的。

但是，孫權沒有高興多久。

扼殺好心情的人是老臣張昭。張昭好不容易熬到周瑜、魯肅都死了，沒想到呂蒙、陸遜的表現比周瑜、魯肅還要生猛，而他本人依然被排除在核心決策圈之外。荊州得手，張昭心裡多少有一些不爽。而冷眼旁觀者往往比當局者更清醒，更能看到全方位的利弊關係。

張昭對孫權說：「主公，你殺了關羽父子，江東離大禍就不遠了！」

孫權在興頭上聽到這句唱衰話，當即拉長了臉，張昭隨後的分析卻真的讓孫權擔心起來。

張昭說：「劉備失了荊州，死了兄弟，怎麼肯善罷甘休？關羽與劉備桃園結義，親如手足，誓同生死。劉備不能置結義誓言於不顧，況且，他已經不是當初的孤窮劉備了。現在他擁有兩川之地，文有諸葛亮之謀，武有張、趙、馬、黃、魏之勇，必定會以傾國之兵來為關羽報仇，不知江東能不能抵擋得住？」

孫權才醒覺殺關羽實在是下下之選，遠遠不如囚禁關羽。這樣，既折損了劉備的銳氣，又可讓他投鼠忌器，不敢對江東輕舉妄動。

張昭對形勢的判斷屢屢失誤，這一次的事態發展卻完全被他言中了。張昭的話明著是嚇唬孫權，暗中也微妙地表達了不滿。當初，我極力阻止諸葛亮的遊說，你們不聽。現在，劉備羽翼已豐，江東有的是苦頭要吃了。

張昭是眼看著孫權成長的，對他的性格弱點最瞭解，一下子就擊中他的軟肋了。孫權雖然早已不再膽小怕事，如果劉備傾盡全力來拚命，還是害怕的。孫權果然著急起來，跺著腳說：「啊呀，殺關羽確實是考慮不周。那該怎麼辦呢？」

張昭說：「我有辦法可以讓劉備不來犯境，讓荊州穩如磐石。」

孫權急忙問策。

張昭獻了嫁禍於人的計策，說：「主公立即派人將關羽的首級給曹操送去，讓天下人都以為主公襲殺關羽是奉了曹操之命。劉備就會將報復之心對準曹操。江東就可保平安了。」

孫權一聽，覺得此計大妙，立即依計而行。

曹操一收到關羽的首級，心情十分複雜。他這一生中，和關羽的糾葛最多。風風雨雨幾十年後，沒想到關羽竟然授首於孫權之手。曹操思緒萬千之際，司馬懿卻識破了孫權的嫁禍之心，對曹操說：「當年劉、關、張桃園結義，誓同生死。現在東吳殺了關羽，擔心劉備報復，故而將首級送給王上，想讓劉備誤以為此乃王上所使，不去攻吳，反來攻魏。」

曹操立即醒悟過來，心想：「差一點上了孫權小兒的當。」東吳藉著關羽主力圍攻樊城之機，才得以襲取荊州，本已大大沾了曹操的光。現在，又想讓曹操為殺關羽擔責。曹操怎麼情願呢？

司馬懿再獻計說：「王上，不如將計就計，令人找來上等香木刻成身軀，與關羽首級合體，按照大臣的禮節安葬。天下人就會知道王上一向厚待關羽，絕無指使孫權殺人之事。劉備必然深恨孫權，一旦他出兵討伐，我方就可趁勢而動。劉備若占上風，我們就攻擊孫權；孫權若占上風，我們就攻打劉備。只要滅掉吳、蜀二者之一，另一處必不長久。」

司馬懿的計策確實巧妙，輕鬆破解了孫權的算計，並成功反制。曹操不由讚嘆道：「仲達之見，真神算也。」當即下令用王侯之禮厚葬關羽。

劉備得知關羽的死訊後，果然痛徹心扉，咬牙切齒要討伐東吳，將孫權碎屍萬段。

孫權計謀破產後，另一件憂心事又襲來——呂蒙突然生病了，而且病勢沉重！

此時呂蒙在孫權心目中是江東的頂梁柱。呂蒙一生病，孫權更加擔憂劉備起兵復仇，江東無人可當大任。

孫權左思右想，決定將孬種裝到底，再次運用「玉女心經」，向曹操輸誠。這一次，孫權極力揣摩曹操的心思，使出了非同一般的招數。

孫權給曹操寫了一封勸進信，信上說：「臣孫權久知天命已歸王上，伏望早遣大軍，剿滅劉備，掃平兩川，臣即率群下納土歸降矣。」

孫權見曹操僭越而稱王，斷定必有篡位登基之念，所以寫了這一封勸他當皇帝的信，以便給曹操搭好就勢而上的臺階。

孫權預判這是曹操最想得到的禮物。在終極誘惑面前，曹操一定會利令智昏，欣然從命的；只要曹操一當了皇帝，必會將掃平逆賊劉備作為第一要務。這樣，不但可以阻止劉備進攻東吳，還可以讓曹、劉相爭，損耗兩家實力。

孫權沒想到曹操的身體也已經垮了，雄心大減。而且，他也知道孫權的勸進不懷好意，無非是上一個嫁禍之計的延伸。曹操看了此信，立即出示給群臣觀看，哈哈大笑道：「孫權小兒是想把我放在爐火上烤啊！」

曹操屬下群臣和孫權的心思相同，被孫權搶了勸進的頭功，不由頗為懊惱。他們見曹操將孫權的信公之於眾，認為曹操一定是在暗示什麼。群臣立即行動，紛紛勸進。曹操卻推辭說：「我事漢三十餘年，雖有功德，位極人臣，已經足夠了，哪裡還敢再奢望什麼呢？」

群臣還是將此視為曹操故作姿態的退讓，繼續勸進。曹操說了一句：「如果天命真的在我們曹家，我還是當周文王好了。」曹操的意思是稱號為帝這件事還是讓我的兒子來做吧。群臣這才罷手。

曹操既已知道孫權的用意，當下又還了一招，下詔封孫權為驃騎將軍、南昌侯，領荊州牧。

曹操用天子名義公開任命孫權為荊州牧，擺明了挑動劉備去找孫權拚命。孫權和曹操隔空過招兩回合，畢竟還是曹操棋高一招。

曹、孫兩家的「禮尚往來」都被劉備看在眼裡，他對孫權的怒火更熾，開始積極籌備討伐東吳。

孫權憂心忡忡，呂蒙的病勢卻不合時機地更為沉重了。孫權將呂蒙接到自己居住的內殿，花重金徵募能夠治癒呂蒙的人。他還在內殿牆上鑿了一個小洞，以便隨時觀察呂蒙的病情，又不至於驚動他。孫權看到呂蒙病情稍有好轉，能多吃一點東西，就喜形於色；反之就暗暗嘆息，夜不能寐。

孫權甚至請來道士，在星空下作法，為呂蒙祈命延壽。

這方面，孫權與長兄孫策截然不同。孫策從來不信天命與方術之士，才會對道士于吉斬盡殺絕，並因此斷送了自己的性命，而孫權的經歷與遭遇卻讓他走上了和孫策完全相反的道路。孫權一路走來，幸運滿溢，總是能絕處逢生，總是有貴人相助，而且一步步驗證了相術大師劉琬的預測。兩相比較，孫權當然更容易走上尊奉天命的信仰之路。

孫權對呂蒙的超待遇呵護，固然有對呂蒙的偏愛之心、倚重之心在內，但更深一層來說，也是孫權出於對天命的恐懼。他十分擔心呂蒙一旦病重離世，會導致他的幸運之鏈斷裂。孫權今年三十八歲，卻已接連喪失了兩位股肱重臣——周瑜和魯肅。周瑜只活了三十六歲，魯肅也只活了四十六歲。呂蒙這一年則是四十二歲，孫權十分擔心如果呂蒙也以四十二歲的英年早逝，誰能來輔佐他接下來的漫漫長路呢？在劉琬的預測暗示下，孫權並不懷疑自己的長壽；但是，輔政重臣的三連喪，怎麼說也不是吉祥之兆。會不會預示著天命從此不再眷顧自己了呢？

孫權心思滿懷，竭盡全力要挽救呂蒙的生命，但終究無力回天，呂蒙還是去世了。孫權萬分沮喪，只好下令厚葬呂蒙。

好在沒過多久，孫權又接到了曹操的死訊。曹操是一個極難對付的敵人，曹操之死引發了一連串的連鎖反應，某種程度上又讓孫權過了一段安生的日子。

曹操之子曹丕繼位魏王後，很快完成了他父親的夙願，逼著漢獻帝禪讓，自己登基稱帝，建立了曹魏政權。劉備也因此得到了這一生中最好的機會，他利用謠傳漢獻帝被弒殺的消息，打著繼承漢室的旗號，在諸葛亮等一眾重臣的擁護下，也登基稱帝。

轉眼之間，天下出現了兩個皇帝，再加上雖未稱帝，但事實上早就割據一方的孫權，三國鼎立的形勢就此正式確立。

心戰領悟 裝孬種的難度遠遠大於裝英雄。

36 感情與利益的博弈

劉備完成了登基大業後，孫權在被動中又迎來了生命中第二次巨大的考驗。

劉備在張飛的極力鼓動下，不顧趙雲等人的勸阻，點起大軍，準備討伐東吳。就在出兵之前，孫權的好運再一次降臨。劉備的頭號猛將張飛因急於為兄報仇，嚴厲苛責部將范疆、張達，范、張二人被逼無奈，竟然殺了張飛，取了他的首級，投奔東吳。

孫權大喜，接收了范、張二人。福禍相依，張飛之死令劉備痛失得力臂膀，也令他徹底失去了理智。他親率大軍，以瘋狂之勢，水陸並進，發誓要將東吳夷為平地。

孫權大驚，召集文武商議對策。劉備這一次進攻的氣勢，比當初赤壁之戰的曹操更生猛。一方面，這是哀兵使然；另一方面，劉備不久前乾淨俐落擊敗了勁敵曹操，輕鬆奪取了東川，全軍信心百倍。而東吳這邊，極力抗劉的主將呂蒙剛剛去世，無人可擔重任。一時之間，眾謀士面面相覷，無人獻策。諸葛瑾見狀，主動出列說：「我久食江東俸祿，無可報效。我願拚了這條老命去見劉備，說明利害關係，讓兩家和好，共同發兵討伐逆篡之賊曹丕！」

這是「示弱勝強」的標準動作，正中孫權下懷。孫權讓諸葛瑾立即動身，趕往劉備大營。

劉備得知後，下令將諸葛瑾拒之門外。劉備是為兄弟報仇而來，並非為爭權奪利而來，利益問題可以談判，但感情問題是不能談判的，所以劉備根本不想給東吳任何談判協商的機會。

劉備的部將黃權勸說：「陛下不如先聽聽諸葛瑾說些什麼？說得不合意，就不要管他。況且，還可以藉他之口去問問孫權到底知罪與否？」

劉備聽進了黃權的後半句話，同意讓諸葛瑾進見。

諸葛瑾當然是要為孫權開脫辯護了，他先述說了關羽屢次折辱東吳之事，暗指關羽行事不當在先，隨即又將襲取荊州的決策與責任推到了已死的呂蒙身上。然後，諸葛瑾又提出了三個極為誘人的和談條件：第一，歸還荊州。第二，送還降將。第三，送歸夫人。

如果關羽沒死，東吳提出這三個條件，劉備一定是興高采烈地接受，罷兵不戰。從蜀國的國家利益來看，這是連大動刀兵也未必能得到的勝果。可是，關羽已經被孫權殺了，張飛也間接因此喪命，劉備如果答應了東吳的條件，等於是拿兄弟的命進行利益交換了，顯然是一貫注重仁德名聲的劉備絕不可能答應的。

劉備怒道：「殺弟之仇，不共戴天。想要讓我罷兵，除非我死了！我看在丞相面上，今日留你一條性命，回去告訴孫權，讓他洗頸待戮。我就是掃平了江東，也才算報了萬分之一的仇！」

諸葛瑾見劉備如此決絕，知道多說無益，只好打道回府。

就在諸葛瑾和劉備艱難交涉之時，張昭又坐不住了。他對孫權說：「我看諸葛子瑜這次不是真心去講和的。」

孫權吃了一驚，追問究竟。

張昭說：「這次蜀兵來勢洶洶，他一定是假借說和之名，要背吳歸蜀。我看他是不會回來了。」

張昭為什麼會這樣說呢？這就是他的慣性思維在作怪了。面對強大的敵人，張昭總是缺乏抗爭的勇氣。赤壁大戰前，他見曹操勢大，一口一個「曹公」，積極勸孫權投降。這一次，他見劉備來勢凶猛，不免再次骨頭發軟，以己之心，度他人之腹，斷定諸葛瑾是要投靠兄弟諸葛亮，一去不返了。

孫權聽了，又氣又怒，深恨張昭「狗嘴裡吐不出象牙」，反駁道：「我和子瑜有生死不易之盟，子瑜不會辜負我，我也不會辜負子瑜。當初子瑜的兄弟孔明來東吳，我曾經對子瑜說，讓他把兄弟留在江東。子瑜說：『我弟弟已經侍奉劉備，義無二心。他一定不會留在東吳的，就像我絕不會背棄東吳一樣。』子瑜說過這樣的話，怎麼可能投蜀呢？我和子瑜相交日深，不是隨便什麼話就能離間的。」

孫權把張昭的話視為挑撥離間，其分量是相當重的。可見，張昭這一次進言，有如搬石頭砸自己的腳，更添增孫權對他的厭惡感。

沒過多久，諸葛瑾就回到東吳。張昭見預言失靈，不由滿面羞慚。諸葛瑾對孫權的忠貞不移，其實和劉備對兄弟的誓同生死，本質上是一致的，都是出於對承諾的堅守。所不同的是，諸葛瑾與孫權是君臣之間的職業承諾，而劉備與關羽、張飛是兄弟加君臣的情感承諾。

天下熙熙，皆為利來；天下攘攘，皆為利往，但人世間畢竟還是有視利益為敝屣的真感情。

孫權聽了諸葛瑾的回報，得知劉備如此決絕，眼前不由浮現當年他在甘露寺前拔劍怒劈巨石的畫面，心裡暗暗叫苦。孫權知道像劉備這樣歷經滄桑、慣於隱忍的人，一旦發了狠，就是無藥可救的。

既然劉備堵死了講和的路，孫權只能硬著頭皮來應付這個殺紅眼的瘋子了。

孫權的辦法還是只有一招：繼續用效忠曹魏來牽制劉備。

雖然是老辦法，情勢卻頗為不同了。當初，孫權對老資格的曹操大表忠心，無論從年齡、功績，還是知名度、影響力來看，都是說得過去的。但此刻曹操已死，繼位的曹丕無論從年齡、功績，還是知名度、影響力來看，都大大不如孫權。

曹丕比孫權小五歲，剛剛成為魏國之主，而孫權獨霸一方已整整二十年了。說實話，孫權打心眼裡是瞧不起曹丕的，要他對這樣的主子卑躬屈膝，確實很不容易。

但孫權還是決定繼續對曹魏示弱示忠。只有真正「自信」的人，才能真正做到「自卑」。孫權的忍耐看似輕柔，卻讓我們看到了他的力量所在。

孫權寫表稱臣，派中大夫趙咨出使魏國。這一招，因為對準時機，取得了奇效！

曹丕剛剛代漢而立，唯恐不被天下人承認而相當缺乏自信。凡是願意承認他的天子地位、對他稱臣、前往歸附的人，都會得到最慷慨大方的回報。

比如，蜀國上庸太守孟達，因為攛弄劉封拒絕救援關羽，擔心劉備會對自己不利，瞅準時機投奔了曹丕。遠人來投，正是天下歸心的重大象徵。曹丕喜不自勝，給予孟達逾越常規的禮遇，曹丕出行的時候，經常讓孟達和自己坐在同一輛車上。曹丕還大發官帽，封孟達為散騎常侍、建武將軍、平陽亭侯，還將房陵、上庸、西城三郡合為新城，任命孟達為新城太守，委以西南重任。

孫權的上表稱臣，比孟達的投順更為意義重大。孟達不過是蜀國的太守級別官員，而孫權則是鼎足而三的一方霸主。兩相比較，顯然孫權的俯首稱臣更能彰顯曹丕君臨天下的合法性。

曹丕大喜，立即決定封孫權為吳王，並恩加九錫！對孫權來說，這可能是他自運用「玉女心經」以來回報最大的一次。

魏國大夫劉曄卻敏銳地覺察到，孫權的歸順並非心悅誠服，而是暗藏私心，他立即提出了異議。劉曄對曹丕說：「陛下，孫權並非誠心來降，而是因為懼怕蜀國兵威，以圖藉我之力，牽制劉備。以臣愚見，吳、蜀交兵，正是天佑大魏之兆。陛下可以派一員上將率領數萬兵馬，渡江襲擊東吳。我方與劉備合力攻擊孫權，東吳之亡，旦夕可待。孫權一亡，劉備豈能長久？如此，我大魏一統天下則勢在必然！」

劉曄這一番意見，堪稱金玉之論。這是對赤壁之戰後天下形勢最有見地的總結與判斷。事實證明，在一強兩弱的三方博弈局面中，較弱的兩方唯有合力抗擊強大的一方，才有可能維持鼎足而立的局面。一旦弱勢兩方互相攻擊，強者擇機而動，先「幫助」一方消滅另一方，則剩下的弱者很快也將分崩離析。比如，南宋末年，也是宋、金、蒙古三分天下的局面，亦有歷史學者將這一段歷史稱為「三國鼎立」。其中，蒙古為強者，宋與金均為弱者，但南宋朝廷鬼迷心竅，竟與蒙古聯合滅金，結果金亡之後，南宋很快也被蒙古所滅。

一千多年後活生生的歷史事實，雄辯地證明了劉曄的先見之明。如果曹丕能夠按照劉曄的謀劃行事，吳、蜀兩國確實指日可滅，魏國一統天下確實指日可待。

如果這樣，曹丕就將成為結束東漢末年百年亂世的一代明君。曹丕會這樣做嗎？孫權會不會弄巧成拙，給東吳帶來滅頂之災呢？

【心戰領悟　情感可以擊潰一切的理智。】

37 何妨一當人下人

曹丕聽了劉曄的建議，卻搖了搖頭，說：「孫權以禮服朕，朕若攻之，乃失信於天下也。朕初登大寶，此等詐謀，不可用之。」

從曹丕這句話來看，他倒是個道德楷模了。可是，聯想起他當了皇帝後，對兩位一母同胞的兄弟曹植、曹彰苦苦相逼、手足相殘的行為來看，他不是一個道德底線很高的人。那為什麼他要以「擔心失信於天下」為由，拒絕劉曄的金玉之見呢？

實際上，曹丕這個決定正好暴露了他最大的人性弱點。

普遍而言，人類很難抵禦近在眼前的即刻誘惑。

德國的萊比錫馬普研究院曾舉行一次黑猩猩和大學生之間的比賽。這是一場關於自控力的比賽。比賽雙方看誰更能忍住不吃零食。比賽之前，所有的參賽者都可以選擇二份或六份自己最喜歡的食物作為獎勵。每個參賽者可以選擇立即吃掉他（牠）自己選擇的二份食物，也可以等上二分鐘，然後得到六份食物。

結果大出人們的意外，黑猩猩竟然擊敗了這些來自哈佛大學和馬普研究院的大學生！黑猩猩表現得更為理性，牠們用一百二十秒的等待獲得了三倍的獎勵，而大學生們則無法自控，直接就吃掉了眼前的二份食物，而不願意等待。

人們的認知中，等待獎勵的時間愈長，獎勵價值就變得愈低。這一心理機制就是「延遲折扣」[44]，正是這種延遲折扣的心態，導致曹丕對劉曄的建議不感興趣。

如果按照劉曄的想法行事，曹丕確實可能成為真正一統天下的皇帝，但這必然需要一段時間才能實現。就相當於上述實驗中的六份美味食物。如果即時接納孫權的稱臣，再將劉備忽略不計，曹丕也能體會到君臨天下的感覺。就相當於上述實驗中眼前的二份食物。

曹丕就像那些智商很高的大學生一樣，不願意選擇延遲滿足，而是想要即刻的享受，說明曹丕是一個自控力很差的人。這樣的人性弱點，也決定他必然是一個喜好聲色犬馬、歌詠詞賦的文人墨客，卻注定不會是一個好皇帝。正是曹丕在位期間，司馬懿得到了大量為國（為君）操勞的機會，逐漸掌控了權力，培植了勢力，奠定了日後篡奪曹魏政權的基礎。

劉曄的建議被駁回，心有不甘，繼續說道：「孫權原來不過是故漢驃騎將軍、南昌侯，不宜封他為吳王。官輕則勢微，如果讓他當了吳王，距離陛下只有一階之距，既會亂了禮秩法度，也會讓孫權滋生傲慢之心，等他擊退劉備，定會對陛下傲慢不敬。陛下那時再興兵討伐，孫權就會別有說辭。不如現在趁他危急，早日除害。」

劉曄的看法不無道理，但曹丕正是要透過封孫權為吳王來彰顯自己的帝王之尊。因為王是各級爵位中僅低於皇帝的最高一級，只有皇帝才有資格封他人為王。曹丕初登大寶，為了滿足至尊無雙的美好感覺，當然不願意放棄這樣的炫耀機會了。

曹丕堂而皇之地說：「朕既不助吳，也不助蜀。朕居正統，安若泰山，且看吳、蜀交兵，如果滅了一國，只有一國，那時再除，又有何難？」

曹丕的話從道統角度是正氣凜然，高屋建瓴，但從軍事戰略來看，卻是最差的選擇。吳、蜀交兵，實力相差不大，很難一國滅了一國。

曹丕的決定讓他失去了最好的、也是唯一一次一統天下的機會。曹丕的父親曹操可以說是全能冠軍，文采武略均是上上之選，而曹丕最多是繼承了曹操在文學的天賦以及性情中放縱不羈的那一部分。對孫權來說，曹丕的錯誤決定讓他得以逃脫免滅頂之災。不過，曹丕的兩不相助，也讓孫權只能獨自面對劉備來勢洶洶的攻擊。

曹丕隨即派太常卿邢貞為使者，與趙咨一同去江東，封賜孫權。

孫權得報，準備遠迎魏國使者，但東吳群臣對孫權受封吳王卻有不同意見。

顧雍反對說：「主公為什麼要接受曹魏的封賞呢？我覺得您還不如自稱上將軍、九州伯呢？」

「九州伯」這個聞所未聞的稱謂是顧雍挖空心思憑空造出來的，顧雍為什麼要這樣做？

一方面，顧雍不願意看到孫權對曹丕屈膝稱臣，因為曹丕篡漢而立，並非正統，而顧雍一向身為漢臣，腦子還沒轉過這個彎來。

另一方面，顧雍也覺得孫權必須得有一個更高的尊號，以與曹魏對抗，但他不像魯肅，從一開始就勸孫權建號稱帝，自立門戶。在他受價值觀所限的想像空間中，不可能建議孫權像曹丕一樣當皇帝。

所以，顧雍會拋出這麼一個頗為怪異的「九州伯」方案。

孫權十分清楚自己在幹什麼。他對曹丕「卑辭求歡，虛與委蛇」，只是現階段情勢所迫的生存手段。就當前而言，最重要的是如何應對劉備的悍然攻擊，當不當吳王都無所謂，更何況這個虛頭八腦的九州伯？

孫權雖然不能將心思和盤托出，但也必須找一個說得過去的理由，以免群臣誤認為自己的「軟骨病」又犯了。

孫權冷靜地說：「當年漢高祖還是沛公的時候，也曾接受項羽之封，為漢中王。只不過是因時就勢罷了。我又為什麼要拒絕呢？」

拿漢高祖劉邦的舊例來說事，對於顧雍這樣心懷漢室的人，是很管用的。顧雍果然就不再阻攔了。

孫權於是率領百官前往迎接使者邢貞。

邢貞以為江東果真心悅誠服，拿出一副上國天使的姿態，趾高氣揚，傲慢無禮，看不起東吳之人。他看到孫權來了，坐在車上，依然睥睨不敬，毫不收斂。

主辱臣死，這是士人的基本準則。邢貞不把孫權放在眼裡，傷害的可不止孫權一人。張昭見了，怒氣勃發，向前大叫道：「你雖然是上國天使，怎麼敢如此妄自尊大？難道是欺我江南沒有智勇之士嗎？難道以為我江南沒有方寸之刀斧嗎？」

邢貞嚇了一大跳，急忙下車，與孫權相見。兩人並車入城，卻聽車後有一人放聲大哭，道：「吾等不能奮身捨命，助主公併魏吞蜀，竟讓主公受人封爵。真是羞慚難當！」說著，這人竟然以頭撞地，咚咚有聲！

這個人是偏將軍徐盛。剛才張昭的一番話，揚起他心中的波瀾，以致觸發激憤難抑的舉動。

張昭與徐盛的言行雖然與禮不符，卻讓邢貞惕然心驚，立即收起了對江東人物的輕視之心。

孫權接受了封爵，吩咐收拾美玉明珠、犀角玳瑁、翡翠孔雀、鳴雞山雉等江東稀有之物，派人送給曹丕謝恩。張昭卻又犯「小氣病」了，站出來阻止，孫權堅定地說：「這些貢獻之物不過是殘瓦碎石，有什麼好可惜的？」

孫權的堅定頓時給了張昭不一樣的感覺。他終於明白了，孫權不是因為軟弱而向曹丕屈服，他的心中一定隱藏著一種蓄勢待發的強大力量。

劉備這方也在密切注意著曹、孫兩家的動靜。

孫權曲意向曹丕輸誠表忠，對劉備的影響很大。劉備很生氣，也很緊張，如果曹丕真的出兵幫助東吳，劉備哪怕復仇之念再強烈，也不得不好好掂量一下。

劉備派出的細作回來彙報說，東吳求救於魏國，但是魏國並未發兵，只是封孫權為吳王。劉備這下放心了，當即傳令，水陸兩路大軍一起進發。

孫權召集文武商議。孫權問道：「如今劉備來勢凶猛，我們應當如何抵敵？」

眾人一時沉默。孫權忍不住說道：「我東吳前有周瑜，後有魯肅、呂蒙相繼而起。現在這幾個人都過世了，誰來為我分憂呢？」

這句話頗有激將的意味。一個少年將軍奮然出列，說：「養兵千日，用兵一時。我願意為主公分憂！」

出列的人姓孫名桓，乃是孫權宗族子弟。孫桓之父孫河，本姓俞，深得孫策喜愛，孫策將他視為親弟，故而賜姓孫氏。孫桓是孫河長子，弓馬嫻熟，勇猛過人。

孫權大喜，道：「誰願助孫桓一道立功？」

大將朱然應聲而出。

孫權於是派二人率領水陸兩軍共五萬人，前去迎擊劉備。

【心戰領悟】人們往往為了得到一時快感，忘記自己真正想要的東西。

38 罵辭背後的心境

孫桓、朱然出擊，卻被劉備打得大敗，困於夷陵，急忙派人向孫權求救。孫權急召文武商議。

張昭說：「現在老將多已離世，健在者還有十餘人。不如派韓當為正將，周泰為副將，潘璋為先鋒，凌統為斷後，甘寧為救應，再起大兵十萬，以解夷陵之圍，抗擊劉備。」

孫權依言下令。此時甘寧身患痢疾，但國難當頭，不得不振奮精神，勉力出征。

兩軍交接，韓當對劉備說：「陛下已為帝王之尊，為何輕出臨陣？倘若有個閃失，後悔晚矣！」

劉備大怒，罵道：「汝等吳狗，傷朕手足，誓不同天地共日月也！」

劉備將江東諸人稱為「吳狗」的這一句罵辭，是「非人化偏見」45典型表現。所謂「非人化」，是指將處於敵對狀態或存在蔑視偏見的外群體及其成員，全都異化為非人的生物，從而為自己的攻擊或凌辱提供充分的心理支撐。

人類雖然日趨文明，但「非人化偏見」自有歷史以來，一直不絕如縷。比如，二戰中的日本人自認是人類生命中最高級的人種。他們將英、美兩國的領導人刻劃成頭上長角、青面獠牙的怪物。而加入同盟國的澳大利亞將軍布萊梅爵士（Thomas Albert Blamey）告訴在太平洋戰場作戰的士兵：「你們的敵人（指日本人）……是人類和猴子的雜種。我們必須消滅這些有害的東西。」曾經獲得新聞界最高榮譽普利茲獎的美國戰地記者派爾（Ernie Pyle）曾寫道：「日本人被看作某種比人類低等、令人厭惡的東西，如同老鼠、蟑螂。」

實際上，非人化並不是一種言說方式，而是一種思維模式。當這一思維模式被推至極端時，施害者就會擺脫所有的道德束縛，製造出慘絕人寰的悲劇。

劉備曾經與東吳並肩作戰，共抗曹操，又曾與東吳結親，情好日密，此刻卻將東吳之人視為「吳狗」，顯見其內心的偏見與仇恨已達到無可逆轉的頂峰。

劉備揮師猛攻，韓當、周泰不能抵擋，大敗而退，只殺得吳軍屍橫遍野，血流成河。東吳大將甘寧正在船上養病，忽見蜀兵大至，急忙奮起迎敵。隨劉備一同出征東吳的蠻王沙摩柯勇不可擋。甘寧心怯，不敢力敵，急忙撤退，不料卻被沙摩柯一箭射中頭部而死。

劉備大獲全勝，順利攻占猇亭。韓當、周泰收聚殘軍，分頭把守。當初擒獲關羽的東吳部將馬忠則帶著糜芳、傅士仁屯守於江渚。

糜芳與劉備本是郎舅之親，因與關羽不和，在東吳謀士闞澤的勸說下，與傅士仁一起投降了東吳。劉備的接連大勝讓跟隨糜芳一起投降的軍士們害怕不已。這些軍士們三三兩兩聚在一起議論說：「我們本是荊州之兵，因為中了呂蒙的詭計，導致關君侯喪命。現在劉皇叔御駕親征，勢不可擋，東吳早晚被滅。劉皇叔痛恨的人不過是糜芳、傅士仁，我們為什麼不殺了這兩個人，回歸劉皇叔部下呢？」軍士們隨即開始商量如何尋找時機行事。

這些議論正好被糜芳無意中聽到了，急忙與傅士仁商量。

糜芳說：「軍心大亂，我們倆恐怕性命難保。現在劉皇叔最恨的人應該是馬忠，我們為什麼不殺了他，拿著他的首級去獻給皇叔，然後說明我們是不得已投降的，請皇叔寬宥。」

糜芳因為擔心部下軍士會殺害自己而不得不思考自保之策。有意思的是，他的應對思路竟然與那些軍士如出一轍。軍士們將自己的投降之責推到糜芳、傅士仁身上，而糜芳也將洗脫汙名的希望寄託在殺掉馬忠上。

這樣的思維模式叫做「自利性歸因」[46]，即人們往往將成功的原因歸功於自身，卻將失敗的責任推諉給他人。

傅士仁聽了糜芳的話，內心頗為猶豫，說：「恐怕不行吧！我們罪孽深重，劉皇叔不會寬宥我們的，去了就是自取其禍。」

糜芳卻很有信心地說：「劉皇叔寬厚仁德，我深有體會。況且現在的太子阿斗是我的親外甥。皇叔念在我與他有郎舅之親，必定不會加害我們的。」

糜芳這麼想，倒也並非毫無根據。當年關羽投降了死對頭曹操，回歸後，劉備毫無芥蒂，依然對他親如手足。這一次劉備大軍伐吳，更是為關羽報仇而來。

糜芳卻不知道自己的想法已經陷入了「期望第二定律」[47]的泥沼裡了。人們往往傾向於將一些模棱兩可的事件或行為以一種符合期望的方式進行解釋。

糜芳滿心希望劉備能夠原諒自己而脫離困境，所以只看到劉備的寬仁性格，但時移世易，劉備已經不是當初的劉備了。

這可以從劉備痛斥東吳之人為「吳狗」中一見端倪。除非有極特殊的情況發生，人們一般不會原諒被自己「非人化」的外群體。同時，根據叛徒效應，人們往往對背叛了原有關係所設定的責任與義務的人加倍痛恨。劉備已然將降吳的糜芳、傅士仁劃入「吳狗」的範疇了，怎麼會輕易放過他們呢？

傅士仁雖有疑慮，但同樣在「期望第二定律」的驅使下，相信了糜芳的話。這兩人在事關自身安危的決策上，一向是當機立斷的。他們立即行動，刺殺了馬忠，一如當年投降東吳那般乾淨俐落。

糜芳、傅士仁提著馬忠的首級去見劉備，哭訴道：「我等二人實無反心，只是誤中呂蒙詭計，以為關君侯已死，不得已而投降。今天知道聖駕前來，特意殺了馬忠賊子，以雪陛下之恨。還望陛下寬宥我等之罪。」

劉備大怒道：「朕自成都出兵，已有多時。你們兩人為什麼到此刻才來請罪？顯見是情勢危急，才來巧言令色，妄圖保住狗命。朕若是饒了你們，到了九泉之下，有何面目去見我二弟？」

劉備說完，下令在營中設立關羽靈位，吩咐關羽之子關興將糜芳、傅士仁二人千刀萬剮，與馬忠的首級一起祭奠關羽英靈。

關興立即依言而行。張飛之子張苞見關興已報父仇，想起自己的殺父仇人范疆、張達依然逍遙法外，不由淚如雨下。劉備見狀，連忙安慰張苞說：「賢侄不要傷心，朕當掃平江南，殺盡吳狗，必當擒殺范、張二賊，為你父親報仇！」

「吳狗」再一次從劉備的嘴中吐出！可見此時的劉備已經殺紅了眼，再也不可能收手了。

再說韓當、周泰將敗訊以及糜芳、傅士仁之死一一急報孫權。虎將甘寧的陣亡尤其讓孫權又驚又痛，他的恐懼感再度發作，只好聚集文武商議對策。

步騭不知不覺中也踏入了「自利性歸因」的軌道，說：「劉備所恨之人不過是呂蒙、馬忠、糜芳、傅士仁等人，關羽就是死在這些人手上的，現在，這些人都已經死了，只有范疆、張達二人，是行刺張飛的凶手。不如將這兩人擒了，再加上張飛的首級，派使者送給劉備。然後再答應劉備將荊州歸還，並送歸夫人，兩家言和，共圖滅魏。如此則劉備可退，江東可保也。」

孫權見劉備勢不可擋，早已心懷畏懼，再加上他此時對「忍辱負重」的領會更為深刻，當下同意了步騭的建議，下令將范疆、張達收入囚車，派程秉為使者，去猇亭求見劉備。

劉備見東吳自動將范疆、張達送上門來，毫不客氣地收下，令張苞像關興一樣處置二賊。但是，劉備卻不顧馬良等人的勸諫，根本不同意與江東講和。

劉備說：「孫權是我切齒仇恨之人，今天與他和議，就是辜負了當初的桃園盟誓。我要先滅吳，再滅魏，就像當初漢武中興那樣。我要斬了吳國使者，以示與吳國誓不兩立！」

程秉嚇得半死，幸好有多人勸諫，劉備才放過了他。

程秉逃回東吳，將劉備的決絕之意報知孫權。孫權聽了，默不作聲，心中卻波瀾激盪。他雖然害怕劉備的蠻不講理，但任何一個人被逼到牆角的時候，都會奮起反擊。「玉女心經」並非只是前兩句的「卑辭求歡，虛與委蛇」，更重要的是後兩句的「靜候時機，反戈一擊」。

現在是不是已經到了反擊的最佳時機了呢？

【心戰領悟　言辭是心靈的祕鏡。】

39 小字輩的大角色

孫桓、朱然與韓當、周泰連續大敗，讓孫權不得不苦思誰能擔任抗劉的主將。

這時，闞澤說：「主公，我東吳現有擎天之柱，您為什麼不用他呢？」

孫權有些不解，問道：「你說的到底是誰？」

闞澤說：「此人就是陸遜！他雖然只是一個儒生，卻有雄才大略。照我看來，陸遜的才能不在周郎之下。前次襲取荊州，就是陸遜的計謀。如果派他去抵擋蜀兵，可保必勝！」

孫權頓時恍然大悟。他想起來了，襲取荊州確實是陸遜獻策所致，只是具體行動仍由呂蒙擔任主將，所有的榮耀都歸在呂蒙頭上。攻占荊州不久，呂蒙病危，孫權的注意力全部集中在如何救治呂蒙，就把陸遜給忘了。

孫權立感欣慰，覺得自己的運氣真是好到了極點，每到關鍵時刻總是有貴人相助，當下傳令，前去召請陸遜。

張昭急忙勸阻孫權，說：「陸遜不過是個書生，絕非劉備敵手，切切不可用他。」

張昭的老夥伴顧雍和他心意相通，看法一致，也幫腔說：「陸遜年紀輕輕，才疏德薄，用他為主將，恐怕諸人不服，壞了大事。」

步騭也說：「陸遜最多在郡裡承擔輔助性工作。如果把大事交託給他，恐怕很不合適。」

三人成虎，孫權不免猶豫起來了。陸遜此前只是謀劃獻策而已，從未真正擔當一方主將，如果真的如三個老臣所言，不能服眾，壞了大事，恐怕江東真的要遭殃了。

闞澤一看，急忙說：「如果不用陸遜，江東就危急了。我願意以全家性命擔保他能破蜀敗劉！」

很多時候，是氣勢而不是實力決定了角逐的勝負。張昭等雖然人多勢眾，但沒有一個人敢像闞澤那樣願意以全家作保。所以，闞澤的堅定最後影響了孫權的決定。

孫權隨即想到，當初陸遜所獻的「示弱以勝強」計策成功擊敗了不可一世的關羽，現在，劉備因為接連勝利也已經變得不可一世，如果陸遜故技重施，是不是也能重演前一次的成功呢？

一想到這裡，孫權頓時寬心了不少，對闞澤說：「陸遜是奇才，我把重任交託給他！」

陸遜聞召，立即趕來見孫權。

孫權說：「現在蜀兵壓境，我要任命你為總督軍馬，以破劉備。」

陸遜是一個身懷絕技、當仁不讓的人，同時，也深知自己人微言輕，如果不借助孫權之力，立即樹立自己的權威，很難節制一眾老臣宿將。於是，陸遜推辭道：「江東文武都是主公舊臣，我年幼無才，恐怕難以服眾。」

孫權微感不悅，說：「闞澤以全家性命來擔保你，我也知道你的才能，現在任命你為大都督，屬於破格擢升，為什麼要推辭呢？」

陸遜說：「我並非不願為主公效力，只是擔心文武不服，難以節制。」

孫權聽明白了陸遜的意思，拔出自己的寶劍賜給他，說：「如有不聽號令者，你可以先斬後奏！」

陸遜略一沉吟，竟然沒有接劍，而是說：「臣敢請主公來日召集所有文武百官，再賜劍給我。」

陸遜確實是深諳世情與人心的絕頂高手！他這樣做等於是微妙地表達了對孫權本身權威不夠信任。對孫權來說，賜劍就是最高等級的授權，等於是將生殺大權給了陸遜，但陸遜還是擔心這一次授權的力度不足，可能遺留後患。所以，他寧可冒著得罪孫權的危險，也要讓自己被授予的權威廣為人知。事後證明，陸遜此舉絕非矯情，而是十分必要的鋪陳。

旁邊的闞澤可是在陸遜身上賭了全家老小的性命，他立即明白了陸遜的用意，趕快補上一句：「主公，古時任命大將一定要築建高臺，會集眾人，然後主公手捧白旄黃鉞，將印綬兵符授予，並高聲宣布：城門之內，寡人做主；城門之外，將軍做主。這樣才算是名正言順，才能克成大功。請主公遵照古制，築壇拜陸遜為大都督，假節鉞，這樣眾人盡皆服氣，陸遜就能好好施展了。」

闞澤所言是劉邦拜韓信為將的故例。漢初之際，韓信也是個無名小卒，為了立竿見影地幫助韓信樹立威信，蕭何力推劉邦築壇授權。但江東拜將，從周瑜到魯肅，再從魯肅到呂蒙，從來沒有這麼正式過，也從來沒有這麼麻煩過。可是，陸遜確實太微不足道了，孫權既然已經做出決定，「決策後失調」必然生發效應。為了讓自己的決策正確，孫權只能「扶上馬，送一程」，按照闞澤的建議，築壇拜將。

陸遜由此獲得了先斬後奏的生殺大權。他下了拜將壇，馬上就帶著徐盛、丁奉啓程，趕往猇亭。

韓當、周泰得知陸遜拜將的消息後，大驚失色，連聲慨嘆：「主公怎麼會讓這麼一個小書生來當大都督呢？」

過不多時，陸遜來到大營。眾將不服之氣，溢於言表。陸遜升帳議事，諸將勉強前來參見。陸遜說：「主公任命我為大將，授予生殺大權，可以先斬後奏。我先向大家聲明，軍有軍法，各位應該遵照執行，違者軍法無情，到時候別怪我事先沒有說明。」

眾人默然不語。只有周泰旁若無人，對陸遜說：「現在孫桓將軍被困於夷陵，內無糧草，外無救兵。他乃是主公的小侄，請都督早施良策，救出孫桓，以安主公之心。」

周泰是給陸遜下馬威。一是為了顯示自己身經百戰，經驗豐富，識見過人；二是為了考驗陸遜的本領，看他到底有沒有能耐可以救出孫桓。

周泰之所以敢這樣做，多少是恃寵而驕。別忘了，他曾經多次救護孫權，負傷累累，深得厚愛。孫權當初為了扶立他的權威，專門當眾展示他身上的道道傷疤，並把自己專用的輕羅傘賞賜給他。

沒想到陸遜根本不理他這個茬，冷冷地說道：「我知道孫桓將軍深得軍心，一定能夠堅守夷陵，我們不必去救他。等我破了蜀兵，他自然就能脫困了。」

周泰及諸將聽陸遜這樣說，更加驗證了對他的判斷，認定陸遜庸碌不堪，只能用這等言辭來掩飾無能，紛紛強忍著笑告退下去。回到營房後，韓當對著周泰，搖頭嘆息說：「主公任命這個黃口小兒為將，東吳真的要完蛋了。」周泰也是連連嘆息，說：「被我一下子就試出來了。他哪裡會有什麼妙策，又怎麼能擊破蜀軍呢？」

次日，陸遜傳下號令，讓諸將嚴防死守，不得輕易出擊。韓當、周泰這些老字輩確證了陸遜的「無能」後，根本就不把他的號令當回事，依然我行我素。

陸遜再次升帳，質問眾人道：「我奉了吳王之命，總督全軍。昨天已經三令五申，要汝等堅守不出，你們都不尊奉我的命令，這是什麼道理？」

韓當傲然道：「我自從跟隨破虜將軍平定江東，身經數百戰。其他諸將，要麼跟隨討逆將軍，要麼跟著現在的吳王，都曾經披堅執銳，出生入死。現在主公任命你為大都督，我們都希望你早早定計，調撥軍馬，分頭征戰，以破強敵。你卻讓我們堅守不出，難道是等著讓老天來幫我們殺賊嗎？這實在太缺乏謀略了！我們都不是貪生怕死之人，你讓我們自墜銳氣，是何道理？」

破虜將軍是孫堅的封號，討逆將軍是孫策的封號。韓當搬出這些陳年故事，存心是以老資格來壓逼毫無資歷的陸遜。

韓當此話一出，立即應者雲從。眾將紛紛鼓噪說：「韓將軍說得有道理。我們願意決一死戰！」

這個時候，就看出陸遜的先見之明了。如果他不是事先請求孫權幫助自己強力立威，根本無法彈壓這一幫老兵的倚老賣老。

陸遜敢於領受破蜀的重任，當然不是來抗敵前線當縮頭烏龜的。在他的盤算中，劉備此時接連大勝，士氣正旺，絕不能硬碰硬和他正面衝突，而示弱以驕縱對方，正是陸遜的拿手好戲，但他的用兵深意，暫時不能公之於眾。只能拿出孫權親賜的寶劍，強力鎮壓這些身經百戰的宿將。

陸遜正氣凜然道：「劉備威震天下，就連曹操都怕他三分，絕不是容易對付的敵人。我雖然是一介書生，卻蒙主公託以重任，你們不顧將令，是何道理？我自有破蜀妙策，非汝等可知。你們必須各守隘口，牢把險要，不許輕舉妄動，違令者斬無赦！」

韓當、周泰雖然輕視陸遜，但對如同孫權親臨的寶劍還是不敢怠慢，只能將怒氣強壓在心底，憤憤不平地退下，暫時不再鼓噪進兵了。

心戰領悟　在狐狸變成老虎之前，只能狐假虎威。

40 堅定是最重要的美德

再說劉備，將兵馬在猇亭擺開，首尾連接近七百里，前後共有營寨四十餘個。白天旌旗蔽日，夜間火光耀天，氣勢雄壯。但無論劉備如何挑釁，東吳之軍只是堅守不出。劉備派細作打聽，才知道東吳任命陸遜為大都督，總制軍馬，陸遜嚴令部屬不得出戰。

劉備從未聽說過陸遜的名字，於是詢問馬良。馬良說：「陸遜是江東的書生，年幼多才，謀略深遠。上次襲取荊州，就是他的詭計。」

劉備大怒，說：「原來就是這個豎儒害了我兩位兄弟的命！」當下就要進兵攻擊。

馬良勸阻道：「陛下不可輕敵。陸遜之才，不在周郎之下。」

劉備和諸葛亮聯手，屢次戲耍周瑜，因此不認為周瑜如何了得，馬良用周瑜之才來比喻陸遜，劉備毫不在意，反而激起了他的驕縱之心，說：「朕用兵久矣。難道不如一個黃口孺子嗎？你不要多疑，且看朕如何拿下陸遜。」

劉備親自領兵搦戰，攻打各路隘口。

韓當得知劉備親臨，一邊派人飛報陸遜，一邊就要準備出馬。陸遜聞報，唯恐韓當違令出擊，飛馬趕到。韓當說：「蜀軍陣中隱隱有黃羅傘移動，必是劉備無疑，請讓我出兵一擊！」

陸遜還是搖頭道：「劉備接連取勝，士氣正盛，不可力敵。我們要等到他氣衰而竭，又求戰不能，只好將軍營移屯到山林之間，那時就好用計取勝了。韓將軍還是再等等吧。」

原來，與劉備相持一段時間後，陸遜已經構思好了全盤策劃。他的思路就是和劉備打持久戰，拖延時日，直至酷暑來臨。到了那時，江東白天炎熱難當，蜀軍不得已，只能移駐到山間樹林中，以避酷暑。陸遜就可以用火攻之計，打敗劉備了。

韓當原本就不相信陸遜有什麼能耐，看他擔任主將之後，只知道堅守不出，早就看扁了他，又怎麼能理解陸遜的深意呢？

韓當表面上不敢違逆陸遜的命令，暗中卻極為不服。他和周泰商議一番後，派人將陸遜的種種表現，以及諸將對他的不滿，全都彙報給了孫權。

陸遜一連數月與劉備相持不戰，也給孫權造成了很大的壓力。張昭等老臣經常在耳邊呱噪，但孫權一遍遍想起弟媳婦徐氏忍辱負重，終於克成大功的故事，判定陸遜依然在做「示弱驕敵」的鋪墊工作，因此對老臣宿將們的抱怨毫不理睬。

一來二去，劉備和陸遜相持了七、八個月。陸遜防守嚴密，劉備進前不得，心中開始變得焦躁，但他始終認為陸遜不敢出戰，是怕了自己的兵威。

這個時候，天氣已經如陸遜所願，進入了炎炎夏日。蜀軍先鋒馮習向劉備彙報說：「天氣酷熱難當，軍士們暴露於驕陽之下，疲倦不堪，不利作戰，而且用水增多，取水困難。」

劉備微一沉吟，下令讓各營寨移屯到山間林中靠水蔭涼之處。

馬良大驚，急忙勸諫道：「陛下，我方大軍移屯之際，如果吳軍發起攻擊，又該如何應對？」

劉備哈哈一笑，說：「我早有計策。先派吳班率領一萬老弱之兵靠近吳寨，假意誘敵。我親自率八千精兵在谷中埋伏。吳狗若趁移屯之際發起攻擊，可令吳班詐敗，將陸遜誘入谷中殲滅。只要擒了陸遜這個小兔崽子，就能一鼓作氣攻下江東了！」

馬良聽劉備說的頭頭是道，也不無道理，但隱隱覺得似有不妥。他長於政治謀略，對於軍事策略卻不那麼精通，實在無法發現劉備所謀的弊病何在，於是想出了一個借力之策。

馬良說：「陛下，不如將各營移屯之地畫成圖本，派人送給諸葛丞相一觀，看看丞相有什麼高見？」

劉備的臉頓時拉長了。他正為自己的妙策而自得，聽馬良這麼一說，頓時感受到他的不信任。這一次討伐東吳，蜀國內部爭議很大。老將趙雲苦苦勸諫劉備國事為重，兄弟為輕。而諸葛亮的態度曖昧，既不勸阻，也未支持。劉備堅持己見，強行出兵，也是想證明給他們看，沒有你們，我照樣能夠打勝仗。馬良卻說要將屯營之勢畫成圖本給諸葛亮看，豈不是暗示劉備用兵不如諸葛亮嗎？

劉備冷冷地說道：「朕素知兵法，又何必去問諸葛丞相？」

馬良只好說：「兼聽則明，偏聽則蔽，這是聖人之言，望陛下深察。」

劉備聽了，更是不悅。以他此時心雄萬夫的自得情狀，怎麼會認為自己做出了錯誤的決定呢？劉備強忍不快，略帶譏諷地說道：「你要是想畫，就去畫吧。畫好了，就親自送去給諸葛丞相看。」

劉備是要打發馬良走人。馬良本是軍中的首席謀臣，如果劉備真心同意馬良畫營寨之圖，沒有任何理由讓首席謀臣離開前線，親自去送圖本。可見，劉備已經聽不進任何相反意見了。

馬良為了大軍安危，顧不得理會劉備的冷意，自畫圖去了。

東吳這邊也看到了劉備大軍的動靜。韓當、周泰判定這是發起反攻的大好機會，急忙又去找陸遜請戰。陸遜心中大喜，臉上卻不露聲色，未置可否，先帶著韓當、周泰去前線察看敵情。

韓當、周泰遠遠望見吳班之兵，均是老弱之眾，不由大喜，再度請戰道：「蜀國之兵，簡直就像兒戲一般，我們兩人願意兵分兩路合擊。如果不能取勝，甘當軍令！」

陸遜默不作聲，只是遙望遠處的山谷，若有所思。過了一會兒，陸遜說：「這是劉備的誘敵之計。如果冒然出擊，定會中了劉備的埋伏。依我看來，三日之後，劉備在山谷中的伏兵熬不住，定會脫谷而出。」

韓當、周泰聽了，連連搖頭，對陸遜的懦弱行為簡直失望透頂！

次日，吳班見陸遜並未上當，再度引兵搦戰，不但耀武揚威，辱罵不停，甚至解衣卸甲，赤身裸體，在陣前或坐或睡。這反而讓陸遜更見堅信自己的預判，吳軍諸將卻再也忍不住了。

雖然韓當、周泰已對陸遜不抱希望，隨同陸遜一起前來上任的徐盛、丁奉卻忍不住要出頭了。徐盛最是血性，當初曹丕派邢貞前來冊封孫權的時候，徐盛不堪其辱，竟然當眾以頭搶地。這樣的血勇之士，怎麼能忍受蜀兵如此肆無忌憚的凌辱呢？

徐盛、丁奉強烈要求出戰。陸遜微微一笑，道：「你們只知道逞匹夫之勇，哪裡知道兵法的妙處。過幾天，你們就知道劉備的詭計了。」

徐盛急道：「劉備只要三天時間，就能完成移營，那時就失去戰機了。」

陸遜嚴肅地說道：「我就是想讓他完成移營。」

徐盛氣得說不出話來，旁邊諸將一陣哂笑，無奈地退下。

陸遜的定力確實高人一籌，諸將一再的冷嘲熱諷下，竟然絲毫不改初衷，只是堅持自己的決定。三日之後，陸遜召集諸將，登高遠眺蜀軍動靜，果然看見劉備親率八千精兵從山谷中蜂擁而出。韓當、周泰和徐盛、丁奉這才明白，如果按捺不住強攻吳班，必然難逃劉備的伏擊。諸將親眼見了這一幕，才隱隱覺得陸遜也許並非如自己所想像的那般懦弱無能。

陸遜掃視諸將的神情，知道向他們說明作戰意圖的時機已經成熟了。陸遜說：「我之所以一直沒有答應諸位的請戰，就是為了防範劉備的伏擊。現在，伏兵已出，旬日之內，必破蜀軍！」

諸將對陸遜的看法剛剛有所轉變，卻見他一瞬間變得大言不慚，當然很難接受。韓當、周泰等人都表示懷疑，說：「要破蜀軍，就得在他們立足未穩時。現在，蜀軍已經深入吳地五、六百里，兩軍相持也已七、八個月，蜀軍對各個要害關隘都已牢固把守，怎麼可能在旬日之內破敵呢？」

陸遜露出了一絲不易覺察的驕傲之笑，說：「你們諸位都不懂兵法啊。劉備是當世之梟雄，他率兵初來，法度精嚴，士氣旺盛。現在相持日久，卻難耐我何，不免軍心動搖，疲憊不堪。這才是我們的破敵良機啊！」

諸將聽了，依然將信將疑。陸遜卻不再多言，回到營中，給孫權寫了一封信，表明即將發起反攻，劉備敗亡指日可待。

孫權接到這封信，懸著的心終於放下了。他為陸遜的堅定深感驕傲，也為自己的堅定深感自豪，他對著眾臣說道：「江東有此大才，我還擔憂什麼呢？諸將上書都說陸遜懦弱無能，我偏偏不信。現在看來，真是沒有用錯人！」

和孫權一起放下心的當然還有闞澤。在七、八月的相持中，闞澤日夜惦念前線形勢。看來，陸遜是不會辜負他的信任了。

陸遜到底會用什麼樣的方法來對付梟雄劉備呢？

【心戰領悟　如果沒有堅定的護航，就算正確也走不到終點。】

41 天下英雄誰敵手

陸遜的妙策就是火攻！

時值炎夏，劉備將大軍駐紮在山林之間，綿延相接七百里，正如當年曹操在赤壁大戰時將所有戰船連接在一起一樣，為火攻提供了最好的「素材」。

對陸遜來說，最大的幸運就在於諸葛亮沒有隨劉備一同出征。諸葛亮是火攻的大行家，如果他此刻就在劉備軍中，陸遜的火攻之計尚未施行，就會被識破。

陸遜見劉備毫無覺察，蜀兵也已懈怠不備，知道時機已漸成熟，於是決定再施小計，助推一把。

陸遜升帳，聚集諸將，說：「我自從受命以來，未嘗出戰。現在想派人去攻取蜀軍的一個營寨，誰敢去取？」

諸將早已習慣了陸遜的「縮頭不出」，對他的攻擊命令反倒有些不習慣了。稍作遲疑後，韓當、周泰、凌統等老將紛紛請令前往。陸遜卻偏偏不用這些老將，而是指派階位最低的末將淳于丹前去。陸遜說：「我給你五千人馬，趁著夜色去攻打蜀將傅彤鎮守的江南第四營。我自會派兵接應你。」

淳于丹領兵去後，陸遜又派徐盛、丁奉各領兵三千接應，並明確指示：如果淳于丹敗下陣來，兩人只能救援，不得追擊蜀軍。

徐盛、丁奉心中納悶，不知道陸遜到底是想打敗仗，還是想打勝仗，但軍令如山，只得遵奉而行。

淳于丹領軍去攻，卻被傅彤一陣猛殺，大敗而歸，五千人馬只剩下一百餘人。幸得徐盛、丁奉接應，方才逃脫。

淳于丹垂頭喪氣前來請罪。諸位老將一看，真是氣壞了。陸遜壓了這麼久不讓出戰，好不容易出戰一次，竟然派最不入流的末將出戰，結果慘敗而歸。

沒想到陸遜並不怪罪淳于丹，說：「這不是你的過錯，我是故意讓你去試探蜀軍虛實的。現在，我已經有破蜀之策了。」

諸將見陸遜明明指揮不當，吃了敗仗，卻開始大言不慚，均各不服。徐盛、丁奉首先發難質疑道：「像都督這樣憑空而論，只能讓東吳士卒白白送死吧！」

陸遜毫不在意部下的揶揄，哈哈一笑，道：「我這條計策只瞞不過諸葛亮一個人。天幸此人不在，讓我得以成就大功！」原來，陸遜擔心己方久不出戰，若調動兵馬，會引起劉備的警覺。他派淳于丹出戰，就是虛晃一招，讓蜀軍對東吳接下來的調兵遣將放鬆警惕。

陸遜的成功不是偶然的。自從他領命以來，始終保持一份察覺之心。反觀劉備，極度衝動的情緒和一連串的勝利，早已讓他迷失在自我膨脹之中了。

再說馬良，急將劉備的安營圖本送回給諸葛亮一看。諸葛亮立即跌足長嘆，急命馬良趕回，告誡劉備速速整改。但是，路途遙遠，等到馬良趕回，陸遜的攻擊已經發動了，馬良也因此死於亂軍之中。

陸遜一一部署分派。朱然從水路進兵，在船上裝滿茅草，伺機而動。韓當、周泰各領一軍，分攻蜀軍大營，手下士卒每人手持茅草一束，內藏硫磺焰硝，各帶火種。到了蜀營，順風舉火。

陸遜同時下令所有士卒都預備好乾糧，隨身帶上，不許休息，晝夜追趕，必要將劉備擒住才能罷兵。

劉備聞報，得知吳兵出動，沿山往東而去，斷定不過是陸遜的疑兵之計，不做理睬。待到日色漸暮，吳兵幾路放火，蜀營火起，劉備才知道大事不妙！

天氣炎熱，風緊火急，蜀軍的七百里連營很快就成了火海一片。吳軍趁勢掩殺，蜀兵慌作一團，四處逃竄，人踩馬踏，死傷不計其數。

劉備從軍多年，打過多次敗仗，應變能力極強。多次大難不死，就是得益於善於判斷形勢，及早逃生。這一次也不例外。劉備一見火起，頓時知道陸遜已經擊中自己的死穴，敗局已經無可挽回。

劉備急忙撤退，一路西逃。這一退，夷陵之圍立解，被困很久的孫桓隨即加入了追擊蜀兵的行列。東吳兵馬奉了陸遜的將令，急急追趕，非要將劉備擒住才肯罷休。

劉備一生中經歷過無數次慘敗，但以這次夷陵之敗最慘，幾十萬大軍一下子被燒了個精光，幾乎完全重演了曹操當年的赤壁敗局。

陸遜緊追不捨，劉備逃至白帝城，苦苦死守，眼看難以倖免，但關鍵時刻，劉備的貴人現身了。

這個貴人不是別人，竟然是大魏皇帝曹丕！

曹丕不是說好兩不相助，只是坐山觀虎鬥嗎？怎麼會趕來「援救」劉備呢？

這要回頭說起。夷陵之戰前，曹丕被孫權的大表忠心蠱惑，情緒亢奮，不聽劉曄的高見，非要分封孫權為吳王。後來，曹丕漸漸冷靜後，反思自己的行為，隱隱覺得孫權雖然已經明確上表稱臣，但對他幾乎毫無控制力。這讓曹丕非常煩惱，曹丕苦思冥想，竟然想到了春秋戰國時期非常盛行的「人質制度」。那個時代，一國往往將太子或世子當作人質，送往另一國，以表忠誠。

曹丕於是下令讓孫權將他的長子孫登送往魏都洛陽。他的父親曹操當年也打過這個主意，但孫權始終置之不理。孫權對曹丕折節屈膝，本來就是虛與委蛇之舉。他可以在身分地位上吃虧，可以在特產進貢上吃虧，但絕不肯在關鍵環節上受制於曹丕。所以，孫權還是像對付曹操一樣，耍了很多花招，答應得很好，但就是不落實。

曹丕見孫權始終不肯將長子孫登送來洛陽，才知道自己被孫權給耍了。曹丕顧惜面子，不肯明著承認失策，但心中早已對孫權產生了報復之念。

當劉備與陸遜相持之際，魏國的細作將劉備的安營情形彙報給曹丕後，曹丕做出了和諸葛亮完全一樣的判斷——劉備必敗無疑。

此後，陸遜果然火燒連營，劉備慘敗而逃。曹丕立即決定趁著東吳主力追擊劉備，後方空虛，趁機對東吳發起攻擊。他自以為這是「螳螂捕蟬，黃雀在後」的妙招，必見奇效，但他沒有真正理解劉曄的頂級智慧。如果真的按照劉曄的想法，曹丕這個時候根本不應該去攻擊孫權，而是要趁火打劫去抄劉備的後路，先將劉備殲滅，再來對付剩下的東吳。

但曹丕確實是個缺乏自控、感情用事的人。他對孫權心懷怨恨，自然就想先報復孫權了。曹丕決定讓曹仁、曹休、曹真三人分頭引三路大軍攻吳。

劉曄一看，曹丕又開始感情用事了，急忙出來勸諫。劉曄說：「現在陸遜剛剛擊敗劉備，東吳上下齊心，士氣正旺，陛下此時興兵討伐，恐怕難以成功。」

曹丕頓時納悶了：「以前不就是你勸我討伐東吳的嗎？怎麼現在反倒阻攔我了呢？」

劉曄說：「陛下，現在情勢不同了。當初東吳屢屢敗於劉備，士氣低落，是可以攻打的。現在東吳大獲全勝，銳氣百倍，再去攻打，我們靠什麼取勝呢？」

曹丕怎麼肯接受自己再度失策？當然是堅持己見了。但是，他這一次出兵，無形中就當了劉備的大救星。

白帝城不過是個彈丸之地，劉備即便負隅頑抗，也難敵陸遜大軍圍攻；但曹兵一出，陸遜擔心國內空虛，根本動搖，只好下令退兵。

陸遜雖然沒能將劉備擒獲，但經此一戰，原來的無名小卒已經名動天下，成為誰也不敢小視的英雄。

當然，陸遜的成功離不開孫權對他的放手任用。而夷陵大戰的勝利，也讓孫權欣喜若狂。這一次大戰與官渡之戰、赤壁之戰並稱三國三大戰役，從根本上決定了整個天下的形勢。在三大戰役中，曹操贏了一場，輸了一場，勝負抵銷，得分為零。劉備和孫權一起贏了赤壁大戰，雙方算是各贏半場。但劉備又輸了夷陵大戰，得分為負。唯有孫權淨勝一場半，在三個人之中獨占鰲頭。

宋代著名詞人辛棄疾在〈南鄉子・登京口北固亭有懷〉稱頌孫權說：「天下英雄誰敵手，曹、劉。」實際上，無論是曹操或劉備，都敗在後起之秀孫權手上。

曹操、劉備縱橫天下的時候，孫權只是個黃口孺子。當曹操、劉備對東吳發起攻擊的時候，孫權也曾惶恐不安，甚至動搖，不過卻是孫權笑到了最後。

孫權既感念上天對自己的百般眷顧，也對自己的雄才偉略有了百倍自信。當他得知曹丕分遣三路大軍攻打東吳時，雖然對曹丕這麼快就翻臉有點意外，卻絲毫沒有慌亂。一方面，劉備被陸遜趕到白帝城苟延殘喘了，已經對東吳毫無威脅；另一方面，孫權一直認為曹丕不過是個紈褲子弟，只會舞文弄墨，縱酒作賦，其能力才略連他父親曹操的萬分之一都趕不上。這樣的一個人，有何好怕？

心戰領悟

絕大多數成功者都是死於成功。

42 一個危險的信號

孫權決定好好跟曹丕玩一場遊戲。

孫權派出呂範、朱桓、潘璋等大將，分頭迎擊曹丕的三路大軍。做好軍事部署後，孫權又坐下來，好整以暇，給曹丕寫了一封卑辭告饒的信。

一個自卑的人不但無法接受他人的諷刺挖苦，更不會拿自己開刀。相反，一個人愈是自信，就愈能輕鬆自貶。

這封信中，孫權把自己罵了個狗血淋頭，最後極盡卑媚之能事地說：「如果陛下一定認為我罪不可恕，我就把江東的土地和人民都交還給陛下。只要允許我到偏僻的交州，度過殘生就可以了。」

這個時候的孫權和以前可真是大不一樣了。我們應該還記得當初他和劉備初次會晤時，劉備隨口一句「南人善於駕船，北人善於騎馬」就讓孫權敏感地認為他是有意嘲諷而做出了激烈反應。而現在，孫權竟然可以面不改色地大加自貶了。顯然，孫權對於自卑已經大大脫敏了。

曹丕是寫文章的絕頂高手，他見孫權玩「文字遊戲」，當下也回信一封，用辭十分優美，回敬道：「我看了你的信，深深為你的忠誠感動。收到信的當天，就下令讓大軍原地待命，不准進攻。如果你真心效忠，還是把兒子送過來吧。孫登早上到，我晚上就召還大軍，絕不食言，這句話的可信度，就像橫亙千年的長江一樣！」

這兩個人在兩軍對峙、劍拔弩張之際，大玩文字遊戲，目的卻各不相同。事實上，孫權擊敗了劉備後，已經無須再對曹丕奴顏屈膝了。他卻沿襲此前的做法，擺明了是藉著戲耍曹丕一番，為東吳的軍隊部署多爭取一些時間。而曹丕呢，因為孫權屢屢失言，沒有送兒子孫登到洛陽，讓他大失顏面才出兵討伐東吳。曹丕不像他的父親那樣熱衷於南征北戰，只要孫權踐行前約，把兒子送來當人質，讓他挽回面子，他立即就想退歸洛陽，安享福樂。

就在孫權與曹丕書信往來的時候，在白帝城暫且安身的劉備也蠢蠢欲動了。這一次慘敗讓劉備無顏回歸成都。他得知曹魏三路大軍攻吳的消息後，突然覺得自己有挽回面子的可能了。

劉備立刻寫了一封信給陸遜說：「曹軍已經攻向江陵，我也要東下找你報仇，你看我能做到嗎？」面對手下敗將的挑釁，陸遜毫不客氣地回信道：「我擔心你剛遭慘敗，元氣大傷，恐怕休養生息還來不及呢。如果你一定要帶著殘兵敗將東下，也許會把命丟在這裡。」

劉備看了陸遜的回信，羞憤交加。他已經快六十三歲了，年歲不輕，受了這麼大的打擊後，身體漸漸每況愈下。

而這個時候，孫權又主動派出能言善辯的使者鄭泉去白帝城見劉備，以圖結束戰爭狀態；但是，鄭泉帶來的國書上，並沒有承認劉備的皇帝地位，而是沿用了此前的「漢中王」稱謂。這自然是孫權的自尊在發揮作用了，孫權此時是吳王的爵位，作為戰勝者，當然不可能自降身分。

劉備見了後大怒，質問鄭泉：「吳王是不是認為我不該稱帝？」

鄭泉隨機應變的能力很強，馬上回應道：「曹賊父子篡奪漢帝之位，您身為大漢宗親，理應率軍討伐漢賊，為天下軍民做出表率。您卻忙於稱帝正名，恐非天下之所望。」

鄭泉反過來「指責」劉備稱帝不當，立時就把劉備的質問給擋回去了。劉備無言以對。劉備無顏回歸成都，也無力確保白帝城不失，於是決定「暫停」與孫權對攻，派出使者隨鄭泉去東吳與孫權溝通。孫、劉雙方得到了暫時的安寧。

再說曹丕，見孫權寫信之後，並沒有實質的動作，不由惱羞成怒，下達了攻擊的命令。但是，東吳早已有備在先，曹魏大軍無力前進，僵持數月後只能黯然退兵。

孫權又藉著曹丕進攻的大好良機，忙中偷閒，自建年號為「黃武」。孫權的吳王本來是曹丕封的，如果曹丕不主動討伐東吳，孫權是沒有理由擅改年號的。得了曹丕的「助力」，孫權就可以名正言順不再遵奉曹魏的「黃初」年號了。

孫權之所以這麼做，是因為看見曹丕、劉備各稱帝號，眼熱不已。孫權本來就看不起曹丕，劉備也剛剛被打敗了。孫權難免會想：「既然他們都能登基稱帝，我為什麼就不可以呢？」夷陵之戰勝利後，孫權已經完全占據了荊州、揚州、交州三州的土地，而劉備只剩下益州一地。就實力對比而言，孫權顯然比劉備更有資格稱帝。（天下十三州，除屬於幽州的遼東郡為公孫氏所占之外，其他豫州、青州、徐州、兗州、冀州、並州、涼州以及洛陽所在之司隸等八州均為曹魏所有，曹魏仍是三分天下的最強者。）

不過，熟諳「玉女心經」的孫權，還是選擇了暫且忍耐。他策略性地按捺住自己勃勃欲發的雄心，只是先邁出了自立年號的小小一步。這一做法是非常高明的「登門檻策略」[48]，既可以讓自己向著終極目標推進一步，又不致於即刻擊穿曹、劉雙方的底線，而招致兩頭夾攻。

孫權的考慮極為英明。如果他選擇一步到位稱帝，曹丕不堪忍受他的公然背叛，必然會再次舉兵相向。而劉備一方，以繼承漢室為己任，絕不允許任何他人自立為帝。只要孫權一稱帝，蜀漢必然將他視為和曹丕同一類型的亂臣賊子而痛加鞭撻。事實上，孫權即便再忍耐七年後才登基，蜀漢內部依然有人對此持激烈反對的態度。

在長期的博弈事件中，孫權深刻認識到東吳絕不能與曹、劉兩方同時為敵，必須根據情勢需要，打一個，拉一個。至於打哪一個，拉哪一個，則視時機而定。在風雲變幻的兵荒馬亂中，曹、劉雙方對於孫權自建年號一事，沒有表現出激烈的反應。孫權的登門檻策略由此取得開門紅。

老天對孫權實在是太眷顧了！這一陣子，他的風頭確實很順，接連擊敗了劉備和曹丕後，又一個好消息傳了過來——劉備在白帝城因為痢疾不癒而病危了！

劉備這顛沛一生的梟雄，終究挺不過在白帝城的危機。他託孤給諸葛亮後，悄然離世。

對孫權來說，劉備去世意味天下再無他的敵手了！孫權在滿懷興奮中邁進了新的人生階段。

這一年孫權四十一歲，正是年富力強的大好年華。如今，孫權已對相術大師劉琬的論斷深信不疑，他確信自己還有大把的時間以及更美好的未來。這樣的預期自然讓他徹底放鬆下來了。畢竟，從十九歲猝然繼位，一連二十多年，都是在接連不斷的恐懼與擔憂中度過，也確實該停下來歇一歇了。但是，對於有望建立雄圖大業的人來說，過早失去敵手真的是好事嗎？

孫權還是有點得意忘形了。他召集群臣，在武昌城外靠近長江的釣臺上大擺宴席，以慶祝接踵而來的勝利。主上的放縱，自然會加劇屬下更加放縱。孫權舉杯痛飲，不顧形象，東吳群臣上行下效，更為放浪。這一場酒宴，只喝得君不君、臣不臣，個個東倒西歪，大呼小叫。

在一片喧鬧聲中，唯獨一個人保持了清醒。就是一直意氣難平的張昭！

張昭本是東吳第一重臣，但自赤壁之戰後，他的地位一落千丈，先後被周瑜、魯肅、呂蒙超越；而夷陵之戰後，陸遜異軍突起，成為孫權最為倚重的人，被擢升為輔國將軍兼荊州牧，並被封為江陵縣侯。而張昭在孫權準備重用陸遜之際，曾經大力阻止。陸遜的得志讓張昭深感顏面無存。在這一場歡宴中，心氣鬱結的張昭根本體會不到半點快樂之情。

孫權愈喝愈高興，下令說：「今日酣飲，不喝到醉得掉下臺去，就不罷休！」張昭聽了，愈想愈生氣，站起身來，氣沖沖地就往外走。孫權見狀，急忙派人將張昭請了回來。

孫權說：「子布，大家歡飲共樂，您為何要生氣呢？」

張昭氣呼呼地說：「紂王修築糟丘酒池，徹夜長飲，當時也認為不過是作樂而已，不是作惡！」

張昭這句話分量很重，為什麼他敢於這樣直指孫權之非呢？

面對孫權，張昭一直擁有心理優勢，源自張昭的特殊地位以及孫權初繼位時的稚嫩和缺乏自信。後來，孫權的冷待讓張昭愈來愈心理失衡，而他愈是心理失衡，就愈想透過倚老賣老來挽回顏面。

聽了張昭重重指責，孫權的興致一下子都散了。為了避免負面影響，孫權強壓不快，下令罷酒。

後來，孫權故態復萌，又一次舉行酒宴，讓群臣盡情暢飲。這一次孫權甚至親自勸酒，騎都尉虞翻不願多飲，假裝醉倒在地而躲過了孫權勸酒。孫權跳過虞翻，給下一個人敬酒，忽然餘光看見虞翻從地上坐了起來。孫權大怒，立即拔出劍來，要殺了故意欺誑的虞翻。虞翻性情耿直，經常對孫權直言勸諫，惹他不高興。孫權發怒，頗有借題發揮的成分。

一旁的大司農劉基眼疾手快，急忙從身後抱住孫權，為虞翻求情。劉基說：「即便虞翻有欺上之罪，大王酒後殺人，天下的人又怎麼會知道呢？況且，大王一向包容，吸引天下賢士來投，如果現在因為這麼一點小事就殺人，豈不是令聲譽大損？」

孫權醉酒後自制力下降，憤恨地回道：「曹操都能殺了四海聞名的孔融，我殺個虞翻又算什麼？」

劉基急忙道：「曹操殘殺孔融，天下非議洶洶，難道大王要效仿曹操的殘暴嗎？」

這時，其他群臣也反應過來，紛紛上前勸解。孫權終於冷靜了下來，放過了虞翻。

事後孫權對縱酒狂歡有所反省，為免再犯，便說：「今後凡是我酒後下令要殺人，都不算數！」

孫權下這一道命令，是為了避免自己酒後亂性，做出荒唐之舉，但他始終沒有讓自己節制飲酒。如微波輕瀾，釋放出了危險的信號。當生存的壓力日漸減輕後，當形勢的發展大順人心時，孫權人性中陰暗那一面也即將顯山露水了。

孫權的未來之路，將會走向何方呢？

【心戰領悟　誘惑是一面足以照出原形的鏡子。】

【策五】稱帝江東

43 還是中了激將法

再說曹丕得知劉備死後，劉禪初立，大喜，決定趁蜀國喪亂之際，大舉進攻。太尉賈詡勸諫說：「劉備雖死，但託孤於諸葛亮。諸葛亮必殫精竭慮，輔佐幼主。陛下不可倉促討伐。」另一重臣司馬懿卻極力附和曹丕說：「此乃天賜良機，更待何時？」並為曹丕獻上了五路進兵、共伐西蜀之計。

這五路兵馬，除了曹魏大都督曹真率軍出擊外，還厚賄遼東鮮卑國國主軻比能、南蠻之主孟獲分別從東、南兩個方向攻蜀，另遣蜀漢降將孟達、東吳孫權合擊。

曹丕依言而行，分派使者到各處協調。使者來到東吳申明來意，並誘以事成之後平分益州，等於給孫權出了一個難題。

東吳先後擊敗劉備和曹丕後，與曹魏和蜀漢都處於敵對狀態。一向周旋在魏漢之間，並一直掌握主動權的孫權早就想改變這種情勢了，但是，曹丕這次「五路大圍剿」計畫卻讓他暗暗心驚。孫權判斷蜀漢在劉備慘敗於夷陵後實力大減，人心不穩，很可能被曹丕此一宏大戰略攻滅。如果幫助曹丕滅蜀，曹丕下一個目標肯定就是自己，所謂平分益州不過是個美麗的謊言罷了。但是，如果抗命不從，曹丕也許會改變心意，放過蜀漢而將攻擊目標再次對準東吳。

孫權深感左右為難，不能決斷，於是召集群臣商議。

張昭說：「陸遜多有高見，大王為什麼不請教他呢？」張昭這句話有點酸葡萄，仿若當初劉備說得了諸葛亮是「如魚得水」，張飛不滿，曹操來攻時所說的「派『水』去迎敵」。

張昭此時近七十歲，威望極重，他這麼一說，其他人就不便再多說什麼了。而孫權此時對陸遜十分倚重，當下不以為忤，將陸遜從荊州召回諮詢請教。

陸遜出了一個坐山觀虎鬥的主意，說：「曹丕坐鎮中原，實力強勁，不可違逆。我們不妨勉強應允，整軍預備，打聽其他四路戰況如何。如果川中危急，諸葛亮首尾不能救，我們就發兵直取成都；如果其他四路兵敗，我們再做商議。」

孫權就按陸遜所言，打發曹丕的使者，一方面整頓軍備，一方面派人打聽消息。

世上最不可靠的就是各懷心思的聯盟。東吳想坐山觀虎鬥，其他幾路也自有打算。諸葛亮臨危不亂，一一部署，或迎擊，或拒守，或瓦解，將軻比能、孟獲、孟達、曹真輕鬆化解。

諸葛亮料定東吳會持觀望態度，他決定抓住這個機會，修復與東吳的關係，把東吳從曹魏陣營中拉回來，兩家再建聯盟，共抗曹魏。

諸葛亮深思熟慮後，選派鄧芝為使者，出使東吳。臨行之前，諸葛亮將當年親赴江東，與孫權親密接觸的所見所聞，一一告知鄧芝。鄧芝心領神會而去。

鄧芝這一去，因為目的十分明顯，孫權識破後會產生「預警式抗拒」[49]，從而大大增加說服難度。

鄧芝一到東吳，果然吃了一記下馬威。

原來，張昭給孫權出了主意，在殿前立一只大鼎，內裝數百斤菜油，下面放置木炭燃燒，將油燒熱，以待「說客」，且看鄧芝如何應對。

張昭是把諸葛亮派來的鄧芝，當作諸葛亮的替身了。

十五年前，諸葛亮孤身入吳，先是舌戰群儒，以滔滔之勢挫敗張昭，隨後又用激將法促動孫權、周瑜與劉備聯合抗曹。諸葛亮在那次江東之行中大獲其利，張昭則從此喪失第一重臣的地位，雖屢經努力，終究無可挽回。事實上，張昭的失勢並非純因諸葛亮之故，而是由於他的見識與東吳大勢及孫權的心意不符。但人人都有自利性歸因的傾向，喜歡將自己的不幸或失意歸咎於他人，因此，張昭對諸葛亮深懷不滿也是可想而知的。

諸葛亮已榮任蜀漢丞相，不會親赴東吳，張昭不再有機會和他當面過招。但鄧芝是諸葛亮的使者，張昭自然想藉著為難他來一洩怨氣了。

孫權大敗劉備後，也想在蜀漢使者面前擺擺威風，就採納了張昭這個不怎麼高明的主意。

鄧芝整肅衣冠，行至宮前，只見兩行武士，膀大腰圓，各執鋼刀大斧，長戟短劍，威風凜凜，一直站到殿前。鄧芝昂首而入，來到殿前，又見一只大鼎，熱油正沸，不由心中一凜。

鄧芝攝定心神，暗暗想好應對之策。

近臣將鄧芝引到珠簾之前，他身負與東吳和解之重任，原本是要對孫權行禮如儀的，但覺察情勢，立即改變主意，站在珠簾之前，長揖不拜。

孫權在珠簾後面按捺不住，喝令捲起珠簾，怒道：「何等匹夫，竟敢不拜！」孫權還是著急了點，這句話其實不該他本人來說，最好由近臣來說。孫權親自出馬，正好自投鄧芝預想的言辭陷阱。

鄧芝傲然道：「上國天使不拜小邦之主。」

這句話只有十個字，卻足以把孫權氣得七竅生煙。明明是東吳打了勝仗，明明是東吳的主場，明明是蜀漢有求於東吳，鄧芝卻用這句話占盡了上風！

孫權勃然大怒，喝道：「你不自量力，想用三寸之舌來說動我嗎？你就是隨何再出，陸賈重生，也不能說動我萬分之一！油鼎已備好，你自己做個了斷吧！」

鄧芝哈哈笑道：「都說東吳賢士很多，沒想到卻怕我一個小小儒生！」

孫權的前半生一直在尋求認可，後半生則一直在揮霍認可，此時此際，正處在這兩個階段的過渡銜接期。所以，鄧芝的這句激將法再度發揮作用了。

孫權怎麼能忍受鄧芝笑他膽小，立即道：「我怎麼可能怕你一介匹夫呢？」殊不知，這句話一說，就完全步入鄧芝的說服軌道了。

鄧芝跟上就是一句：「既然你不怕我，為什麼擔心我來當說客呢？」孫權的威懾之舉，本來是用來恐嚇鄧芝的，卻被鄧芝反過來當作害怕的證據。這一策略叫做「反擊其身」[50]，是威力非常巨大的說法妙策。

孫權果然一時語塞，頓時氣勢銳減，思索一會兒才說道：「你不就是想效仿諸葛亮來作說客，為了蜀漢之利，勸我與魏國斷絕嗎？」

鄧芝淡然一笑：「我雖是蜀中一書生，卻是為吳國利益而來，為什麼要擺油鼎來拒絕我呢？您的格局怎麼小到不能容物呢？」

孫權最忌諱別人嘲笑他心胸狹窄、能力不足。當年，諸葛亮就是抓住這一點，成功說服了他。孫權在多次勝利後，已足以證明自己的能力，不再顧慮他人以此說事，但還是不能免於鄧芝譏諷他的氣量格局。

諸葛亮事先將孫權的性格特點詳細告知鄧芝。鄧芝有備而來，果然一擊得手！

為了扭轉不良印象，孫權立即喝退了殿前武士，吩咐給鄧芝賜坐，語氣和善地說：「吳魏間的利害關係，還請先生不吝賜教！」

鄧芝見孫權前倨後恭，暗覺好笑，但得理須饒人，以免物極必反，於是他收起「長刺的盔甲」，應和孫權的語氣問道：「大王是想與蜀漢和好，還是想與曹魏和好？」

孫權說：「我是想和蜀漢講和，但又擔心蜀主年幼，不能善始善終。」

鄧芝說：「大王乃當世英賢，諸葛丞相也是一時豪傑，如果兩國連和，互為唇齒，進可以兼並天下，退可以鼎足而立。如果大王繼續對魏委屈稱臣，魏主必然要求讓太子入侍。如果東吳不從，立即出兵討伐。這時，若蜀漢趁勢順流而下，則江東之地恐非大王所有了。」

曹丕多次索要孫權長子孫登以為人質，正是孫權最大的心病，鄧芝的話深深觸動了他。

孫權忙道：「先生之言正合我意。我要和蜀漢連合，先生，您能做主決定嗎？」

鄧芝大喜，正要應承，突然又想起諸葛亮事先的叮囑，擔心孫權反覆猶豫，於是以退為進，再次用激將法鞏固孫權的決心。鄧芝說：「剛才要烹我的，是大王；現在要與我結盟的，也是大王。大王行事，狐疑不決，怎麼能取信於天下呢？」

孫權大感慚愧，心中暗恨張昭出了這個餿主意，忙正色謝罪：「我心下不明，因此行事乖張，多虧先生賜教。」

鄧芝微微一笑，順完成此行重任。

【心戰領悟　你的性格往往會變成他人打開心門的鑰匙。】

44 天曉得的大難題

鄧芝的表現折服了孫權。孫權一連留鄧芝住了十餘天，才戀戀不捨放他回蜀。

按照禮節，東吳也必須派使者回訪蜀國答禮。孫權想了半天，仍想不出合適人選，於是嘆氣說：「我坐擁三州，反倒不如西蜀偏僻之地。蜀有鄧芝，出使不辱使命，我堂堂東吳，竟然沒有一個人能稱我的意？」

孫權的話令眾人面面相覷，群臣一時不知如何才能稱他的意，只好沉默不語。

唯有張溫，自恃辯才無敵，站出來主動請纓，要出使西蜀。

孫權看了張溫一眼，說：「我擔心你見了諸葛亮，不能準確表達我的用意啊。」

孫權的用意到底是什麼呢？

孫權的想法其實挺微妙的，他既想和西蜀交好，共抗曹魏，又想矜持地表露出一些優勢心理。畢竟和劉備硬碰硬的較量中，是他最後獲勝。但這個想法不能公諸於眾，否則就流於末品了。

孫權親身和諸葛亮打過交道，十分瞭解他的綜合能力，擔心自己派出的使者在諸葛亮面前屈居下風，辱沒了東吳的優勢地位，所以對於張溫的自薦猶疑不決。

當初舌戰群儒時，張溫正要加入圍攻諸葛亮的戰團時，卻被黃蓋阻斷，因此沒能直接與諸葛亮交鋒，也讓他對諸葛亮不甚服氣。他今天主動請求出使，就是想去會一會諸葛亮。

孫權的話進一步刺激了張溫。張溫說：「大王何故長他人志氣，滅自己威風？諸葛亮固然是當世之英，張溫也是人中之傑。聖人云：舜，人也；我，亦人也。我有什麼好畏懼諸葛亮的呢？」

孫權見張溫說得膽氣豪壯，也就同意了他的請求。

張溫昂然入蜀，來見後主劉禪及諸葛亮。

張溫滿懷挑戰諸葛亮之意，但諸葛亮早已不復當日舌戰群儒的心境了。劉備死後，諸葛亮獨攬大權，同時將蜀漢存亡重任挑在肩上。他深知蜀漢唯有與東吳緊密聯合，才能立於不敗之地。因此，他特別提醒後主劉禪要善待東吳使者張溫，他對張溫也是禮數有加，十分客氣。

張溫卻誤解了諸葛亮的客氣，變得更加目中無人、驕縱傲慢。

這一天，張溫結束使命，準備返吳。後主和諸葛亮賞賜諸多金帛珍玩給他，還在城南郵亭大擺宴席，一應文武百官盡數出席，為張溫送行。

諸葛亮為了蜀漢安危，虛心誠意，殷勤勸酒。正所謂是酒不醉人人自醉，張溫志得意滿，開始語無倫次，連諸葛亮也不怎麼放在眼裡了。

張溫的魯莽浪行激怒了蜀中一位能人。這人藉著酒勁，踉踉蹌蹌，衝到張溫跟前，眼睛直勾勾地盯著他。張溫見此人如此無禮，怒氣立起，問諸葛亮：「這是何人？」

諸葛亮忙打圓場，說：「這位叫做秦宓，現在擔任益州學士。」

張溫傲慢一笑，大剌剌地說道：「既然叫學士，不知道胸中到底有些什麼學問啊？」

秦宓正色道：「上知天文，下至地理，三教九流、諸子百家，無所不通；古今興廢、聖賢經傳，無所不覽。」

張溫聽了不由哈哈大笑。他自視極高，目中無人，怎麼可能接受比自己還能吹的人呢？大笑之後，張溫滿臉不屑地說道：「既然你口出大言，我就來問問你關於『天』的事情。」

秦宓傲然不懼，只等張溫出題。

張溫嘴角上揚，微微點頭，裝腔作勢地問道：「天有頭嗎？」

這個問題簡簡單單，只有四個字，卻展現出張溫畢生的功力。張溫為了折損秦宓這個不知天高地厚的傢伙，竟然一出招就使出了最具殺傷力的武器。

諸葛亮聽了，暗叫糟糕。這個問題陷阱暗伏，一時之間連他也回答不上來。諸葛亮對張溫十分客氣是出於現實需要，如果讓張溫傷了蜀中賢士的自尊，也會為以後埋下爭端之禍根。

諸葛亮正在著急，卻聽秦宓不慌不忙地答道：「天當然有頭了。」

張溫大喜，立即追問道：「那麼，頭在何方？」

秦宓說：「在西方。」

諸葛亮嘆了一口氣，知道秦宓已無可救藥地落入張溫的言辭陷阱了。天怎麼會有頭呢？而且頭還在西方？諸葛亮知道，張溫接下來必然要追問有何證據。

果不其然，張溫意態輕縱，問道：「有何證據？」

卻聽秦宓不慌不忙地回答道：「《詩》云：乃眷西顧。以此推知，天之頭在西方。」

張溫不由大驚！秦宓的回答大大出乎意料，卻是天衣無縫的完美答案。

「乃眷西顧」出自《詩經．大雅．皇矣》，這首詩歌是歌頌周部落從古公亶父到周文王的開創歷程的，共分八章。「乃眷西顧」出自首章，原文為：「皇矣上帝，臨下有赫。監觀四方，求民之莫。維此二國，其政不獲。維彼四國，爰究爰度。上帝耆之，憎其式廓。乃眷西顧，此維與宅。」意思是：天帝偉大，洞察人間，監看四方，發現民間疾苦災殃。就是殷商這個國家，它的政令不符民望。想到天下四方之國，於是認真研究思量。天帝經過考察，憎惡殷商之治。懷著寵愛向西張望，就把岐山賜予周王。

秦宓將張溫推疑問難的「天」擬人化為「天帝」，關於「頭」的問題自然就有答案了。他聯繫《詩經》裡描述天帝的「乃眷西顧」，也就得出「天之頭在西方」的定論。

從這個回答可以看出秦宓心思之縝密，反應之迅捷，張溫不由額頭出汗，臉色一肅，再也不敢意存輕狎。但他不甘心就此罷手，繼續追問道：「天有耳乎？」

秦宓輕鬆自如地答道：「當然有。《詩》云：鶴鳴九皋，聲聞於天。天要是沒有耳朵，怎麼可能聽見鶴鳴呢？」

張溫額上冷汗涔涔而下，仍要困獸猶鬥，問道：「天有足乎？」

秦宓微微一笑，答道：「《詩》云：天步艱難。天要是沒有足，怎麼能走步？」

「天步艱難」出自《詩經．小雅．白華》，是一首訴說棄婦哀怨的詩歌，其本意和「天」其實沒有太大關係。但從字面意思上來看，「天步」二字似可理解為「天的腳步」。秦宓以此來應答，如果張溫不是心旌動搖，倒是可以挑出毛病的。只是張溫已徹底被秦宓的敏銳急智震住了，一時不察，只是機械地繼續往下發問，以圖挽回顏面。

張溫問：「天有姓乎？」

秦宓中氣十足地回答：「當然有！」

張溫以為秦宓還會用《詩經》裡的語句作答，沒想到秦宓早已改轍易弦，將答問論辯的主動權掌控在自己手上了。秦宓十分肯定地說：「姓劉！」

這個回答一出，就不再是簡單的口舌之爭，而是天命正統之爭了。

張溫知道自己落了下風，猶然不肯服輸，頑抗道：「何以見得？」

秦宓輕蔑一笑，道：「天子姓劉，故而知之！」

此時曹魏代漢而立，劉備大力宣揚自己繼承漢嗣。秦宓這麼說，等於是說劉氏蜀漢才是天命所歸的正統。

張溫不甘示弱，突然想到一句可以絕地反擊的妙語，急忙說道：「太陽升於東乎？」張溫這句話埋著極厲害的潛臺詞。當時人的認知中，太陽是天子的象徵。張溫說太陽從東方升起，意指天命正統在處於東方的吳地，而蜀漢處於西方。你說天子姓劉，為什麼象徵天子的太陽卻是從東方升起呢？

在一旁側耳傾聽張、秦論辯的蜀漢群臣，眼看著秦宓一路占了上風，正待自喜，一聽張溫如此厲害的反擊，都為秦宓捏了一把冷汗。如果秦宓應對不當，此前的勝利都將一筆勾銷，最後還將以張溫獲勝而告終。

卻見秦宓淡淡一笑，說：「日雖升於東，而沒於西。」

秦宓的這個回答實在是太精妙了，不動聲色地化解了張溫的反擊，並且強力確證了先前的結論。太陽雖然從東方升起，每天晚上卻落於西方。日暮而歸的必定是家。可見，太陽的家在西方，那麼，管你太陽從哪裡升起，天子就在西方，也即是西蜀，而非東吳。

秦宓不但對答如流，還天衣無縫地維護蜀漢的正統地位，讓倨傲不恭的張溫深深折服。張溫從此再也不敢驕縱自大，小看蜀中人士。諸葛亮等人也是第一次領略到秦宓侃侃而談、語出驚人的雄辯風采，均各深為嘆服。

張溫是服氣了，秦宓還在興頭上。他反過來客氣地問張溫：「先生是東吳名士，既然以『天事』下相問於我，一定明瞭天理。當初混沌既分，陰陽剖判，輕清者上浮而為天，重濁者下凝而為地。到了共工氏頭觸不周山，天柱折斷，地維缺陷，天傾西北，地陷東南。我想請教一下，天既然是輕清而上浮，又為什麼會向西北方向傾斜呢？除了輕清之外，還有何物？」

秦宓提出這個終極命題，恐怕連老天都回答不了，張溫一聽，頓時臉都白了……

〔心戰領悟　驕傲是讓知識降格的最佳方式。〕

45 又一個危險信號

秦宓的問題倒不是故意為難張溫，其實這是他百思不得其解的大哉問。如果張溫折節下問，以請教的方式反擊，秦宓也將無言以對；但張溫已確信秦宓無所不知，頓時失去鬥志，離席向諸葛亮謝罪道：「我沒想到蜀中竟有如此出色的俊傑，剛才秦學士一番話，我聽了真是茅塞頓開啊！」

諸葛亮見張溫面帶慚色，擔心他自尊受損，忙溫言寬慰道：「席間言語，不過戲談爾！足下深知安邦定國之道，又何必在意這些唇齒遊戲？」

諸葛亮這番話說得很及時，也很中聽，立刻幫張溫找到臺階下。張溫不禁深深感動，對諸葛亮的敬意和對蜀漢的好感沛然而生。

張溫回到東吳後，在孫權面前盛讚後主劉禪和諸葛亮，孫權聽了頓感不爽。他原先預判張溫不能準確傳達他的心意，現在果然如此。隨後，孫權又得知張溫與秦宓的「天之論戰」中完敗，大損東吳顏面，心中更是不豫。秦宓所說的「日雖生於東，而沒於西」的論調成了孫權的心結（孫權之母夢日入懷，而生孫權，孫權由此將太陽視為自己富貴已極的象徵）。

後來，孫權藉故罷免了張溫的官職。這是驕傲的張溫始料未及的結局，也是驕傲所付出的慘重代價。

此後，諸葛亮再度派遣鄧芝入吳答禮。孫權想起秦宓的論調，有意挑起話頭。

孫權說：「如果吳、蜀兩國同心滅魏，吳、蜀二主平分而治，豈不樂哉？」

在這種場合下，孫權的權威度最大，一般而言，人們都會屈從孫權的意見。鄧芝卻沒有附和孫權，而是說：「天無二日，民無二主。滅魏之後，如果大王也不知天命歸於何人，那麼，為君之人，各修其德；為臣之人，各盡其忠。戰爭才剛剛開始，何樂之有？」

孫權此時並未稱帝，但話語中隱隱透出這層心思。對於以繼承漢嗣為己任的蜀漢來說，任何稱帝者都被視為叛逆。鄧芝作為蜀漢的使者，在沒有獲得授權的情況下，絕不能公然默認孫權此一想法。故而，冒著觸怒孫權的風險，也要秉直而言。

當然，鄧芝的話雖然直率，但並未全盤否定孫權稱帝的可能，而是強調吳、蜀之間可能要透過戰爭來決定天命歸屬。這種實話實說的策略，既彰顯鄧芝的磊落胸懷，也顯示他在處理重大外交問題時，兼顧原則性與靈活性的巧妙結合。從勝任與否來看，鄧芝確實比張溫強得多。

孫權聽了鄧芝滴水不漏的回答，想起他上一次的傑出表現，不由深深慨嘆東吳缺乏鄧芝這樣的人才（其實鄭泉也是很不錯的）。

吳、蜀之間，使者多次往來後，終於恢復舊交，重新成為關係融洽的聯盟者。蜀漢沒有深究劉、關、張的死，也沒有再來糾纏荊州的歸屬，孫權準確把握了諸葛亮急於連和的心理，在戰略大局上做出了正確的抉擇，讓他成為最大的得益者。

再說曹丕，聞報得知吳、蜀再次和好，勃然大怒。在「叛徒效應」的驅動下，更加痛恨多次上表稱臣的孫權，於是決定要先伐吳，再滅蜀。

侍中辛毗勸曹丕不如屯田養兵十年，等到兵精糧足後，再討伐吳、蜀不遲，卻被曹丕劈頭一頓痛罵。從來不忤逆主上之意的司馬懿，就像上次劉備剛死時，獻五路伐蜀之計一樣，為曹丕謀劃了從水路進攻東吳的策略。

誰不喜歡順遂己意的屬下呢？曹丕高興地採納了司馬懿的意見，決定御駕親征，卻讓司馬懿留守許昌，一應國政大事全權交給他決斷處理。

曹丕親率三十萬大軍，乘三千艘戰船，令徐晃為先鋒，曹真、曹休、張遼、張郃等大將一起出征。

孫權得知曹丕再一次發動大軍來攻，不免著急。顧雍說：「大王，我們已與西蜀連和，可立即修國書一封送給諸葛丞相，讓他起兵漢中，以牽制魏軍。另派一員大將屯兵南徐以拒曹軍。」

危急時刻，孫權又想起了陸遜。可是陸遜正鎮守荊州，不能輕易調回。孫權嘆著氣說：「除了陸伯言，誰還能為我抵擋曹軍呢？」

自從萬事順遂以來，孫權的心態慢慢產生了變化。他眼中似乎愈來愈看不到部屬的長處了。當初，他派使者趙咨出使曹魏。趙咨在曹丕面前盛讚孫權是仁智之主，說他「納魯肅於凡品，是其聰也；拔呂蒙於行陣，是其明也」。此後，他越級超擢陸遜，始終用人不疑，更是神來之筆。

這樣一個頗具識人之明的君主，彷彿在一夜之間失去了洞察力和判斷力。事實上，不是東吳真的沒人了，東吳各方面的人才儲備雖然比不上曹魏，但還是遠勝於蜀漢，真正的原因是孫權失去了發現的眼睛。前陣子他慨嘆找不到可以出使西蜀的使者，現在又慨嘆找不到可以抵擋曹魏的大將。

聽到孫權這麼說，血性將軍徐盛忍不住站了出來，應聲答道：「大王，為什麼這麼看不起群臣呢？我雖不才，願意率領一軍，以抗擊魏兵。如果曹丕敢橫渡大江，我就親手將他擒獲，獻給陛下！」

孫權被徐盛的勇氣所感，當即任命他為安東將軍，總鎮都督建業、南徐兩處兵馬。

徐盛勇則勇矣，卻遠不如陸遜聰明。當初陸遜受命之際，先小人後君子，醜話說在前面，一定要孫權登壇拜將，親授尚方寶劍。唯其如此，無名小輩陸遜才彈壓得住一幫老臣宿將。但徐盛絲毫未從陸遜的成功經驗中汲取精華，領命之後，立即上任。殊不知，他的身分地位雖然比發跡之前的陸遜要強一些，但同樣缺乏足夠的權威分量。

徐盛召集諸將，要求多置器械，多設旌旗，以守護長江北岸。諸將一一允諾，但有一個刺頭出來挑戰徐盛的權威。

這個刺頭就是孫權的姪孫孫韶。孫韶雖然年輕，但極有膽氣，頗有當日小霸王孫策之風。孫韶原本姓俞，他的伯父正是孫河（俞河）。孫河當日在丹陽事件中被叛將嬀覽、戴員所殺後，孫權就將孫河的部屬劃歸孫韶統領。孫韶先後擔任承烈校尉、廣陵太守等職。孫權受封吳王後，孫韶又被升任為揚威將軍，封建德侯。

可見，孫韶雖然年紀比徐盛小，但他的資歷（揚威將軍、建德侯）卻比徐盛深。徐盛要求諸將加強防守，與孫韶欲逞血氣之勇的初衷正好相反。

孫韶立即質疑徐盛：「大王對你委以重任，為什麼不早發軍馬渡江，在淮南之地迎敵？如果等到曹兵過江，恐怕我們就很難抵抗了！」

孫韶對徐盛的指責其實很站不住腳。徐盛不是懦弱無用之人。當初曹丕派邢貞到江東冊封孫權為吳王時，徐盛以頭搶地，恨聲連連，責怪自己不能幫助主公建功立業，讓孫權蒙受被他人冊封的恥辱。從這件事可以看出，徐盛不但對孫權忠心耿耿，而且也是個是忠勇激憤之人。

徐盛之所以保守謹慎，是因為第一次身擔重任，不敢魯莽行事。這也是人之常情。

徐盛耐心地對孫韶解釋道：「曹軍勢大，又有名將為先鋒，不可渡江迎敵。等到他們的戰船都會集在長江北岸，我自有破敵之策。」

孫韶卻根本不聽徐盛的解釋，也不願服從他的調度，說：「我手下自有三千軍馬，也很熟悉廣陵的地形，我願意渡江去和曹丕決一死戰！如果不能取勝，可將我斬首！」

孫韶的想法與徐盛的本意不符，徐盛否決了他的想法。孫韶堅持要去。徐盛不得已，怒道：「你不聽將令，我怎能節制諸將？」下令將孫韶推出斬首！

孫韶不服就是因為徐盛的權威未立，再追究其根源，就是孫權的問題了。孫權連續在對劉對曹的作戰中取勝，不免起了輕忽之念。這次任命徐盛總督建業、南徐兵馬，多少有些漫不經心。

孫權聞報得知徐盛要斬孫韶，急忙趕至軍營。徐盛還是留了一個心眼，沒有催促立即行刑。否則，等孫權得信後再趕來，孫韶就算有十個腦袋，也早被砍了。徐盛不是真的要殺孫韶，自折大將，而是想在不得已的情況下，以此嚴肅軍紀，樹立權威。

孫權到來後，為孫韶求情。

徐盛說：「大王任命我為都督，領兵抗魏。揚威將軍孫韶不遵軍紀，違令當斬，大王為什麼要赦免他？」

孫權微慼赧顏，說道：「孫韶仗著血氣之勇，誤犯軍令，還請寬恕。」

徐盛心想：「孫韶恐怕不是仗著血氣之勇，而是倚仗與您的宗室之親吧。」

徐盛知道如果今天輕易放了孫韶，自己的都督恐怕就當不下去了。於是，他毫不退讓，堅定地對孫權說：「軍中法度不是我設立的，也不是大王設立的，如果因為關係好就能隨便赦免，因為關係不好就能隨便殺戮，公論何在？」

孫權一時語塞，但他親自出面求情，卻被徐盛駁回，面子何在？所以，「公論何在」不是孫權第一要務，他還是要繼續為孫韶求情。

這又釋放出一個危險的信號。當身處金字塔尖的權威人物，把面子看得比公論還重要時，往往意味著組織災難的開始……

【心戰領悟】人生的大潰敗都是從小處開始的。

46 五十步笑百步

聽了徐盛義正辭嚴的拒絕，孫權敏銳地覺察到他是責怪自己袒護宗親，不顧法度。孫權知道不能用權威強行施壓，他隨即想到孫韶並非孫氏血緣嫡親，於是靈機一動，換了一種說法：「如果孫韶真是宗室子弟，我任由將軍處置！但他本是俞氏之子，少亡其父，跟著伯父俞河。後來，我的兄長十分喜愛俞河，賜姓為孫。如果今天殺了孫韶，就辜負了我兄長的情義，又讓俞氏一門絕後了呀。」

孫權這一招叫做「反向歧視策略」[51]，與常見的「親密提攜規律」正好相反，對關係親近的人要求嚴苛，對關係疏遠的人反而多加呵護。這一說服策略在破解他人的「袒護指責」時極為有效，其運用的關鍵則在於必須找到足以證明袒護者與被袒護者關係（相對）疏遠的強力證據。

孫權拿出孫韶改姓由來的證據，大大弱化了孫韶的宗親身分，並有效地擋下徐盛的指責。孫權隨即又抬出孫策的大旗，以情動人，徐盛終於無可奈何地放棄自己的主張。

徐盛說：「且看大王面上，寄下死罪。」

孫權令孫韶拜謝徐盛不殺之恩，孫韶卻昂然不跪。

徐盛頓時氣血上湧，知道自己太輕易放過孫韶了，忍不住喝道：「你如今服也不服？」

孫權的急施援手反而助長了孫韶的桀驁不馴，他厲聲回道：「我死也不服！」

徐盛臉色驟變，孫權急忙喝退孫韶，溫言對徐盛說：「就是沒有這個傢伙，對吳國又有什麼損失？以後不再用他就是。」

孫權也知道自己做錯了，但為了面子，只好自找臺階，和和稀泥了。徐盛的心卻是一陣刺痛。但是，到了晚上，孫韶又不安分了，他帶領本部三千人馬，趁夜色渡過長江，直奔敵營而去。

徐盛聞報，心中五味雜陳，很不是滋味。思考片刻後，強抑不快，派丁奉引兵三千前去接應。

再說曹丕這邊，大軍浩浩蕩蕩開拔至廣陵。曹丕在戰船上，臨江觀兵，只見精兵十幾萬，旌旗綿延數百里，不由詩興大發，寫下了一首日後廣為流傳的〈至廣陵於馬上作〉：

觀兵臨江水，水流何湯湯。戈矛成山林，玄甲耀日光。猛將懷暴怒，膽氣正縱橫。誰云江水廣，一葦可以航。不戰屈敵虜，戢兵稱賢良。古公宅岐邑，實始翦殷商。孟獻營虎牢，鄭人懼稽顙。充國務耕殖，先零自破亡。興農淮泗間，築室都徐方。量宜運權略，六軍咸悅康。豈如東山詩，悠悠多憂傷。

從這首詩可以看出曹丕對自己的軍事實力非常有自信，對橫渡長江，一戰功成的預期也是非常高的。但是，寫詩和打仗往往不是一回事，曹丕見父親曹操在這兩件事上都游刃有餘，以為自己也可以輕易做到，但他這次出征還是以失敗告終。

孫韶趁著夜色偷襲，曹軍立足不穩，竟然被他一擊成功。丁奉隨後趕至，兩人一路燒殺搶掠，曹軍死傷無數，大將張遼也被丁奉一箭射殺。曹丕幸得部下拚死相救，逃出生天，但馬匹車仗、船隻器械損失大半，甚至曹丕專用的羽蓋也成了東吳的戰利品。

孫韶一意孤行，卻幫助東吳大獲全勝，孫權只重賞了參戰諸將，對孫韶罔顧將令一事再不提起，徐盛心裡很不開心，但孫權已不太顧得上他的感受了。

經此一役，曹丕徹底斷了伐吳之念，一方面是因為東吳將士勇猛抵抗，長江天險不可突破；另一方面則是曹丕雖然年輕，還不到四十歲，身體卻因過於沉溺酒色而快速衰弱。

不到半年，曹丕駕崩於洛陽，年僅四十歲。臨死之前，傳位於二十三歲的兒子曹叡，並指定曹真、曹休、陳群和司馬懿四人為輔政大臣。

劉琬說的一點不差，孫權果然是「大貴之表，年又最壽」，對手一個接一個都死在他的前面。且不說比他年長許多的曹操、劉備，曹丕比孫權小五歲，卻也「先走一步」。而這一幕並未就此停歇，在日後的歲月裡，還將繼續上演。

曹丕一死，東吳壓力大減，孫權稱帝之心立刻活躍起來，但他總不能直截了當說出心思。

就在此時，鎮守荊州的陸遜上表，提醒孫權對曹叡不可輕忽大意，指出其能力很強，將來對東吳的危害可能比曹操還要大。

陸遜行事十分謹慎，這一通上表並非空穴來風。根據曹叡此前的表現，確實不是普通人物。

曹叡自幼聰明過人，頗有曹操早逝的天才兒子曹沖之風。曹操因此十分喜愛他，還曾經對曹叡說：「曹氏有了你，就能成就三世的基業了。」這是識人無數的曹操最高讚譽，甚至可以說，曹叡的父親曹丕最後能在與曹植的繼位之爭中獲勝，多少也有曹叡的因素在內。

但曹叡的繼位之路頗為坎坷。他的母親是曹丕的正妻甄氏，她原是袁紹次子袁熙的妻子，袁氏敗亡後，曹丕傾慕甄氏的美貌而納為正妻，但曹丕稱帝後，甄氏失寵被殺，連帶兒子曹叡也不受待見。曹丕一度有意立另一個兒子曹禮為太子。

後來有一次，曹叡跟著曹丕去狩獵，遇見母子兩鹿。曹丕射殺了鹿母，命令曹叡射殺子鹿，曹叡沒有從命，而是放下弓箭，垂淚道：「陛下，您已經殺了母鹿，我實在不忍心再殺掉牠的孩子。」

曹叡的話一語雙關，既是對眼前事件的回應，又巧妙隱喻曹丕殺甄氏的往事。曹丕受到極深的震撼，想起當年和甄氏琴瑟和鳴時的恩愛，頓時把滿腔情感轉到眼前的兒子曹叡身上，很快，曹丕就決定立曹叡為太子。

曹叡憑藉智慧，不但改變自身處境，也改變了曹丕的心意。

陸遜由此判定曹叡絕非庸常之輩，因此提醒孫權嚴加防範，卻恰恰不符孫權的心意。

有一天，孫權「別有用心」對著諸葛瑾發表一番關於曹氏祖孫三代的議論。

孫權說：「丕之於操，萬不及也。今叡之不如丕，猶丕不如操也。」在孫權看來，曹操確實是天縱奇才，但曹丕連他的萬分之一也不及；而曹叡呢，則連曹丕的萬分之一也趕不上。

諸葛瑾見孫權如此貶低、蔑視曹叡，不禁訝然。

孫權自有理由，他說：「曹叡年幼弱小，必然缺乏主見，隨人東西。而輔政四大臣這些人，當初懾於曹操的威嚴，不敢不竭心盡力。後來曹丕繼位時，年已三十四歲，頗多歷練，業已成熟，故而這些老臣也不敢為亂；但曹叡年幼無知，陳群等人必然弄巧行奸，爭權奪利，結黨營私。曹叡無力駕馭，怎麼能長久呢？」

最後，孫權總結道：「自古至今，安有四、五人把持刑柄，而不離刺轉相蹄嚙者也！強當凌弱，弱當求援，此亂亡之道也。子瑜，卿但側耳聽之，伯言常長於計校，恐此一事小短也。」

諸葛瑾這才明白孫權的一番議論是針對陸遜上表而發。此時，孫權對陸遜正處於最高信任階段，對他言聽計從，為什麼偏要大加駁斥他的建議呢？

更進一步，孫權到底為什麼要如此貶低曹叡呢？

事實上，孫權譏諷曹叡年幼無能根本就站不住腳。「年幼」並非等於「無能」，孫權本人就是十九歲繼位，比曹叡繼位的年齡還小四歲，不也挺過重重難關，贏得眾人的認可了嗎？孫權能做到，憑什麼斷定曹叡就做不到呢？孫權豈不是五十步笑百步？

反常行為的背後，必然有深層的動因。孫權妄加評判，根源於潛意識中的稱帝衝動！

只有把曹叡貶成年幼無能，只有把陳群等託孤大臣貶成險惡不忠，只有曹魏政權變亂叢生，孫權才有充分的理由否定曹魏政權的合法性並取而代之，幫助自己心理建設，突破自身的合法性障礙，邁出稱帝的終極一步。

【心戰領悟】反常的背後往往隱藏著未被滿足的正常需求。

47 想出了一條妙計

孫權出於對曹叡的蔑視，決定趁其立足未穩，主動發起攻勢。這是魏、吳交戰史上明顯的戰略性變化。此前，東吳一直處於防守狀態，只是被動應對，魏國始終是主動進攻者。如今，形勢扭轉了。

曹叡登基剛兩個月，孫權親率五萬大軍進攻江夏郡，他已很久沒有領兵親征了。剛剛繼位時，在「逆恐反應」的促動下，曾親討黃祖贏得部眾的認可。完成此一迫切的心理需求後，孫權內心的恐懼感再次占上風，之此諸如重要的赤壁大戰和夷陵之戰，他都沒有親臨第一線。

這一次，孫權懷著必勝之心，整裝出發，但事實證明陸遜的看法是正確的，孫權對曹叡的選擇性偏見只是一廂情願的想像。

孫權大軍圍住江夏，魏國的江夏太守文聘堅守不出。消息傳到洛陽，朝臣們紛紛建議急發援兵，剛當了兩個月皇帝的曹叡卻輕閒地力排眾議。

曹叡說：「孫權素習水戰，他之所以敢於下船而進行地面進攻，是想趁我方不備進行偷襲。現在文聘和相持不下，攻難守易，我看吳兵必不能長久。」

曹叡說得頭頭是道，群臣卻大多將信將疑。顯然，此時的曹叡也還沒有樹立威信。但僅僅二十多天後，曹叡的判斷成真，孫權圍攻不下，只能悻悻退去。

孫權並未因為這次進攻無果而改變初衷。之後，再派諸葛瑾、張霸進攻襄陽。曹叡派撫軍大將軍司馬懿出擊，結果吳軍大敗，張霸被斬，諸葛瑾狼狽逃回。

孫權隨後幾次進攻均告失敗，這才知道曹叡確實如陸遜所言，不可等閒視之。其實，孫權還沒有真正見識到曹叡的厲害。

司馬懿取得襄陽保衛戰的勝利後，曹叡立即升他為驃騎大將軍。這項提拔看似褒獎司馬懿，實則是「明升暗降」的絕佳手段，意圖打破曹丕遺命託孤所構建的政治格局。

司馬懿升職後，很快被外派至宛城，坐鎮南方戰場，對付蜀國之敵。同為輔政大臣的曹真、曹休，也分別被拔擢為大將軍和大司馬，然後同樣被外派，據守軍事重地。至此，曹丕遺命託孤的四位重臣，除了性格較為柔弱的陳群繼續留在曹叡身邊協助處理政務，其他三人都輕輕鬆鬆被「逐出」了京都。

就這樣，曹叡登基後半年多，就將朝政大權牢牢掌握在自己的手中。

孫權得知曹叡一連串的高妙手段後，深深感到這個年輕人的可怕，不禁自嘆不如。在這個極其厲害的對手面前，孫權稱帝自立的衝動也隨之偃旗息鼓地擱置了下來。這一擱置，就是兩年多。

蜀漢的諸葛亮藉著吳、魏交兵之際，七擒七縱孟獲，平定了蜀漢的後方。隨後，諸葛亮為了不負劉備的囑託，也為了實現復興漢室的人生夢想，發動了對曹魏達七年之久的北伐。

曹叡不得不將絕大部分精力用來對付天下第一奇才諸葛亮的凌厲攻勢，孫權立刻從中看到了絕佳良機。

鷸蚌相爭，漁翁得利。魏、蜀兩國打得不可開交，孫權自然就變成得利的漁翁。孫權判斷選擇這個時候稱帝，魏、蜀兩國分身乏術，就會將可能的各種負面反應消於無形。

但是，稱帝畢竟是一件最高等級的大事，不能偷偷摸摸、鬼鬼祟祟地進行。孫權覺得有必要先行立威造勢，振奮士氣。

孫權苦思冥想，終於想出了一條妙計，長年以來的讀書思考和實際歷練畢竟沒有白費。

他曾任命王靖擔任鄱陽太守，但王靖因無力平息內亂，遭到孫權的嚴厲譴責。重壓之下，王靖起了叛念，準備投降曹魏，但因行事不密而被察覺。孫權誅殺王靖全家，然後任命親信周魴繼任鄱陽太守。

鄱陽郡北臨長江，渡江後就是廬江郡治所所在的皖縣。皖縣距離曹魏控制的揚州不遠。鎮守揚州的就是曹魏曾經的輔政大臣之一，大司馬兼揚州牧曹休。

孫權決定效仿王靖故事，讓周魴向曹休詐降，誘騙曹休深入吳境，然後圍而殲之。孫權認為王靖投降未果，曹休必不甘心，再讓周魴誘引，肯定中計。

孫權與周魴密商後，由周魴寫了一封超長的請降書給曹休。

這封請降書中，周魴精心炮製了幾個理由，以取信於曹休。

第一，周魴將孫權描述為刻薄寡恩、心狠手辣之人。前任王靖事洩伏誅，令周魴有兔死狐悲之感。

第二，周魴獅子大開口，找曹休索要將軍印、侯印各五十個，郎將印一百個，校尉印、都尉印各二百個，將自己及部屬包裝成唯利是圖之徒。

第三，周魴透露了東吳及孫權的一些重要軍事機密。

周魴的信中乾貨很多，曹休果然如獲至寶，信以為真，向曹叡彙報邀功後，立即按照與周魴的約定，率兵十萬，向皖縣進發。

曹休言之鑿鑿，曹叡也上當了。但為穩妥起見，另派司馬懿和賈逵分兵兩路，與曹休呼應，既可大張聲勢，擴大戰果，也可預防萬一，及時接應。

曹休領兵到了皖縣，卻發現東吳第一帥才陸遜早已布下重兵。陸遜原本鎮守荊州，孫權為了確保必勝，特意從荊州召回最信任的陸遜，祕密主持殲滅曹休的關鍵戰役。

這一招就是孫權讀書學來的，模仿的是戰國時期的秦、趙長平大戰。當時，秦國表面上派大將王齕領軍，暗地裡卻偷偷讓秦國第一戰神白起主持大局。等到趙軍發現後，為時已晚。趙軍主將趙括指揮不當，全線崩潰。此後，白起將趙國投降的四十萬精銳士卒全部坑殺。這一戰被稱為整個戰國形勢的轉折點。經此一戰，秦國一統天下的大勢已無可阻擋，只是時間長短了。

孫權將殲滅曹休視為登基為帝的獻禮之戰，自然也將陸遜視為東吳的戰神白起。

陸遜自統中軍，令朱桓、全琮為左右都督，分頭迎擊曹休。決戰之前，朱桓量形度勢，向孫權獻了一策，說：「曹休只是沾了宗親之光，並無真才實學，故而此戰必敗。他一敗退，只能從夾石、掛車這兩條路逃走。這兩處地勢險要，我願意和全琮各自領兵埋伏，以克全功。」

孫權完全放手讓陸遜決定，陸遜想了想，否決了朱桓的建議。

曹休明白自己中了周魴的詐降計，本該立即撤兵。但一來已鼓譟在先，如果無功而退，勢必顏面掃地；二來他自恃兵力雄壯，不至輸給東吳。於是悍然挺進，以圖挽回顏面。

雙方在石亭展開激戰，曹休哪裡是陸遜的對手，很快就潰不成軍。曹休急忙帶著殘兵往夾石撤退，陸遜指揮吳兵追擊。

幸好曹叡派出兩路接應人馬，賈逵及時接應，總算讓曹休保住一條命，逃了回去。

這次受騙上當、慘遭失敗，對曹休是致命的打擊，最後他在羞憤交加中因背癰潰爛發作而死。

陸遜先在猇亭擊潰劉備，又在石亭擊潰曹休，經由兩亭之戰，一舉登上人生頂峰。而孫權也再次取得與曹魏交戰的重大勝利，為登基造足了氣勢與聲威。

如果陸遜事先聽從朱桓的建議，在夾石預先伏兵，曹休在劫難逃，東吳的勝果會更加輝煌。當然，相對於最終的勝利，陸遜的這個保守式失誤，只能算是小瑕疵，無關宏旨，無傷大雅。不過，從中我們也可領悟到，任何一個人一旦功名加身，就會變得保守謹慎，很難重現一無所有時的甘冒風險。陸遜是如此，誰又不是呢？

孫權如願得到最想要的勝利，但他思前想後，覺得缺少一樣東西，他還需要一個冠冕堂皇的理由，證明自己登基為帝的合法性。

曹丕託名禪讓解決了這個問題。劉備仗著漢室宗親身分，打著繼承漢嗣的旗號，也解決了這個問題。

但孫權無從禪讓，也無法改變自己的身分，他該用什麼辦法來解決合法性的問題呢？

【心戰領悟】人類社會的一切世俗智慧都寫在歷史裡。

48 書中自有帝王師

證明天命雖然有點難，但辦法多得是，只要到書中去找就是了。

在孫權之前，憑空稱帝最典型的例證就是漢高祖劉邦。劉邦出生草根，毫無家底，為了讓世人相信天命在他，他炮製了不少異兆祥瑞。

比如，劉邦說自己左大腿上有七十二顆黑痣，還將夜斬白蛇的故事包裝成赤帝子斬白帝子的傳奇。他老婆呂雉也幫著造勢，說劉邦所在的地方，天上有五色雲；只要看到五色雲，就能隨時找到因避禍而嘯聚芒碭山中的劉邦。

劉邦之後的王莽，為了證明自己天命所歸，大肆利用讖緯之說，各種符命、圖書，層出不窮地「湧現」，直到將王莽拱上帝位。

王莽之後的劉秀，也利用這一套手段，充分以「劉秀發兵捕不道，卯金修德為天子」這一類的神祕預言，成功地完成了從平民到皇帝的大變身。

孫權是讀過書的，當然能想到這些辦法。東吳的群臣也是讀過書的，當然也能想到這些辦法。上有所好，下必行之。當孫權種種行為表露了他的心思後，群臣中的「積極分子」投其所好，立即開始了輿論運作。

三十年前漢獻帝興平年間流行的童謠首先被翻出來了，並再度傳唱：「黃金車、班蘭耳，闓昌門，出天子。」（闓昌門是吳都的西門）。三十年前，孫策還好好活著，孫權十八歲，正享受著無憂無慮的貴族生活。當時，根本沒有人將這首歌謠當一回事。但是，三十年後，在「別有用心」的東吳群臣全新解讀下，這首歌謠揭示了天命早有安排，因為一年後，孫策猝然去世，而孫權就此踏出了稱帝的第一步。

東吳群臣的這種思維模式，正是「驗證性偏見」[52]的典型表現。所謂驗證性偏見，就是將各種訊息、行為、事件以符合既有定見的方式解讀。

隨後，有人相繼報告武昌出現了黃龍，夏口出現了鳳凰，這些事件自然也落入了「驗證性偏見」的血盆大口之中。

既然吉兆祥瑞頻出，天命所歸也就理所當然。孫權做足了稱帝前的預熱，於是將此前的「黃武」年號改為「黃龍」，趁著諸葛亮發動第三次北伐，魏國全神戒備之際，在武昌舉行了郊祀大典，發布告天文書，正式登上了一生中的巔峰位置。

孫權當皇帝，距離曹丕和劉備稱帝整整經過了八年。他不急於和曹、劉搶時間，而是用無比的耐心，甚至在劉備和曹丕先後離世後依然一忍再忍，將示弱勝強的策略發揮到極致，終於迎來最有利的時機。

能夠延遲滿足欲望的人，是了不起的人。多少人在誘惑面前，毫不顧及客觀情勢的輕重緩急，迫不及待撲了上去，結果往往碰得頭破血流。而孫權克制了延遲折扣的衝擊，一直將甘美的果實留到最適於品嘗的時刻，這是非常值得後人學習的一大戰略美德。

孫權的謹慎還不僅於此。他並未大肆宣揚登基稱帝，而是採用了更為隱晦的「正尊號」說法。

孫權為什麼要這麼做呢？

實際上是對「重新定義策略」[53]的精妙運用。所謂「重新定義」，其實就是在不改變某一概念、名目的實質內涵前提下，採用另外的辭藻，以達到緩和矛盾、消融排斥、預防衝突等目的。

孫權早在七年前就已經自建年號「黃武」，這是他為了稱帝而實施的試探性舉措。當時他主要是擔心會激怒魏國，因為他的吳王是曹丕冊封的。當吳、蜀再次結盟，明確將魏國當作共同的敵人後，孫權稱帝後主要擔心的就是蜀國的不滿。因為蜀漢以繼承漢嗣為合法性來源，如果孫權自行稱帝，就是對這一基本原則的背叛。孫權絕不想在與魏國徹底交惡之後，又與蜀國鬧翻，以免出現兩面受敵的危險局面。

孫權要利用大家均未提出異議的既定事實（自建年號「黃武」），將稱帝包裝為「正尊號」（改用年號「黃龍」），以此微妙地宣布：我早在七年前就已經是皇帝了，現在只不過是補辦一個手續而已，請大家（尤其是蜀漢）不要大驚小怪。

為了達到目的，孫權還精心編撰了告天文書。

在告天文書中，孫權首先痛斥了曹氏父子篡奪神器的罪惡之舉，以此宣告曹魏政權不具備任何合法性。在此基礎上，孫權進一步聲稱「漢室已絕祀於天，皇帝位虛，郊祀無主」，自己「畏天命，不敢不從」來當這個皇帝。這是宣告稱帝的合法性。這句話是必須要說的，但這樣一說，等於是說現在天下沒有皇帝。那麼，兩個正在當皇帝的皇帝（曹叡和劉禪）當然要奮起反擊。為了不引發蜀漢的劇烈反應，孫權只是痛斥曹魏，而對蜀漢一字不提，以表示對蜀漢稱帝的默認。

孫權稱帝後，按照慣例，追尊父親孫堅為武烈皇帝，母親吳氏為武烈皇后，並追封長兄孫策為長沙桓王。同時，那個屢屢被曹丕追索的兒子孫登，也被立為太子。

辦完這些事情後，孫權毫不遲疑，立即派出使者前往蜀漢，明確提出了「並尊二帝」的主張，把包袱扔給了蜀漢。

孫權雖然擔心稱帝會導致蜀漢的不滿，但不因為這種不滿的存在而改變心意。這是他的堅毅之處，也是他的強大之處。當然，他也做好了最壞的應對打算。

蜀漢的反應充分說明孫權在稱帝上的謹慎絕非多餘。

孫權「並尊二帝」的主張在蜀漢群臣中引發了激烈的反應。大家群情洶洶，相互激發，在「群體極化」的作用下，一致要求立即與東吳斷絕聯盟關係，公開聲討孫權的逆篡惡行。

問題終於匯聚到諸葛亮手裡。

諸葛亮深思熟慮後，做出了最後的決斷。

在諸葛亮的戰略規劃中，討伐魏國、興復中原才是第一要務。和劉備的臨終囑託以及諸葛亮的人生夢想是一致的。如果因為孫權稱帝而與之斷絕，蜀漢也將面臨兩面受敵的困境。以蜀漢僅僅占據一州（益州）的資源與實力，顯然無力支撐雙線作戰；如果承認東吳稱帝，延續蜀、吳聯盟，就可以繼續對魏國保持壓力。

諸葛亮認為蜀、魏矛盾才是當前的主要矛盾，只有優先解決了這個矛盾，才有可能處理蜀、吳矛盾。由此亦可反證，孫權在稱帝時機的把握上是何等的英明正確！

諸葛亮對於形勢的認知與判斷，充分展示作為一個政治家的高度靈活性，而靈活性正是解決複雜問題的強力手段；僵固不化者，往往會落入矛盾的陷阱而無從自拔。

但是，諸葛亮做這樣的決定，也要冒極大的內部群體壓力。為了確保自己的決斷能夠一錘定音，他特別搬出了劉備。劉備一生最擅長的就是「應權通變」，即便是兵敗夷陵之後，困守白帝城，雖然充滿了對孫權的憤怒，還是率先派出使者與東吳聯絡，以圖自保。

諸葛亮借助先帝的權威以及自身的威信，終於說服了群臣，不但沒有反對孫權稱帝，而且派出陳震當使者，前往東吳祝賀！

諸葛亮這個決定是審時度勢後的必然選擇，甚至可以說是無奈之舉。孫權對此卻十分激賞！他預料中最壞的局面根本沒有出現，而是出現了最好的局面。等於是在孫權最需要的時候，給了最有力的支持。因為這件事，孫權終其一生對諸葛亮都保持了尊敬與感激。五年之後，諸葛亮在五丈原黯然離世，孫權下令吳國全國為他舉孝。同時，還將對諸葛亮這份感情轉化為對吳、蜀聯盟的堅定維護。每當東吳群臣中出現對蜀國不利的言論或動向時，孫權絕無動搖，甚至說出了「朕為諸君破家保之」的決然之語。

陳震來到武昌後，孫權龍顏大悅。在孫權的主導下，吳、蜀兩家商定合力破魏，中分天下。具體地說，就是將魏國的地盤分成兩半，豫州、青州、徐州、幽州歸吳國，兗州、冀州、并州、涼州歸蜀國；京都洛陽所在的司隸之州，則以函谷關為界，關東部分歸吳國，關西部分歸蜀國。

吳、蜀達成了這個協議後，孫權不由沉浸在美好的想像中。是啊，茫茫人海，萬千生靈，又有幾個人能夠攀到皇帝之位這個終極巔峰呢？而孫權才四十八歲，正是年富力強的黃金年華。在這個年紀，劉備還在荊州寄人籬下，幾無立足之地，而孫權卻已成了君臨江東的皇帝。他躊躇滿志，想要開創更大的基業，主動向蜀漢提出中分天下，正是雄心壯志的外露宣示。

但是，一個人攀上頂峰、擁有了至高無上的地位之後，其性格中的陰暗面往往會不加掩飾地暴露出來，甚至在權力催化劑的作用下，變本加厲，以致於完全變成了另一個人。孫權到底能不能擺脫這人性的桎梏呢？

【心戰領悟 時機是解決合法性問題的關鍵要素。】

49 一口三十年的惡氣

稱帝當天的慶祝大宴上，孫權就已暴露出危險的傾向。酒不醉人人自醉，這一場歡宴上，心情極為暢快的孫權毫不節制，很快就喝得醉醺醺。

東吳群臣絡繹不絕向孫權敬酒祝賀，老臣張昭也顫巍巍地站起來，要向孫權祝酒。張昭已經七十四歲高齡了，鬢髮皆白。他本是東吳第一重臣，自從在赤壁戰前犯了方向性的錯誤之後，慢慢就失去了孫權的歡心；而且生性耿直，仍然不時用強硬的態度來對待孫權，孫權對此雖然很有意見，但出於對張昭的慣性敬畏和尊重老臣的客觀需要，仍然保持克制，在禮節上對張昭予以尊重，因此兩人尚能相安無事。

張昭雖然心情時有失落，但眼看著當年那個懵懂無知的少年，日漸成長，終於成為人中之龍，心情還是十分欣慰的。三十年前，當孫策和吳太夫人將孫權託付給他的時候，孫權才十九歲。張昭承受著極大的壓力，擔起了扶立孫權的重任。如今，張昭覺得兌現了對故主的承諾，所以，他也舉起杯來，對孫權表示祝賀。

沒想到孫權竟然語帶譏諷地說道：「如果赤壁大戰前，我要是聽了張公您的話，恐怕現在就要討飯吃了吧？哪還會有今天？」

這一口氣，孫權憋了整整三十年。這一句話，孫權一直想了三十年。在登上最高目標的這一天，在大量酒精的催發作用下，孫權放下所有的心理戒備，讓內心的真實想法衝口而出！

孫權忍張昭真的忍很久很久了！

孫權繼位不久，在巨大的壓力下，為了證明自己的勇敢無畏（逆恐反應），經常在打獵的時候勇往直前。有一次，一隻猛虎衝到孫權跟前，前爪都搭到了他的馬鞍上。張昭看不下去了，當著眾人的面，板著臉狠狠地「訓斥」了孫權一頓：「將軍你為什麼要這樣做？身為主公應該是能夠駕御英雄、驅使群賢的人物，怎麼能驅馳於山原田野，和猛獸比拚勇猛呢？」孫權面子上很難堪，但迫於張昭的威嚴，不得不當眾認錯：「我年紀輕，考慮事情不周到，實在是太慚愧了。」

孫權敬畏張昭的病根就是從這裡開始種下的。張昭不顧情面，嚴厲勸誡的事情還有很多，甚至有一次把孫權的酒後胡鬧譏諷為「紂王之行」。

這些事情積累多了，孫權的潛意識中就充滿了對張昭的不滿；而張昭本人在大是大非的判斷上犯了錯之後，依然沒有收斂本性，還是以一貫的強硬態度來對待孫權，就導致了孫權對他更大的不滿。

這一次，孫權酒後吐真言，可算是出盡這口憋了三十年的惡氣了。（孫權確實太「精擅」選擇時機了。在這樣的場合中、在這樣的氛圍下，說出這樣的一句話，對張昭的打擊確實是最大的。）

但是，這句話的分量實在太重了。

張昭的臉色一下子變得比他的鬚髮更白，冷汗急冒。張昭跪地不言，整個歡暢喧鬧的場面一下子變得極其安靜。東吳君臣上下都因為這一句不合時宜的譏諷而陷入了極度的尷尬之中，一場歡宴不得不就此提前結束。

從這一場由孫權主導的鬧劇中，我們已經可以看到權力之於人性的巨大衝擊和巨大釋放。當一個人自身能量不夠的時候，不得不接受外界的種種約束，夾著尾巴做人。一旦這個人擁有了至高無上的權力，什麼都不能約束他時，那些曾經吞下的屈辱與隱忍就會像決堤之水一樣，衝蕩而出，根本不會顧及後果以及他人的感受。

孫權剛當上皇帝，年紀還不大，前面還有很長的路要走，這絕不是一個好的苗頭。

張昭心灰意冷，第二天立刻上疏說自己年老多病，不適合再參與朝政了，請求退休養老。

這時孫權酒已醒，那口惡氣也已出了。冷靜之後，孫權覺得可能做過頭了。一稱帝就這樣，可能會帶來很大的負面影響，於是，他溫言挽留張昭，並拜他為輔吳將軍，改封婁縣侯。希望透過加官進爵來表達歉意，張昭覺得挽回了面子，也就不再固執，收回了退休的請求。

君臣關係看似恢復正常，其實，傷口即便癒合，也會留下傷痕。孫權對張昭的不滿並沒有因為兩人和好而消失。據心理學的研究，發洩憤怒不能排遣怒火，反而更加激發憤怒，這就是「宣洩無用論」54。

果然，在確定丞相人選時，孫權再一次隱性報復了張昭。

孫權稱帝後，當然要委任一名丞相，以為群臣之首。在江東群臣眼中，這一職位非德高望重的張昭莫屬；但是，孫權的任命下來，卻出乎所有人的預料。

孫權竟然任命了毫不起眼的孫邵擔任丞相。面對群臣的議論，孫權詭辯稱：「丞相日理萬機，工作繁重，我實在不忍心讓老臣如此辛勞啊！」

孫權拿張昭的年齡說事，彷彿是為了照顧他的身體，這個理由好歹堵住了眾人的嘴。

但是，孫邵很「不爭氣」，只當了一年多丞相就去世了，而孫權口中那個老臣卻活得好好的。

眼看丞相之位出現了空缺，東吳群臣以為這一次總該是張昭來做了吧。

沒想到，孫權竟然再一次把張昭晾到旁邊去，這次，他選擇了顧雍為相。

其實，顧雍也不是孫權完全滿意的人選。孫權喜歡喝酒，但顧雍卻滴酒不沾。每當有宴會，只要顧雍這個不喝酒的異類在，大家都覺得不盡興。孫權對此也發洩過不滿：「顧公在坐，使人不樂。」

但是，顧雍有一個特點讓孫權很滿意，就是不苟言笑、沉默寡言，而且從來不當面駁斥孫權。顧雍的隱忍定力極強，有一條逸聞足以證明這一點。

有一次，顧雍在家裡和一位賓客下圍棋。弈興正濃之際，家人急匆匆進來，遞給顧雍一封信。信件是從顧雍長子顧邵擔任太守的豫章郡寄來的，但信封上的筆跡卻不是顧邵的。顧雍頓生不祥之感，斷定顧邵可能遭遇不幸。但他沒有驚動賓客，繼續不動聲色地下棋，直到賓客告別之後才打開信件，信中所寫果然是顧邵突然病故的噩耗。在此期間，顧雍為了穩定心神，一隻手的大拇指一直掐住手掌心，直把掌心掐出了血，但與他對弈的賓客始終沒有發現異樣。

孫權沒稱帝前，較能容忍臣下犯顏直諫。當了皇帝之後，愛面子的心理愈來愈強，也愈來愈不能容忍張昭這樣率性直言的人。正是顧雍的這一項特點與張昭截然不同，讓孫權決意起用他擔任丞相。

群臣再一次議論紛紛。孫權再一次為自己辯護，說：「把丞相之位給張子布，我難道還有什麼捨不得的嗎？只是當丞相事情太多，而這位老先生性子剛烈，他的話別人要是不聽，就會埋怨、責罵，恐怕沒有好處吧。」

顧雍的丞相一連當了十九年，總體來說口碑不錯。張昭雖然活到八十一歲，但終身與丞相一職無緣。

被孫權這樣對待，張昭心中自然不是滋味，但是他依然用自己的方式來表達對孫氏政權的忠心不二。只要他覺得孫權行事不當，一定會直言相諫，從不因為擔心自己的利益受損而畏縮不前，這是一種難能可貴的品格。多少人為了一己私利，對上位者阿諛奉承，無所不用其極。如果張昭的性格能夠稍微圓融一點、稍微多順著孫權一點，以他的威望，東吳的丞相絕對是他的囊中之物。但張昭依然保持了自己的本色，從未因歲月的變遷而改變。試問天下有幾人能夠做到呢？

張昭執拗強硬的性格和孫權稱帝後的顯著心理變化，注定了他們兩人之間不可能平安無事。

果然，沒過多久，他們之間果然又爆發了一次更加激烈、惡劣的衝突。

心戰領悟

〔水，是滿而溢；情緒，是不滿而溢。〕

【策六】落日昏暉

50 完全複製的劇情

孫權稱帝後不久，得到一份意外之喜。就是遼東公孫淵所上的歸順表文。

遼東本是幽州的一個郡，因地處偏遠，中央政府鞭長莫及，一直由當地的世家大族公孫氏實際掌控。從曹操開始，就默認了公孫氏的割據現實。後來，曹丕稱帝，遼東的統治者公孫康去世後，其子公孫淵年幼，群下擁立公孫康之弟公孫恭繼位。曹丕承認這一既定事實，並授予公孫恭車騎將軍的稱號。等到曹叡執政後，公孫淵擅自強奪了叔父的位置，自立為遼東之主。這件事引起了魏國群臣的不滿，建議曹叡剷除公孫淵。但曹叡依照父祖舊例，封公孫淵為揚烈將軍、遼東太守。

公孫淵擔心曹魏早晚會對自己下手，於是首鼠兩端，派使者來向孫權表達歸順之意。

對於擔心自己得位不正的人來說，還有什麼比外邦之人主動歸順更好的禮物嗎？公孫淵的投靠恰如雪中之炭，燃旺了孫權的心火。

公孫淵在表文中控訴了曹魏對自己無端猜忌，不予信任，又對孫權大唱讚歌，將他捧為「德不再出，時不世遇」的不二明主，並對他寄予厚望，認為他能夠「奮六師之勢，收河洛之地」，一統天下。

孫權在風雨蒼茫中走到今天，一直都在尋求他人的認可。公孫淵卑辭屈禮的甜言蜜語，就像一道興奮劑，沖昏了他的頭腦。孫權分不清東西南北了，油然升起中原在望，即將君臨天下的自得自滿之情。孫權性格中好大喜功的那一面終於不再掩飾地顯露出來了。

孫權當下決定要對公孫淵加官進爵，他下令冊封公孫淵為燕王，而且大慷他人之慨，將根本不屬於自己的地盤——幽州和青州——全部劃歸公孫淵治理，此外還對公孫淵恩加九錫。九錫是指金車大輅、玄牡二駟、袞冕之服、虎賁之士、斧鉞、弓矢、秬鬯等九種禮器，代表著身為人臣者所能得到的最高禮遇。從東漢末年的情況來看，當臣子被皇帝賜以九錫之禮時，就意味著這個臣子距離謀權篡位不遠了。

孫權對一個遠隔千里海疆、素無交往之人，一出手就是最高等級的賞賜，實在令人匪夷所思了。

如果我們記性不壞的話，應該還記得孫權的種種作為無非是複製八年前的經歷。只不過，當時卑辭稱臣的人是孫權，而剛當上皇帝的人是曹丕。

曹丕甫代漢而立，孫權非常及時地送上降表，讓曹丕龍顏大悅，不顧劉曄的反對，執意封孫權為吳王，以宣示皇帝的最高權力。如今，孫權的心理狀態和當日的曹丕完全一致，公孫淵也被封為人臣所能得到的最高爵位——燕王。孫權甚至超越曹丕，將皇帝百寶箱中壓箱底的「九錫之禮」也傾囊相授。

孫權還決定派出萬人使者團，浩浩蕩蕩，遠渡大海，親赴遼東為公孫淵授爵加冕。

孫權的這個決定一宣布，東吳群臣就坐不住了。遼東遠隔千里海疆，東吳也像曹魏一樣，鞭長莫及。如果只是給予公孫淵種種賞賜，群臣倒也沒有太大意見，但是要派出萬人船隊出使遼東，這可就是一件大事了。

張昭，又是張昭，站出來表示反對。

張昭說：「公孫淵與魏國不和，懼怕其出兵征討，才遠來向我求援，這不是他的本意。如果公孫淵改變意圖，想要自我表白於魏，我們派出的使者就回不來了，這難道不會被天下取笑嗎？」

在孫權看來，張昭的話不是對公孫淵的否定，而是對自己的徹底否定。在「選擇性認知」的作用下，孫權理所當然地將公孫淵的上表效忠視為其發自內心的真實意圖，但張昭偏偏說只是懼怕曹魏攻擊的權宜之舉。豈不是太煞風景了嗎？

其實，孫權應該很清楚公孫淵的心態與動機。當年，他不就是因為懼怕劉備的瘋狂攻擊，而對曹丕曲意逢迎，最後換回了吳王的冠冕嗎？他當初所為，何嘗是出於對曹丕的赤膽忠心？當情勢轉變，他還不是再次選擇與蜀漢聯盟，將魏國視為死敵。

此時此刻，孫權的心理狀態完全等同於剛稱帝的曹丕，公孫淵的心理狀態也相當於與劉備翻臉為仇後的孫權。在這一場間隔八年、但劇情卻完全雷同的人生遊戲中，唯有孫權分別飾演主客易位的兩個角色。環顧天下，再也沒有人比他更懂得其中的奧妙了。為什麼偏偏孫權身在局中，執迷不悟呢？

與孫權的美好預期截然相反的是：張昭話中還透露出一種負面預期，更是孫權不能接受的。他要的是全天下人對他的高度認可，而絕不是全天下人的嘲笑。

孫權被徹底激怒了。面對張昭，他失去了理智，極其衝動地扯下腰刀，使勁地拍在案几上，怒目而視，脫口而出：「吳國的士人進宮就拜我，出宮就拜你，我對你的尊敬也算是做到極致了吧！你為什麼屢屢在眾人面前折辱我呢？我擔心自己會控制不住，對你不利！」

孫權說的這一番話，比稱帝慶宴上的話更為赤裸裸。前一次只是嘲諷，這一次卻是斥責加威脅！群臣一看，孫權竟然說出這樣氣急敗壞的話，幾乎都驚呆了。張昭卻極其堅定地迎向孫權的目光，對視良久，毫不退縮，然後一字一頓地說道：「老臣雖然知道自己的話您聽不進去，但依然竭心盡忠，因為當初太后臨終時，在病榻前遺詔顧命的話如今言猶在耳啊！」說完，張昭再也不能抑制情感，老淚橫流，泣不成聲。

張昭一貫的做法就是與孫權硬抗，從不退縮。這一次，卻是將壓抑了三十年的委屈與心酸用淚水傾瀉而出。在君君臣臣的三十年間，兩個人都相互隱忍對方，當孫權接連兩次情緒失控後，張昭也終於控制不住了。

孫權失去理智的頭腦原本已做好準備，不惜以任何強硬方式也要折辱張昭，但張昭的真情流露，大出意外。孫權一下子也被此情此景感染了，一把操起腰刀，扔到地上，忍不住也是淚流滿面。

這一幕君臣相對而泣的場面，感動了在場所有人。大家都覺得孫權應該被張昭說服了，不會再盲目派出萬人使者團了。

朝會散後，孫權卻接二連三地接到了鎮守在外者勸阻他封賞遼東的奏章。

其中有虞翻的。虞翻因經常犯顏直諫，又沒有張昭的聲望，而被孫權懷恨在心，差一點在酒宴上被斬殺。後來，孫權藉故將他貶到偏遠的交州，以圖耳根清淨。虞翻擔心自己再上表勸諫，會更加激怒孫權，只好轉請呂岱代為上表，請求孫權不要派萬人使團遠赴遼東，以免勞而無獲。

其中還有孫權的女婿朱據。朱據娶了孫權的小女兒孫魯育後，立即被升為左將軍，封雲陽縣侯，領重兵駐守湖熟。朱據見岳父大人頭腦發昏，出於忠愛之心，也上疏請孫權不要派使遼東。

虞翻、朱據的反對，孫權並不怎麼在意，但另一個人的反對卻讓孫權深感壓力，也極為不滿。

這個人就是他最為信任的陸遜！

孫權在武昌稱帝後，很快遷都建業，卻留太子孫登在武昌鎮守。為了栽培孫登，孫權特意將陸遜從荊州的江陵調到武昌，輔佐孫登。

陸遜此時的頭銜是上大將軍、右都護、掌荊州及豫章三郡事，董督軍國。東吳所占之領土，整個長江上游的軍政大權全部歸於陸遜之手，甚至可以說，陸遜和孫權是分治東吳的。

除此之外，孫權還給了陸遜一項極為特別的權力——他把自己的一枚璽印留在陸遜手中。吳、蜀結盟之後，孫權每與諸葛亮書信往來。孫權的回信必要先送給陸遜過目，如有不妥，陸遜可以自行改定，然後就用孫權留給他的這枚璽印蓋好章，直接送往蜀漢。

孫權對於陸遜的信任，堪稱前無古人，後無來者，遠遠勝過被後世稱頌的劉備之於諸葛亮的君臣相得。

孫權之所以特別在意陸遜的意見，是因為他向來都是「正確」的代表。猇亭之戰、石亭之戰，連敗兩大強敵，這樣至高無上的成就塑造出陸遜英明無敵的高大形象。難道陸遜會判斷失誤嗎？如果承認陸遜是正確的，孫權就成了錯誤的。

孫權還能夠像以前那樣對陸遜深信不疑，從諫如流嗎？陸遜的大力反對能夠讓孫權徹底打消內心那種「縱橫四海，唯我獨尊」的原始衝動嗎？

心戰領悟

「好大喜功」的下一站就是「剛愎自用」。

51 驚天的祕密

張昭、陸遜、虞翻、朱據四個人的反對加起來，也沒能動搖孫權宣示君臨天下的超級榮譽與超級權威的衝動。

孫權很快下詔任命太常張彌、執金吾許晏為使團領隊，率領滿載珠寶器物的萬人船隊前往遼東。孫權派出的使團規格非常高。太常是九卿之一，執金吾是負責京都治安的軍隊官長，再加上九錫和極其豐厚的賞賜禮物，孫權對此事的傾情投入，不吝人力、物力由此可見一斑。

張昭聞訊後，氣得半死，一股牛脾氣上身，從此閉門不出，不再上朝議事。張昭的反應深深刺激了孫權，隨即把對陸遜、虞翻、朱據等反對者的不滿，全部傾瀉到張昭身上，甚至憤怒過度，失去了理智，立即派人去張昭的府邸，用泥土把張家的大門給封死了！

孫權的意思是既然你不想上朝議事，就永遠不要從這扇門出來。張昭得知大門被封，也橫下一條心，與孫權對抗到底，下令將門的內側也用泥土封死，意思是你不想再見到我，我也不想再見到你。

這一對同甘共苦三十年的君臣，就這樣槓上了，兩人的關係變成誰也打不開的死結。

孫權喪心病狂、無可理喻的做法，無情地撕開了一個驚天大祕密。一千多年來，這個祕密一直極少為後人察知。雖然我們不忍心撕開這個英雄人物的心靈傷口，但不這樣做，就永遠無法真正理解孫權稱帝後種種匪夷所思的怪異行為。

就心理狀態而言，孫權不是一個正常人，而是神經症患者！

所謂「神經症」[55]，就是指一個人在個人性格特質與所處特殊情境的交融作用下，形成了過於敏感、偏激的世界觀、人生觀和價值觀。

神經症患者一般能適應社會生活，其行為大多數時候都保持在社會規範容許的範圍內，能夠為他人理解和接受。當其症狀在某種特殊的情境下劇烈發作時，往往會超越他人的認知底線。

美國心理學家和精神病學家，新佛洛伊德主義的代表人物卡倫·霍妮（Karen Horney）在她的代表作《神經症與人的成長》（*Neurosis and Human Growth*）一書中，詳細闡明神經症患者的成因以及種種大乖常理的做法。我們不妨對應孫權一直以來的行為，加以比照。

首先我們要搞清楚，孫權為什麼會成為神經症患者？

霍妮認為神經症的萌芽起源於早期的親子關係。當兒童對安全的基本需要得不到充分滿足，其性格形成就會出現問題，從而引起神經症。

孫權生在亂世，其成長環境的動盪不安是顯而易見的。在他的成長過程中，父親孫堅根本不能充分滿足他的安全需求。更為甚者，孫堅的猝然暴亡更加劇了孫權的恐懼感；孫權的長兄孫策複製了父親的猝死模式後，對孫權的安全感匱乏更造成雪上加霜的負面影響。

這是孫權發展成為神經症患者的第一個原因。

第二個原因是孫權本人的性格特質。

首先要歸因於他的另類形貌，與眾不同的長相帶來深深的自卑。

在「黑眼黑鬚」的大環境中，孫權的「碧眼紫髯」委實太過另類了，原本就缺乏安全感的他時時刻刻在心理上強化與眾不同的「身體缺陷」，從而形成極度敏感的心理狀態。

第三個原因則在於他的獨特機遇。

如果孫權沒有被推上江東之主的寶座，他的神經症也許不會變得這麼嚴重。一國之主的巨大壓力、江東榮譽文化的特殊影響、下屬眾人的不信任等因素，疊加在一起激化了他的恐懼感和過度敏感。包括孫策和吳國太在內，都以愛之名表達出對孫權的不夠信任，否則他們就不會諄諄囑託「內事不決問張昭，外事不決問周瑜」。

上述三大因素壓在年僅十九歲、少不更事的孫權身上，迫使他發展出塑造「理想化自我」[56]和追求「報復性勝利」[57]兩種驅動力來面對心理困境，使孫權無可避免地踏上神經症患者的不歸之路。

所謂「理想化自我」，就是在想像中將自己包裝成永遠正確、沒有缺點的理想形象。

所謂「報復性勝利」，就是將成功的目的理解為證明自我的能力與正確性，並以此來反擊懷疑者。

孫權這一路走來，始終深懷恐懼與自卑。那些接二連三的勝利，其實沒有帶給他真正的自信，而是發展出一種「病態自負」[58]。病態自負讓他無法將成功轉化成真正的自信，卻「看似堅定，實則脆弱」地以為自己無所不能，正是這種特殊的心理狀態，讓人一旦遇到挫折與打擊，很容易一蹶不振。即使登上了皇帝寶座，孫權依然不相信自己真的能夠完成這一歷史壯舉。

正如霍妮所說的，病態自負所依賴的基礎就像紙牌屋一樣不結實，連微風都可以吹倒它。儘管神經症患者努力追求完美，相信自己能夠達到完美，卻無法得到最需要的自信與自尊。儘管在想像中像天神一樣完美，在世俗中，卻連普通牧羊人的自信都沒有。也許有地位、有名望，但這些只會使患者自傲，不會帶來內心的安全感。在內心深處，他仍會覺得沒有人需要自己，感情很容易受傷，需要不斷證明自己的價值。有權有勢時，受到他人的讚揚和尊重，就會覺得自己很強大。一旦到了陌生的環境，或不幸遭到失敗，或一人獨處時，這些洋洋自得的感受很容易就崩潰了。

公孫淵的上表歸順，對孫權證明自我，實在是太重要的一種加持，也是他的報復性勝利的最佳標誌。

過度追求自我理想化和報復性勝利，必然陷入極大的心理迷思。當張昭指出孫權的決策有誤，可能招致失敗時，孫權為了維護理想化自我，必然不遺餘力維護決策，以維護自己的正確與權威。這時，決策本身的正確與否已不再重要，重要的是，必須力挺這個決策，絕不容他人置喙，更不容他人更改。

孫權絕不能容忍任何人懷疑公孫淵這一舉動的真實性，否則，他的理想化自我立即就會坍塌。

霍妮預見性地指出，當他人不接受警告，繼續對神經症患者的理想化自我進行攻擊時，神經症患者往往會採取誇張型的報復行為。報復行為的衝動非常強烈，足以衝破平時管制行為的審慎心理，最明顯的表現就是報復性暴怒！這種暴怒非常可怕，連神經症患者都害怕自己失控時會做出什麼無法彌補的事情。

孫權拍刀在案，對張昭所說的「吳國士人入宮則拜孤，出宮則拜君，孤之敬君，亦為至矣，而數於眾中折孤，孤嘗恐失計」，正鮮明地驗證了霍妮的論斷。孫權確實擔心自己在暴怒之下不知會做出什麼對張昭不利的行為！

張昭對孫權拍刀在案的警告依然不予理睬，以閉門不出來對抗孫權的威權時，孫權的升級版報復性暴怒——壘土封門也就可想而知了，儘管對當時不可能明白神經症的人們，這種行為只是不可理喻。

當不夠自信與病態自負詭異地結合，當對理想化自我和報復性勝利的追求超過正常界限時，這世上已經沒有任何力量能阻止孫權的瘋狂行為了，任何的反對都會遭致孫權失去理智的的反擊。

東吳群臣陷入了集體性沉默之中，不知道孫權下一步還會做出什麼樣的舉動……

心戰領悟

正確實在是太重要了，以至於人們不惜採用任何錯誤的方法來維護自己的正確。

52 顏面掃地的傷害

孫權比誰都擔心公孫淵會背信棄義，對失敗的恐懼更進一步加強了勝利的必要性。他之所以派出萬人使團，一方面是好大喜功，大肆宣威，另一方面也是預防萬一。萬人使團實際上是萬名精卒，孫權暗地裡想，有一萬名精兵壓陣，就算公孫淵心懷二念，也不敢輕舉妄動，張彌、許晏兩人也一定能順利完成使命。

孫權絕對預料不到，當他的萬人使團浩浩蕩蕩、滿載珠寶的船隊劈波斬浪、耗費時日來到遼東時，公孫淵卻真的變卦了。

公孫淵為什麼會出爾反爾呢？

這得從他為什麼千里迢迢、不請自來主動向孫權輸誠效忠說起。

吳國取得石亭大捷後，天下震動，影響遠播。孫權的形象頓時變得高大無敵。嗅覺敏感的公孫淵聞訊後，立即從中看到了擺脫魏國控制的可能性，於是，決定投靠東吳，借助孫權的力量與曹叡抗衡，以求自保。

為了好好摸清東吳的底牌，公孫淵派往東吳的兩個使者宿舒、孫綜同時承擔著刺探敵情的重任。這兩位間諜的任務就是要搞清楚東吳的真實態度，以及能否在關鍵時刻給予公孫淵及時的支援。

孫權的過度熱情與慷慨以及諸臣的激烈反對，都被宿舒、孫綜看在眼裡；而孫權的對手，那個曾被他譏諷為不及曹丕萬分之一、不及曹操萬分之一的曹叡也亮出了招術。

曹叡得知公孫淵背叛的消息後，沒有因為他辜負了自己的封賞而勃然大怒。曹叡只做了兩件事，首先，布置兵力，做好在海上攔截使團的準備；其次，寫了一封「告遼東軍民書」。這封公開信除了痛斥孫權和公孫淵的悖逆之舉外，還特別針對遼東軍民實施了攻心戰，宣稱對那些改邪歸正者不予追究，以此來策反公孫淵的部下。這招讓公孫淵心驚肉跳，非常擔心手下會取了自己的首級去向曹叡邀功請賞。

這是公孫淵心態發生變化的開始。

萬人船隊歷經幾個月抵達遼東後，宿舒、孫綜忌憚萬名精卒一起登岸，先用緩兵之計，讓船隊靠岸等待。兩人先走一步，向公孫淵彙報出使見聞。

公孫淵聽完他們的回報，大吃一驚。

公孫淵第一驚的是孫權出手豪奢，沒料到孫權會一下子給出頂極賞賜。其實這並非好事，太過熱情的賣家往往會嚇跑買家。公孫淵不可避免地產生了「過度合理化效應」，他開始懷疑孫權是否暗藏陰謀，別有用心？在這樣的心態下，孫權和張昭之間的激烈對抗，也被公孫淵選擇性地理解為「苦肉計」。東吳人一貫喜歡用苦肉計，前有赤壁之戰時的黃蓋，後有石亭之戰時的周魴。這一次很可能也是孫權君臣間唱雙簧。

公孫淵第二驚的是孫權派出萬人使團。有了上述疑點做鋪陳，性格多疑的公孫淵立即推論孫權很可能是想藉出使之名，行吞併之實。

孫權做這兩件事，本來均無惡意，卻被公孫淵理解為居心叵測。更重要的是，公孫淵透過使者往返耗費日久的事實發現，當初希望借助孫權的力量來對抗曹叡，無異於痴人說夢。

遼東與東吳之間，陸上間隔著整個魏國，只能透過海路聯繫，波濤重重。如果魏國急切間攻打遼東，根本不能指望東吳能及時支援。

既然如此，公孫淵為什麼要白白為孫權做嫁衣而獲罪於曹叡呢？這個道理其實孫權也能想到，只可惜他扭曲的衝動蒙蔽了智慧的雙眼。

這個時候，曹叡所發「告遼東軍民書」的威力就顯現了。公孫淵不再猶豫，立即下達了屠殺東吳萬人船隊的命令。

這邊東吳使團猝不及防，那邊遼東鐵騎有備而來，其結局自然是可想而知的。張彌、許晏等人盡皆授首，吳兵傷亡慘重，唯有將軍賀達見勢不妙，率領少量殘部駕船逃離，飄離數月後才狼狽不堪地回到東吳。

公孫淵殘殺東吳使團後，當即將張彌、許晏等東吳高官的首級送往魏國都城洛陽，向曹叡獻媚。在表章中，公孫淵再次展現長袖善舞、巧言惑主的絕技，先是將孫權大肆挖苦一番，然後說明派遣使者入吳乃是誘敵深入之策，最後表明對大魏忠心耿耿、永不背叛云云。

如果孫權看到公孫淵的表章，再比照公孫淵的甜言蜜語，準會氣得吐血而亡！

曹叡看了公孫淵的「精采表演」，只是一聲冷笑，未置一詞。曹叡兵不血刃，就解決了遼東背叛的難題，孫權此前實在是太輕視他的智慧了。

東吳派駐洛陽的耳目將「遼東慘案」的消息發回東吳，孫權卻不相信，他固執地認為這是曹魏刻意營造的謠言罷了！

幾個月後，當賀達喪魂失魄帶著殘兵剩將逃回東吳後，孫權極力不相信的真相還是大白於天下！

公孫淵的背後一刀，殘忍而徹底擊碎了孫權的理想化自我！他一心想要證明給天下人看的英明偉大、光榮正確一下子成了痴人說夢般的笑話！

孫權的本能反應依然是誇張型的報復性暴怒！孫權大怒道：「我年近六十，人世間的挫折磨難，哪一樣沒有嘗過？現在竟然被公孫淵這個鼠輩矇騙，實在是怒氣難平！要是不把公孫淵的鼠頭砍了扔到海裡，哪還有臉面君臨天下！我一定要親自征討遼東，哪怕風浪顛簸，也絕無怨言！」

「鼠子」是典型的「非人化言辭」，昭示著勢不兩立、絕不通融的一種對立情緒與立場，與當初劉備為關羽復仇時痛罵「吳狗」的心理狀態如出一轍。

孫權真的是氣瘋了！他不惜付出與張昭、陸遜等重臣交惡的代價，拿出最誠摯的心情和最厚重的禮物重賞厚待公孫淵，沒想到不但竹籃打水一場空，而且損失慘重，簡直是把臉面都丟光了。

孫權病態地追求「榮譽」、「權威」，終於讓自己陷入了無路可退的窘境。只有透過攻擊公孫淵，把公孫淵碎屍萬段才能挽回顏面，他的這一瘋狂決定終於引發了東吳群臣的強烈反彈！

此前，東吳群臣懾於他對張昭的極端行為（壘土封門），紛紛緘默不語。這一次，卻不能不拚死勸諫了。稍具理智的人都能做出正確的判斷——孫權舉兵遠攻遼東並無勝算，如果曹魏趁機抄東吳後路，必將是萬劫不復的結局。

一眾大臣，除了賭氣不出的張昭之外，紛紛上表勸諫。孫權一直沒能建立真正的自信，眾臣一心的巨大力量再一次激發了內心的恐懼感。恐懼終究戰勝了憤怒，孫權不得不放棄了親征遼東的決定。只是，他內心受到的傷害已經變成一團濃重的陰影，再也揮之不去了。

孫權想要盡快翻過這不堪的一頁，但是，張昭家那扇被泥土封住的門卻日復一日地向東吳臣民們宣告著孫權的愚蠢無知、荒唐可笑。

孫權多麼希望張昭能夠理解自己，主動出門上朝，與自己和好如初啊！這正是神經症患者的典型思維。他們的內心充滿著這樣的要求：他有權隨心所欲地對待別人，而且有權讓別人不介意，不向他反擊。換言之，沒有人能傷害他而不受懲罰，唯有他可以傷害任何人而不受懲罰。

張昭的倔強也是出了名的。自從孫權把事做絕後，張昭已經閉門不出大半年了，一心在家鑽研《春秋》與《論語》，怎麼可能主動出來寬宥孫權呢？

張昭閉門不出，等於是用自己的正確來反諷孫權的錯誤。他一天不出門，孫權的臉就一天掛不住。儘管孫權絕不願意向張昭低頭認錯，但殘酷的現實和內心的渴求逼得他不得不主動服軟。

孫權親自來到張昭府前，下令將封門的泥土清除，這是用無聲的行動來向張昭道歉了。但是，當初孫權做得確實太過分了，張昭的氣根本還沒消呢。張昭不領情，仍然堅持不出。

孫權的報復性衝動一下子又冒出來了！他竟然下令在張府門前放火，想用這個「絕招」逼張昭出門。從孫權多次失去理智的行為來看，神經症導致的內心衝突已經愈來愈嚴重了。這對他本人，以及他治下的整個東吳，都將是一場巨大的災難。

沒想到張昭竟然對火也無動於衷，依然高臥不出。孫權眼看火勢漸大，唯恐蔓延至內宅，將張昭活活燒死，只好下令滅火。孫權出爾反爾，更加深了他的挫敗感。

張昭的兒子們見大吳皇帝被老父親逼得束手無策，為了緩和事態，幾個人七手八腳將張昭從宅中抬出，與孫權見面，這一場鬧劇才算告一段落。

孫權徹底被制服，見了面，連連向張昭道歉。張昭才與孫權攜手上車，入朝議事。這一年，張昭已經七十七歲了，此後，又活了三年，而孫權再也沒敢與張昭頂牛鬥氣。

取辱遼東以及服軟張昭，可以說是孫權一生中最大的心理挫敗，再度讓孫權回到了十九歲時的心理狀態，敏感、恐懼、缺乏自信，這些負面情緒死灰復燃，甚至變本加厲（更準確地說，這些負面情緒從來沒有消失過，只不過因接二連的的勝利，被孫權的病態自負所掩蓋了）。

但問題是，孫權的地位和所處的情境和十九歲時大不一樣了。孫權已經擁有了至高無上的生殺大權，東吳的外部生存壓力卻是前所未有的小，曹魏與西蜀征戰連年，根本無力顧及東吳。

在這樣的情境下，在這樣的心境下，孫權又會將東吳帶向何方呢？

〔心戰領悟　過度的防禦往往會被別人理解為攻擊。〕

53 在恐懼中「復活」

孫權黯淡無光地度過接下來極其難熬的三年，在風雲激盪的一生中，這是他最索然無味、無所事事的時光。

這期間，他最好的盟友諸葛亮在五丈原與司馬懿的對峙中，燈盡油枯，黯然辭世，年僅五十四歲。孫權只比諸葛亮小一歲，也算是同齡之人。諸葛亮的死更加觸動孫權的灰暗心境，也讓他意興索然。諸葛亮死後，姜維繼承遺志，九伐中原。魏、蜀之間，依然征戰連年，無力顧及東吳。

東吳既無外患，也無內憂，本來是最好的發展時機，孫權卻感到無比的落寞。取辱遼東這件事深深地刻在孫權心底，時時泛起沉渣。

心理學家做過一項有趣的「傷痕實驗」。他們告訴參與其中的被試者，這一實驗旨在觀察人們對身體有缺陷的陌生人的反應，尤其是臉上有傷痕的人。

被試者被安排在沒有鏡子的小房間裡，由專業化妝師在他的臉上做出一道血肉模糊、觸目驚心的傷痕。被試者用一面小鏡子看完化妝的效果後，鏡子就被收走了。這時，化妝師表示還要在傷痕表面再塗上一層粉末，以防止被不小心擦掉。實際上，化妝師是利用這步驟偷偷抹去了化妝出來的傷痕。這樣，被試者的臉和化妝之前就完全沒有兩樣了，但被試者自己卻毫不知情。

隨後，被試者被派往各個醫院的候診室。他們的任務是觀察人們對其面部傷痕的反應，然後將這些反應反饋給研究者。

結果，這些被試者竟全都表達了相同的感受：人們總是盯著他們的臉瞧，態度比往常更為粗魯無理。但事實上，這樣的看法毫無根據，因為他們的臉和往常並無二致！

顯然是這些被試者心理上的「傷痕」導致認知偏差。一個人對於自身身體缺陷的心理認知比身體缺陷本身更能影響這個人對外部世界的判斷與反饋，這就是「傷痕效應」[59]。

能夠導致「傷痕效應」的傷痕不僅是肉體上的傷痕，也可以是心靈上的傷痕。公孫淵的惡毒背叛就是孫權巨大的心靈傷疤。他的自卑、懦弱、猶疑都被這個心靈傷疤折射出來，讓他無顏歡笑、無力振作，也讓他堅信那些貌似謙恭的大臣們在背後一定少不了竊竊私語，譏諷自己的過錯。

第三年，一向與孫權硬碰硬「作對」的張昭也去世了，終年八十一歲。張昭之死，讓孫權得到了解脫，那種如芒刺在背的感覺突然消失了，彷彿充滿恥辱的一頁終於翻了過去。張昭之死，也象徵著一個時代的結束。從此以後，東吳再也不會有人對孫權犯顏強諫了。

孫權的心開始活動了。但是，整個東吳的朝政波瀾不驚，群臣各司其職，有條不紊地處理一應政務，讓脆弱而敏感的孫權驚覺，三年來自己竟是唯一置身事外的人！

這一發現頓時讓孫權深深陷入巨大的失控感與恐懼感之中！

對「恐懼感」的恐懼會帶來不可思議的力量。沉寂三年、萎靡不振的孫權一下子就從恐懼中「復活」了，他怎能失去對整個東吳的控制？怎能承認自己是愚蠢無能之人？他一定要改變死水一潭的局面，重新為理想化自我打造一座華廈！

該如何行動呢？

善於「學習」的孫權自有辦法，他很快就想到曹操的做法。曹操發跡之初，曾經不拘一格任用人才，但是擔任丞相後，對群下就逐漸有了猜忌之心。他在丞相府專門設立了右刺奸掾和刺奸內史兩個職位，負責監察文武百官。後來，曹操又設立了權力極大的校事官，「上察宮廟、下攝眾司，官無局業、職無分限，隨意任情，唯心所適。」上至皇宮內院，下到一切官僚，只要校事官想要督查，就可以隨心所欲，恣意行事。

孫權把曹操的這一手學了過來，設立了「中書校事」職位，並從近侍中選出兩個人擔任這一職位，監察一切軍政事務。

這兩個人叫做呂壹、秦博，出身下層，學識不高，原本低聲下氣慣了，一旦被孫權賦予無所約束的巨大權力後，立即就變得小人得志，得意忘形，無所顧忌了。

孫權在用人上最值得稱道的就是用人不疑。諸如周瑜、呂蒙、諸葛瑾、陸遜等得益於此，才能放手施展，最後為東吳立下不世奇功。此時的孫權卻已遠遠背離了正常人的思維。他對手下的大臣們不再信任，而是充滿了猜忌。

被孫權列到「不信任榜單」上第一名的竟然是陸遜！

孫權曾經對陸遜是何等的信任！甚至可以把自己的璽章留給陸遜，任由他在與蜀國往來的文書上使用！試問古往今來哪一個帝王能夠做到這樣呢？

孫權為什麼會來個大逆轉呢？

原因就在於傷疤效應！

陸遜一貫不變的英明正確，就像鏡子般照出孫權的愚蠢無知。

陸遜曾給予曹叡很高的評價，但孫權因自身的政治需要而刻意貶低曹叡，事實證明，曹叡確實非同一般。更重要的是，孫權決定向遼東派遣萬人使團時，陸遜也曾經上書勸諫。孫權不聽勸阻，結果慘遭奇恥大辱，心理失常的孫權自然會先選擇陸遜實施他的報復。

呂壹奉孫權之命，趾高氣揚來到武昌，審查陸遜這些年所有處理過的公務文檔。陸遜功勞顯赫，名重天下，誰敢不敬他三分？偏偏碰到了呂壹這個齷齪小人，刻意挑刺找碴，真是連肚皮都氣炸了，卻是秀才遇到兵，有理說不清。

陸遜一開始不認為呂壹所為是孫權真實意圖的反應，像他這樣曾經深得孫權信任的人，轉起彎來當然要慢得多。但是，像呂壹這樣的品階低下的人，如果不是背後有孫權撐腰，怎麼敢在陸遜這樣的太歲頭上動土？等到陸遜飽受凌辱，終於想明白這一點後，所受的打擊也就比一般人要大得多！

陸遜對東吳可說是功重如山！如果不是他臨危受命，擊潰了士氣正旺的劉備，孫權哪裡能夠安坐江東，稱王稱帝？孫權的無端猜忌讓陸遜悲憤難抑。他的悲慘境遇，可以透過明代名士文徵明一首〈滿江紅〉來共情體會。

文徵明憑弔岳飛廟，想起宋高宗曾經親手為岳飛題寫「精忠報國」四字，後來卻對岳飛下了毒手，大為岳飛大鳴不平，於是寫了一首〈滿江紅〉。其中「拂拭殘碑，敕飛字，依稀堪讀。慨當初，倚飛何重，後來何酷。豈是功成身合死，可憐事去言難贖。最無辜，堪恨更堪悲，風波獄」這幾句用在孫權與陸遜之間的關係變幻上也十分貼切，陸遜只差沒有下獄，但悲憤欲死的心情，卻是別無二致的。

孫權的女婿左將軍朱據也被列入了黑名單。朱據容貌出眾，文武全才，大得孫權歡心，才會把女兒嫁給他。朱據也曾經勸諫孫權不要跨海遼東，孫權仔細盤算後，沒有放過朱據。呂壹摸清了孫權的心思，大肆凌辱朱據，並無中生有誣陷他侵吞軍餉。雖然只是欲加之罪，孫權卻不分青紅皂白，多次痛斥朱據，還下令讓他停職待罪。

呂壹、秦博見自己膽大妄為不但沒有受到孫權的干涉，也就變本加厲地對待朝中的文武重臣。老成持重的丞相顧雍也被捏造了很多莫須有的罪名。孫權在朝堂之上，多次對著他大發雷霆。顧雍只能磕頭謝罪，主動離職，在家待罪。

孫權還把矛頭對準了太常卿潘濬。

孫權對潘濬的任用本也是他用人上值得稱道的典型例證。潘濬原是劉表部下，劉備得了荊州後又歸於劉備。孫權襲取荊州後，親自登門請潘濬出山，此舉大大緩和了荊州形勢，籠絡了荊州人心。孫權還讓次子孫慮迎娶潘濬的女兒為妻，兩人結為兒女親家，關係更加親密，潘濬一向深得孫權信任。有人告發潘濬，說他與身在蜀漢的表哥蔣琬勾結，有意叛逃，孫權絲毫不信，反而將告密信給了潘濬。後來，孫權遷都建業後，又派潘濬當陸遜的副手，共同輔佐太子孫登，鎮守武昌。

顧雍、潘濬並未在遼東事件上置喙，也遭到了孫權的猜忌，說明孫權的猜忌已經無限制地擴大化了。凡是位高權重的大臣，都逃不過懷疑的目光。足以說明，孫權神經症的嚴重程度已經超越了一般限度了。

孫權徹底改變自己在群臣心目中形象的同時，又會給東吳帶來什麼樣的未來呢？

心戰領悟 如果把「被需要」看作是一種幸福，「不被需要」就會帶來深深的恐懼。

54 不可彌合的裂痕

孫權刻意透過呂壹這樣的下作之人，肆意凌辱眾位高權重的大臣，想以此證明自己的控制權和權威感。但是，得志猖狂的呂壹以為自己真的擁有了生殺大權，變得肆無忌憚，甚至開始憑空構陷有私仇的人，而孫權在驗證性偏見的驅動下，竟也一一信以為真。

呂壹的橫行無忌終於激發了反彈。遠在武昌的太子孫登，見到兩位輔佐大臣陸遜、潘濬無端遭小人凌辱，憤然而起，上書孫權，痛斥呂壹。眾大臣本來對呂壹敢怒不敢言，等到孫登一出頭，都聚攏到孫登身邊，以孫登為核心，商議如何對付呂壹。

孫權正陶醉於眾大臣受辱後的手足無措，並以此來強化自己虛幻的安全感，一時不為所動，更加劇了群臣憤怒情緒的積聚。

潘濬忍無可忍，決定親赴建業，向孫權再次上書，揭露呂壹為非作歹的種種劣跡。潘濬暗下決心，如果孫權依然無動於衷，就豁出這條老命，殺掉呂壹，為公眾除害。

潘濬面見孫權後，將精心整理的呂壹罪狀一一面陳。孫權聽了之後無言以對，呂壹是孫權親自任命的爪牙，如果按照潘濬所請，處置呂壹，豈不等於是自我認錯，自取其辱？所以，孫權只能繼續維護呂壹。

潘濬無奈之下，橫下一條心，要親自出手除掉呂壹。他特意安排了一場盛大的宴會，邀請在建業的高官們參加，當紅貴人呂壹當然也在「邀請」之列。

呂壹此前哪裡有資格參加太常潘濬的宴會？呂壹接到潘濬的邀請後，更加得意忘形，心想自己把潘濬整得這麼慘，他還是得乖乖地低頭請我赴宴。呂壹很高興地答應前去赴宴。

眼看潘濬即將大功告成，卻有人偷偷將密謀洩漏給了呂壹。呂壹嚇出一身冷汗後，隨即如獲至寶地將這消息向孫權彙報。

呂壹擅用生殺大權後，無形中將自己視為孫權的化身，從而將潘濬之謀視為犯上作亂。以為向孫權彙報後，他一定會立即將潘濬置於死地。

沒想到，孫權聽了彙報，臉色卻變得煞白！巨大的恐懼頓時像洶湧的浪濤，將他整個身心吞沒！極度敏感的孫權立即想到潘濬絕不是一個人孤軍奮戰！他的背後一定還站著陸遜、顧雍等一大幫人。潘濬看似圖謀刺殺呂壹，實則對自己極度不滿。這麼一想，不由不寒而慄。陸遜、潘濬輔佐太子，駐守武昌，掌控著東吳的半壁江山，如果他們真的興起了犯上作亂的念頭，恐怕連自己也要死在他們手中！

我們早已熟知恐懼與自卑是孫權一生揮之不去的性格底料，每當對手表現出足夠強硬時，孫權就會習慣性地退縮。無論是諸葛亮、劉備，還是張昭，都曾或多或少地從他這一性格特點中獲益。

此刻的孫權也大不一樣了，內心的恐懼有多大，維護自己英明偉大的內驅動力就有多大，甚至是更大。儘管他知道任用呂壹、秦博，確實把這幫重臣逼得太狠了，但他再也不會像當初對待張昭那樣，公開承認自己錯了。

功勳重臣們必須安撫，以免激變；自己的形象必須維護，不容玷辱。要解開兩股矛盾力量的糾結，只有犧牲呂壹了。

自以為得計的呂壹告了密狀後，興高采烈地回家靜候潘濬人頭落地的好消息，卻不知道即將等來的是自己的噩耗。

第二天，孫權下令將呂壹免職，下獄審查。

這一查，很多問題就暴露出來了。

比如，呂壹曾經奉孫權之命審查左將軍朱據，為投孫權之好，罔顧事實，構陷朱據。朱據所部的軍餉有一部分被鑄錢工私吞，呂壹一口咬定是朱據所為，並將主管軍餉發放的小吏杖殺。朱據哀憐小吏冤死，將其厚葬。呂壹再度藉機生事，奏報孫權說這位小吏為朱據遮掩罪證而死，朱據才會厚葬他。孫權聽信後，對朱據痛加斥責，朱據不得不辭職待罪。現在，終於查明侵吞軍餉是鑄錢工所為。孫權不由自主地說了一句：「連朱據都會被冤枉，何況其他人呢？」

孫權心裡很清楚，但不肯承認呂壹的肆意妄為，罪責實在自己身上。孫權下定決心讓丞相顧雍負責審理呂壹一案。呂壹下獄後，飽受其迫害的大臣們群情激憤，紛紛上書，要求將呂壹用「火焚車裂」的酷刑處死，以平眾怒。

孫權讓顧雍負責審理，其實別有深意。顧雍本人深受呂壹之害，差一點連丞相寶座都丟了。按照常理推測，應該對呂壹恨之入骨。孫權欽點他當主審官，顧雍不可避免會產生「避嫌心理」，不敢赤裸裸地對呂壹施以最慘烈的報復，以免被人譏諷為公報私仇。

孫權這麼做，說明他心裡十分清楚，呂壹是為了緩和與重臣之間關係的替罪羊。呂壹當然非死不可，但對呂壹施以慘烈酷刑，孫權臉上並無光彩。

老成持重、善於隱忍的顧雍，果然如孫權之意，判了呂壹斬首之罪。

殺了呂壹之後，孫權覺得已經做出最大的讓步，群臣應該心滿意足了。但是，君臣之間的裂痕一旦產生，僅僅靠呂壹的人頭是很難消弭的。孫權依然感受到群臣的生分與疏遠，讓他很不開心。

這種沉默的對抗危及孫權脆弱的安全感。孫權不得不主動修復與臣下的關係。他擺出一副虛心納諫的姿態，派中書令袁禮為使者，奔赴各地，徵詢大臣們對朝政的意見。

袁禮奉命去見諸葛瑾、步騭、朱然、呂岱幾位元老重臣。沒想到，這些原本忠誠奉公、知無不言的老臣子竟然集體沉默，紛紛以不具體掌管民政事務為由推託，希望袁禮去徵詢陸遜、潘濬的意見。袁禮見了陸遜、潘濬，這兩人也只是涕淚橫流，卻不多說，看上去一副忐忑不安的樣子。

孫權聞報後，再一次受刺激了。他覺得自己的低姿態沒得到重臣們的響應，大家依然對他懷恨在心。報復性暴怒的火苗再度升起，藉著怒氣，寫下一道語氣不善的詔書！

「我聽說這些情況後，十分失望，心裡深感奇怪。為什麼呢？我想聖人不可能沒有過失，只是聰明者能夠自我省察而已。人的舉止怎能完全正確？自以為是而拒絕他人意見，起因於輕率而不自覺，故此各位尚有猜疑責難。否則，怎麼會到如此地步呢？我與各位共事，從少年到壯老，頭髮都花白了，可說是彼此對各自的內心與行為都非常清楚，於公於私，都能相互信任。你們對我進言直諫，這是我所期望的；指出我的不足以彌補過失，也是我所期望的。從前衛武公年邁志壯，勤懇地尋求輔佐大臣，每每獨自嘆息自責。即便是普通平民相交，也因情分、志趣相投，分成好合，不會因為艱難困苦而變心。如今你們與我共事，雖說存在君臣的名分，但骨肉至親也不過如此。榮辱喜悲大家共享，忠誠不隱瞞自己真情，智慮不隱藏自己謀略，你們難道還能悠閒自在而不管不顧嗎？同舟共渡，誰會跟誰互相推諉呢？齊桓公是諸侯的霸主，管仲對他是有善行無不讚嘆，有過錯無不規諫，規諫未被採納，就進諫不止。如今我明白自己沒有齊桓公的德行，而你們的諫諍之言確不出於口，反在心中存著猜疑與責難。以此看來，我倒是比齊桓公好多了，而你們與管仲相比又怎樣啊？」

仔細體會孫權的措辭與語氣，一方面是為自己開脫，另一方面卻不乏指責與譏諷。這封詔書一下，重臣們的心更冷，嘴也閉得更緊了，事實上，東吳君臣間的裂痕很難消融了。

十幾年前，陸遜曾經上表勸孫權廣施恩德、減輕刑罰。陸遜特別說明：「忠直之言，不敢全部陳述。」孫權回覆說：「《尚書》有言：『我有過失你必須糾正，我錯了你不可跟著順從。』我難道不樂意聽取忠言來彌補自己的欠缺嗎？而你卻說『不敢全部陳述』，怎麼能算是忠直的勸諫呢？如果小臣之中，有可以採納的意見，難道能夠因人廢言而不予採納嗎？如果是諂媚拍馬的言行，我雖然愚鈍，也能識別清楚。……此外，我與你名分雖然有異，但榮辱喜憂相同。來表中說不敢隨大流苟安容身，確實是我對你的真切希望。」

那次的書信對答中，孫權看似責備，實則親暱的口氣，充滿了和諧。他與陸遜君臣間水乳交融的深厚情感也躍然紙上。可是現在，勇於進言的陸遜卻噤若寒蟬了。兩相比較，讓人不能不唏噓感嘆「花無百日紅，人無千日好」。

【心戰領悟　人們往往用新的錯誤去修復先前的錯誤。】

55 無比「正確」的錯誤

靜水流深，東吳的情勢在表面的平靜下，暗流湧動。孫權與群臣的關係出現嚴重裂痕後，變得愈來愈敏感、愈來愈猜疑、愈來愈不能容忍臣下的絲毫忤逆。群臣們也變得愈來愈沉默、愈來愈寒心、愈來愈不想主動承擔家國的重任。

兩年後，從魏國傳來一個對東吳而言大好的消息。魏國皇帝曹叡竟然以三十六歲的盛年去世了，遺命年僅八歲的養子曹芳繼位，並讓曹爽和司馬懿擔任輔政大臣。

曹叡文武全才，英明沉毅，如果他再多活二十年，三國結束分裂，歸於一統就有可能提前很多年。曹叡一死，曹魏內部立即陷入了爭權奪利之中，又給東吳創造了極為有利的外部環境。

消息傳來，五十八歲的孫權興奮難抑，自得橫溢。曹操、曹丕、曹叡祖孫三代都沒能活過孫權一個人，他的心中自然再度湧起了劉琬「形貌奇偉，骨體不恆，有大貴之表，年又最壽」的斷言。再一次陶醉在自己的美好命運之中，再一次沉溺於君臨天下的美好想像之中。

孫權的長壽帶給他無數的滿足之後，也帶給了他重大的打擊。又過了兩年，太子孫登竟然在孫權六十歲時也撒手西歸了，年僅三十三歲。

孫登去世，不僅是孫權情感上的重大打擊，而且也成了政治上的大難題。自從孫權受封為吳王開始，孫登就被立為王太子，後來順理成章地成為皇太子，孫權指派名師、著意培養他二十餘年，孫登也非常爭氣，以賢能著稱，贏得眾口交讚。他經常利用自己的特殊身分，對孫權的不當行為進行規勸。臨死之前，還向孫權上疏，舉薦賢才，希望孫權任用他們而使吳國昌盛。

此時的孫權，雖有劉琬「年又最壽」的預言，但也漸漸進入生命的暮年。如果孫登得假天年，順利繼承帝位，東吳在他手中一定能扭轉君臣之間的僵局，結束萬馬齊喑的蕭瑟局面。而孫登去世，孫權立即面臨著重新選擇繼承的問題。

在子嗣方面，孫權雖然沒有曹操那麼高產，但比劉備強得多。包括長子孫登在內，孫權一共有六個兒子，次子孫慮已去世好幾年了。還有三子孫和、四子孫霸、五子孫奮、六子孫休。

立嗣以嫡，立嫡以長。這是自西周傳下來的基本規矩，孫權從稱帝開始，一直沒有立過皇后。既然沒有正妻，嫡子就無從說起了。那麼，按年紀排下來，就該是三子孫和了。

可是，有孫登這個模範太子在前，孫和就不怎麼稱孫權的心了。所以，孫權沒有立即確定太子的人選。

孫權沒從老年喪子之痛中解脫出來，老臣諸葛瑾緊接著又去世了。諸葛瑾從孫權繼位開始就忠心耿耿為其效力，兩個人的情感曾經十分深厚。諸葛瑾的死也等於為孫權敲響了去日無多的警鐘，雖然這是孫權竭力避免去想的一件事，但還是軟化了他日漸封閉僵硬的心靈。孫權決定讓諸葛瑾的次子諸葛融承襲父爵，而諸葛瑾的長子諸葛恪自幼以聰敏機變著稱，孫權一向很喜歡他，早早就封他為侯了。

處理好諸葛瑾繼承問題，也不得不考慮自己的繼承人了，他思前想後，終於立了三子孫和為太子，四子孫霸也被封為魯王。

這樣的安排本也無可非議，但孫權隨後的舉動卻再次讓東吳群臣深感不解。

孫和雖然被立為太子，依然和弟弟孫霸一同住在宮中，沒有太子應該獨享的住處。而且，孫權對魯王孫霸的寵愛也超過了正常的限度，完全和太子同一待遇。

孫和、孫霸兩人並非一母所生，孫和的母親姓王，孫霸的母親姓謝，都是孫權的寵姬，地位相當。孫權對孫和與孫霸也「一視同仁」，這帶來了一個嚴重的問題。

孫和雖然感到委屈，但畢竟頂著太子之名，可以勉強忍受，但孫霸的心思卻變得活絡起來。他覺得父親對自己的寵愛，說明孫和的太子之位並不穩固，於是漸漸有了覬覦之心。

孫權的做法簡直比不立太子還糟糕一百倍。他一向是善於學習的人，目睹袁紹、曹操在繼承人選擇的猶疑不定所造成的巨大危害後，為什麼還要這樣做呢？

實際上，這是孫權的病態自負發展到極點後的必然表現。一方面覺得自己無所不能，永遠正確，另一方面卻極度憂懼，唯恐犯錯危及形象。在兩股方向完全相反、力量不相上下的內驅動力作用下，孫權做出他自以為兩全其美的決定。

在他看來，孫和的太子名分已經定案，又把孫霸當成了備胎，這樣比袁紹和曹操高明多了。太子已定，隨時能接班；一旦事實證明孫和才不堪用，也能以孫霸取而代之。這一決定的背後，實則是孫權對控制力的盲目自信，他認為一切都在掌控之中，絕沒有人敢在他的眼皮底下動歪腦筋——孫和不敢心生委屈，孫霸也不敢心生覬覦。

旁觀者清的一眾大臣卻覺得孫權的做法絕非兩面光，而是兩面殃，很多人都看到了重大隱患。雖然很多大臣早已心灰意冷，但因太子事關國本，不忍心坐視不顧。於是，陸遜等人再度上書孫權，請他審慎處理。

陸遜在表章中寫道：「太子是正統，應該有堅如磐石的穩定地位，魯王是藩國之臣，對他的寵愛、俸祿都應當有所區別。彼此各得其所，上下才能安定。」

太常顧譚是丞相顧雍的孫子，也是陸遜的外甥。他也上書規勸孫權，要他明確嫡庶的區別，使尊卑之禮各不相同。顧譚特別點出了幾個歷史典故，希望孫權引以為戒。顧譚在表章中寫道：「我所陳述的，並不偏袒任何一方，實在是打算穩定太子並便利魯王。」顧譚雖然公開心跡，但他的上書卻得罪了魯王孫霸，孫霸從此對他懷恨在心。

陸遜、顧譚等人上書又把孫權惹惱了，原因很簡單，他們的看法威脅到孫權的正確性。此時的孫權已經不能容忍任何人與他的意見相抵觸了，他根本不認為陸遜、顧譚是出於公心而反對。他只把他們的行為看作是對威權的挑戰。在這種心態主導下，陸遜等愈是規勸，孫權愈是要堅持己見。

當孫權固執不變後，在驗證性偏見的驅使下，很快自以為是地發現了陸遜等人的真正用意。原來，孫和的嫡妃張氏是老臣張昭的孫女，張氏還有一個同胞姐妹嫁給了陸遜的兒子陸抗。這些複雜的姻親關係立即將陸家、張家和顧家緊密地聯繫在一起，被孫權視為「太子黨」。實際上，東吳重臣之間，門當戶對的通婚是很正常的現象。

孫權的敏感神經被觸動了。他最擔心的就是大臣們拉幫結派，集體施壓，與自己對抗。於是，他堅決地對陸遜等人的上書置之不理，以維護自己的決定。

陸遜等人雖有姻親關係，但確實是出於公心而為，因為，連兼任魯王傅的尚書僕射是儀也對孫權提出了同樣的建議。是儀是魯王孫霸的師傅，應該最維護魯王的利益，他也對孫權說：「我私下認為魯王天資卓越，文武雙全，又有美德。當今之計應該讓他鎮守四方，作為輔助朝廷的屏藩，這才是舉國上下的希望。」

是儀本是「魯王黨」的人，他站在「相反立場」的角度說的話，應該比被劃入「太子黨」的陸遜、顧譚更為可信，但他一連上書四、五次，孫權同樣置之不理。

孫權為了維護正確性的頑固行為，大大激勵了魯王孫霸。孫霸將孫權對眾臣上書的態度視為對孫和的不滿和對自己的加倍寵愛。有了孫權的縱容，孫霸取孫和而代之的念頭日益強烈。他開始積極拉攏關係，培植勢力，一定要將孫和拉下馬。

孫權的行為也向東吳群臣發出了強烈的信號。一大幫趨炎附勢之徒眼看太子失勢即將成為定局，紛紛向魯王孫霸靠攏。

其中最典型的就是衛將軍全琮。全琮決定讓自己的兒子全寄投到魯王門下當門客，以圖遠大前程。全琮還特地寫信把這件事告訴陸遜，陸遜頗為氣惱，回信說：「你的兒子如果真的有才幹，就不用擔憂不被任用。我覺得不宜讓他出任私門幕職，邀取榮華富貴。現在兩宮（指孫和與孫霸）勢均力敵，必有高下之爭，這是古人最忌諱的事情。如果你一定要這樣做，一定會給你的家門找來災禍。」

投機派全琮利令智昏，根本沒把陸遜的勸誡放在心上。

全琮的做法正是東吳政壇的縮影。孫權自以為無比正確的錯誤，讓東吳的群臣身不由己落入選邊站的陷阱中，就此埋下東吳內部的分裂及派系鬥爭的惡種，並在此後數十年掀起無數的血雨腥風。

心戰領悟

〔人們為追求正確所付出的代價要比彌補錯誤多得多。〕

56 骨肉相殘的悲劇

魯王孫霸的膽子愈來愈大，到處尋找可幫自己推翻太子的同盟者，很快，他就找到了一個強力援手。這個人就是同父異母的姐姐孫魯班，孫魯班是孫權的長女，母親是孫權的寵妃步氏。孫魯班曾嫁給周瑜的兒子周循，周循死後，改嫁全琮。

孫魯班和父親孫權的關係良好，因此恃寵而驕。她看不慣孫和的生母王夫人，常常在孫權面前說壞話。孫和被立為太子後，孫權曾有意將王夫人立為皇后，卻被孫魯班攪局破壞；後來，孫魯班擔心孫和繼位後，會因此對自己不利。當孫權堅持對孫和、孫霸一視同仁後，孫魯班就開始流露出對太子的不滿情緒。孫霸窺見這個異母姐姐的心思後，兩個人一拍即合，結為同盟，決定協力將孫和拉下馬，由孫霸取而代之。

孫魯班加入，魯王黨的實力大增。不但他的丈夫衛將軍全琮全心投入，與她母親同宗的驃騎將軍步騭也被拉入陣營。隨後，鎮南將軍呂岱、左將軍呂據、中書令孫弘等重量級人物也加入了孫霸謀奪太子之位的班底。

此時，丞相顧雍去世，孫權命陸遜接任，因為此時他的聲望無人可比。孫權此舉雖有籠絡陸遜之意，但更多的是防範，陸遜雖然擔任中樞第一要職，孫權卻依然讓他遠鎮武昌，以免坐大。陸遜和顧雍的兩個孫子太常卿顧譚、奮威將軍顧承（都是陸遜的外甥），以及孫魯班的妹夫、孫魯育的丈夫左將軍朱據等則構成了太子黨的主力陣容。

在孫權「一視同仁」政策的主導下，孫氏一家人以及原本親密無間的功勳重臣們身不由己地分裂成了兩大敵對的陣營，雙方摩拳擦掌，蓄勢待發。

正當兩宮之爭如火如荼之際，孫權卻以六十二歲高齡又生了一個兒子，就是最小的孫亮。誰也預料不到，孫和與孫霸兩個人為了太子之位展開了白熱化競爭，最後都化作泡影。反倒是這個毫不起眼的新生小兒漁翁得利，在孫權死後，坐上了皇帝的至尊寶座。

孫權的這個兒子是怎麼來的呢？

原來，孫權雖然年事已高，但身體依然十分硬朗。他擁有至高無上的權力，又自以為內外無患，自然是性致盎然，處處留情。

有一天，孫權閒來無事，信步走到後宮的織室之中。織室就是皇宮中的服裝廠，專為皇室人員紡織縫紉各類服裝飾物。在織室中勞作的大多是犯法官吏人家被罰沒為奴的未婚女子，其中不乏秀色可餐之人。說是閒來無事，其實是想來織室尋芳探春，看看有沒有能夠讓他心動的年輕女子，他看中了一對姓潘的姐妹花。

潘氏姐妹的父親是一個小官吏，因為犯了貪汙罪被判處死刑。姐妹倆因此被罰沒為官奴，被送到織室工作。潘氏姐姐這一年二十一歲，妹妹只有十九歲，正是青春動人的年紀。孫權色心大動，當下就將姐妹倆收入宮中。

潘氏小妹心思靈動，緊緊抓住這個難得的機會，使出渾身解數，把老皇帝孫權誘惑得五迷三道，寸步不離。一來二去，到了年底，潘氏就給孫權生下了兒子孫亮。孫權愛母及子，愛子及母，對潘氏和幼子孫亮極為寵愛。

孫權雖然身體硬朗，但與寵妃潘氏纏綿過甚，大傷元精，後來就病倒了，一連數月，臥床不起。

孫權為了早日康復，決定派太子孫和到孫策的祀廟去祈禱。

孫和不敢怠慢，急忙率領一干人馬前往祭祀祈禱。張昭的小兒子張休正好就住在附近，張休的姪女（張承之女）是孫和的太子妃。因為有這麼一層關係，孫和祈禱完畢後，想到很久沒去探望張休了，順便就去張休家裡坐了坐。

沒想到，孫魯班一直派眼線盯梢孫和，得知這一消息後，如獲至寶，立即去見孫權，添油加醋，編造謊言，誣陷攻擊孫和。

孫魯班嘆著氣，對孫權說：「這個三弟真是不懂事，真是有其母必有其子啊。」

躺在病榻上的孫權一聽女兒話中有話，自然要追問究竟。

孫魯班說：「父親您病了，三弟去祭祀祈禱也得當個事啊。沒想到他草草完事，藉著機會就去張休的府上了，也不知道他們到底在商量什麼？我看他的母親也是整天嘻嘻哈哈，根本不把父親的病情放在心上。」

孫魯班這幾句著實陰毒。敏感成性的孫權立即就想到太子孫和與他的母親王夫人是不是盼著自己早點歸天，好早日了卻心願，一個當皇帝，一個當太后，以正名分。

這個惡念一起，猜忌之心就像乾柴烈火般熊熊而燃。孫權怒氣上湧，恨不得立即起床好好教訓孫和一頓，但他還是感到渾身無力，只能氣呼呼地在床上等著孫和來見。

孫魯班一看煽風點火產生作用了，告辭而去，就等著看孫和遭殃。孫和姍姍來遲，見了孫權，立即遭到一陣劈頭蓋臉的責罵。孫和不敢分辯，只好默默忍受。但孫權的怒氣一時半刻下不去，又把孫和之母王夫人找來痛斥一頓。

王夫人見孫權重視年輕貌美的潘妃，早就哀嘆自己年老色衰，已經不受孫權待見了。這一次孫權狂風暴雨般的發作，頓時嚇得她六神無主。王夫人從來沒見過這般架勢，愈想愈鬱悶，愈想愈害怕，竟然在當晚自殺身亡。

王夫人一死，等於向外界釋放強烈的信號：太子孫和的地位岌岌可危了！孫霸及其黨羽怎麼肯放過這麼好的機會？

楊竺、全寄、吳安、孫奇等人一哄而上，大肆誣陷誹謗太子。孫權早就聽進了女兒孫魯班的耳旁風，有了先入之見，當然是深信不疑，對孫和橫加指責。

太子黨一派見勢不妙，也開始反擊。陸遜再次上表要求親自到建業，面見孫權，請求了三、四次，孫權全部予以駁回。

太子太傅吾粲不甘心坐以待斃，與陸遜多次聯絡後，也向孫權上書，請孫權派魯王孫霸出鎮夏口，並將楊竺等人逐出朝廷。

吾粲的表章一遞上去，魯王和楊竺等人也立即予以反擊。

這樣一來，原本暗潮湧動的兩宮之爭就大白於孫權之前。孫權受制於病態自負，只吸收對他有利的訊息，而將有損於威權的訊息一律屏蔽，從而讓太子黨和魯王黨相安無事了這麼久。真相大白後，兩派間你死我活的爭鬥再也藏不住了。孫權卻因先入之見而將其解讀為孫和過早覬覦大寶，孫霸等人是出於義憤而檢舉揭發。這樣的誤判對孫權是一個巨大的打擊，他絕不能容忍自己的威權控制力遭到任何人的侵蝕，報復性暴怒再次主宰了他的靈魂！

孫權先是將太子太傅吾粲下獄，搜出了他和陸遜密切書信往來的「罪證」後，吾粲立即被處死。孫權隨即連續派出使者趕赴武昌，對著陸遜破口大罵！

陸遜曾經是東吳雲端上的天神，幾乎無人不敬，無人不重。自從孫權稱帝以來，先是有無恥小人呂壹藉著監察之由，對他肆意凌辱；現在又被孫權的使者破口大罵，這種從雲端墜落的滋味是人世間最具傷害力的沉重打擊。陸遜不堪受辱，氣得臥病在床。奉孫權之命而來的使者絡繹不絕，繼續從建業趕到武昌，絕不放過病床上的陸遜。

陸遜氣了極點，不再進食，就此絕食而死！一代文武雙全的英才，魏、蜀兩國聞之喪膽的名將，為吳國立下赫赫功勞的勳臣，竟然以這樣悲壯無奈的方式結束生命，真是令人慨嘆無盡！

陸遜一死，太子黨頓失靈魂。孫權殺戒大開，也沒有放過顧譚、顧承、張休等人，這些人要麼被處死，要麼被流放，全都不得善終。至此，太子黨土崩瓦解，孫和成了孤家寡人，而魯王派則在孫權不明真相的情況下全面得勢。

孫權隨即任命步騭為丞相，朱然為左大司馬，全琮為右大司馬，同時把荊州分成兩個部分，任命呂岱為上大將軍，管轄武昌以西的地區，諸葛恪為大將軍，代替陸遜，鎮守武昌。（其中步騭、全琮都是魯王黨的主將。）

形勢發展到這一步，幾乎所有人都認為孫霸距離太子之位只有一步之遙，但是，事態的發展再次超出任何人的預料……

【心戰領悟】獨裁的最後結局必然是失控。

57 殺人何嘗須用刀

陸遜之死是象徵性的事件，代表東吳由盛而衰、由治而亂的重大轉折，一時之間，東吳人心大亂。隨後，一位叫做馬茂的將軍，不堪孫權的剛愎自用、昏庸顢頇，對東吳的前途失去信心，竟然陰謀殺掉孫權和一眾大臣，再向魏國投誠。馬茂的行刺計畫雖因洩密而沒有成功，卻強烈地宣示了東吳內部的亂局確已危機四伏了。

自鳴得意的孫權卻依然感覺良好，覺得自己深得上天護佑，一切奸謀都不能得逞。

接下來的幾年，孫權沒有對太子孫和採取什麼措施，只是維持現狀，魯王黨的得力幹將步騭、全琮卻先後去世了，孫霸的心氣隨即也大為削弱。就在危機四伏的亂局中，工於心計的潘妃卻由孫權對自己和兒子孫亮的寵愛，發現屬於自己的大好機會。

潘妃第一步棋就是拉攏能量強大的孫魯班。

她知道孫權十分信任孫魯班，於是極力逢迎這個年紀幾乎比自己大一倍的女兒。孫魯班見父皇的寵妃沒有恃寵而驕，反而主動向自己示好，先有了幾分好感。

潘妃又發現孫魯班特別寵愛丈夫全琮弟弟的一個小孫女，經常把她帶在身邊，於是主動向孫魯班提議，讓孫亮與這小女孩訂親。孫魯班知道孫權對這個小兒子特別寵愛，當然巴不得與孫亮關係更為緊密，於是跑到孫權面前極力促成了這件事。

潘妃與孫魯班結成同盟後，對孫權極具影響力的女人雙管齊下，為孫亮大唱讚歌，孫權心中偏愛的天平自然愈來愈傾向漸漸長大的幼子孫亮。

潘妃第二步棋就是在孫權面前揭穿二宮相爭的真相。

潘妃的做法十分「巧妙」，她故意在孫權興致很高的時候，擺出一副愁容滿面的樣子。孫權肯定要問原由，潘妃故意長嘆一口氣，說：「現在魯王和太子鬥得這麼厲害，我是擔心兒子將來會有什麼不測啊！」

潘妃心計極深，絕不會愚蠢到直接懇請孫權立孫亮為太子。她故意挑明魯王孫霸一直與太子孫和爭奪繼承權的事實，以觸動孫權的敏感神經。

孫權果然中計，繼續詳問究竟。

潘妃才一五一十將自己所知道的事情，以最不利於魯王的方式說給了孫權聽。潘妃這麼做，豈不是在幫助太子孫和挽回不利局面嗎？

她當然不會白白為他人做嫁！這個心機重重的女人早就摸透孫權絕不肯認錯的心理特性，她知道只要讓孫權瞭解孫霸針對兄長圖謀不軌，就可以一箭雙雕，除掉孫霸、孫和兩個人。因為，孫權即使知道錯怪了太子和太子黨，為了維護顏面，也絕不會認錯改正。

潘妃這一招術叫做「音叉效應」60。音叉的小小振動可以擊碎連子彈都不能打穿的堅厚玻璃，其關鍵就在於對準頻率，形成了共振。所謂「音叉效應」，就是說只要找準事物的關鍵要害，無須付出巨大成本就能達到四兩撥千斤的奇效。

潘妃與孫權的朝夕相處中，摸透了孫權的心理基模，從而把孫權變成傀儡，而自己則是那個隱在幕後的操縱者。

果然不出潘妃的算計！

孫權得知孫霸糾合黨羽，大肆誣告陷害孫和後，頓時習慣性地勃然大怒，深深痛恨孫霸竟然在自己的眼皮底下肆意妄為，卻不知道如果不是他毫無原則的縱容，孫霸哪裡來的膽子敢和孫和爭位呢？二子相爭，自相殘殺，是孫權最不能接受的事實。當初，他抱著看笑話的心態看著袁紹、曹操兩位當世梟雄的眾子奪嫡，現在，這個難題也回到他身上。

孫權會做出什麼樣的選擇呢？

如果繼續扶持太子孫和，罷黜孫霸，等於是向天下昭告孫權做錯了。如果廢了孫和，改立孫霸，就等於是宣告是孫權一手主導的。況且，孫權對孫霸主動挑起爭端極其不滿，怎麼可能把太子之位給他呢？

孫權苦苦思索之際，對侍中孫峻說了一句：「子弟之間不和睦，臣下就會拉幫結派。這樣就會出現像袁氏兄弟那樣的內鬥，而被天下人恥笑。如果立他們之中的一個，怎麼會不亂呢？」

孫峻聽懂了孫權的意思是要同時放棄孫和與孫霸兩個人，但他根本不敢插嘴干涉這件已經讓很多人人頭落地的大事。

既然孫和、孫霸都不能選，以此時孫權對孫亮的寵愛程度而言，太子之位自然是非他莫屬了。

孫權果然做出了決斷。他下令幽禁孫和，賜死孫霸，以永絕後患！孫霸的黨羽全寄、吳安、孫琦等都被誅殺，楊竺被殺後，甚至連屍體都被扔入江中。

驃騎將軍朱據見太子孫和遭受冤屈誣陷後，非但沒得到平反，反而和孫霸各挨了五十大板。雖然孫霸遭受的懲罰更嚴重，但孫和並無過錯，卻要被幽禁，實在是太不合情理了。

朱據嚥不下這口氣，於是和尚書僕射屈晃兩人邀集文武百官，把泥巴塗在頭上，自行綁縛，跪在宮門口，懇請孫權放了孫和。

孫權最痛恨的就是群臣集體向他示威，彰揚他的過錯。朱據的行為看似正氣充溢，卻沒有摸準孫權的脾性，反而將事情推到更為糟糕的境地。

孫權登上白爵觀，看到朱據等人在宮門口長跪不起，臉上露出極為厭惡的神情。這意味朱據這一夥人要倒楣了。

這時，無難督陳正、無營督陳象兩人受氛圍影響，各自向孫權上書進諫。孫權毫不手軟就將陳正、陳象及其家族誅殺了！又將朱據、屈晃揪入宮中，這兩人依然堅持進諫，希望孫權收回成命。

孫權惱羞成怒，當場將朱、屈二人責打了一百杖，然後將朱據降職為新都郡丞，將屈晃削職為民，其他參與請願抗議的官員被流放的達數十人之多。

孫權的血腥鎮壓還不止於此。朱據遭貶後，在赴任的半途上，又被孫權派使者賜死。是啊，孫權連親生兒子孫霸都殺了，又怎麼會顧惜外姓的女婿呢？

朱據等人的集體抗議，除了讓自己慘遭殺身之禍外，還讓孫和的處境雪上加霜。孫權原本只是幽禁孫和，現在卻決定將孫和廢為百姓，遷居到故鄣縣，從而徹底失去了繼位的可能。

孫權喪心病狂，大開殺戒，東吳群臣人人自危，唯獨潘妃喜笑顏開。

潘妃知道孫和、孫霸都倒了，空出來的太子寶座必然是兒子孫亮的，而自己也將有機會成為孫權的第一個皇后。

為了盡快達到目的，潘妃在孫權身上狠下功夫，一邊狠施溫柔，一邊狂吹枕頭風。這時候，已經六十九歲的孫權漸漸感到了身體的衰老，去日無多的惶恐不禁油然而生，隨即聯想起這一年五月天上出現的異象，心情更加不豫。

孫權念念不忘的異象是「熒惑之星」的出現。熒惑之星就是我們今天所說的火星，在當時的星相學說中，熒惑之星是災禍的象徵。古代的占星家們為了用天象變化來占卜人間的吉凶禍福，將天上星空區域與地上的州國互相對應，稱作分野。在某一星空區域發生的天象，就預兆著相對應的地方的吉凶。這一顆熒惑之星正好出現在對應著揚州的星空上，而揚州正是孫權的地盤。

孫權一直對天象深信不疑。從他繼位開始，熒惑之星從未出現過，他也一直平平安安、順順利利地統領江東五十年。當司察天象的官員向他彙報天有異象後，孫權一直擔心災禍會應在自己身上。

在這樣的心境下，孫權確定太子人選的想法愈加急迫。此時，他七個兒子剩下三個，即五子孫奮、六子孫休，幼子孫亮，只要有「足智多謀」的潘妃在，孫奮、孫休只能是擺設。

果然，孫權思前想後，終於正式下詔，立幼子孫亮為太子，這時孫亮只是個年僅八歲的黃口孺子。

幸運慣了的人總是相信自己還將繼續得到幸運之神的眷顧。孫權雖然有些擔心身體，但只要想起劉琬「年又最壽」的預言，心裡又安定不少。這也是他敢於將八歲的孫亮立為太子的重要原因。

心戰領悟　「一錯再錯」其實就是一件事。

58 大限之前的醒悟

孫亮被立為太子後，潘妃很快母以子貴，第二年就被孫權立為皇后，這是孫權一生中唯一正式冊立的皇后。雖然我們對潘妃一貫的行為十分不恥，但她的工於心計，將東吳大帝孫權玩弄於股掌之上，還是不得不讓人對她「刮目相看」。沒想到一向極力維護英明偉大形象的孫權，竟在不知不覺中被婦人操控，委實令人深感遺憾。

在年老體衰時刻冊立太子，激發孫權潛意識中的「死亡焦慮」61。每個人對於即將到來的或者終將到來的死亡這一無可抗拒的事實，都會產生不同程度的恐懼、糾結、不安等複雜情緒，並進而影響到生理狀態。這也正是歷史上很多對死亡極為忌諱的帝王遲遲不肯確立繼承人的重要原因。

孫權一生經歷過太多正常與非正常的死亡事件，那些曾和他有過重要交集的風雲人物，不管是年齡比他大的，還是比他小的，不管是東吳內部的，還是魏、蜀兩國的，幾乎全都死在他的前面。名單可以列出長長的一串：孫策、曹操、劉備、周瑜、魯肅、關羽、呂蒙、張昭、諸葛亮、曹丕、曹叡、陸遜、諸葛瑾等，甚至還有他的兒子孫登。

從孫權的經歷來看，本來早就該淪為「死亡焦慮之魔」的獵物了，好在他一直有劉琬預言如神咒般護體，才一路平安，沒有過多地糾結哀嘆。

這一年，孫權畢竟七十歲了。人生七十古來稀，世上沒有長生不死的人。孫權不得不直面死亡這個終極問題。

孫權不想死，愈是不想死的人往往就愈想知道到底什麼時候會死。其實這個問題，孫權是知道答案的。

孫權的臣下中，有一個叫做趙達的人，他精通九宮算術，對於所算之事，幾乎靈驗如神。

有一次，他路過老朋友家，朋友招待他，說：「我不知道你要來，沒有準備，只好聊備幾個小菜，美酒可就沒有了。請你見諒。」趙達微笑不語，拿起桌上的筷子，縱橫擺了幾道後，說：「你們家東邊的牆壁下放著美酒一斛，還有三斤鹿肉，怎麼說沒有美酒佳餚呢？」這位朋友才尷尬地自我圓場說：「我知道你神算無敵，故意試一試罷了。」只好拿出美酒、鹿肉一同享受。

關於趙達算無不中的故事還有很多，最神奇的就是他完全算準了自己的死期。有一次，他閒來無事，把自己去世的日子算了出來，並告訴妻子，妻子知道他的算術神奇，無有不中，當即痛哭流涕。趙達為了安慰妻子，故意又算了一遍，然後告訴妻子說前面不小心算錯了，妻子破涕為笑。後來，趙達真的在他第一遍所算的日子去世了。

趙達本是中原人氏，後來他算出江東有王者之氣，所以來到東吳。孫權得知他的神算後，每逢大事都要趙達推算，而趙達每一次推算都神準無比。

孫權稱帝的時候，曾經讓趙達幫自己算能當多少年皇帝。趙達推算之後，說：「漢高祖當了十二年皇帝，陛下您當皇帝的時間是漢高祖的兩倍。」

兩倍就是二十四年。孫權稱帝那一年是四十八歲，當二十四年皇帝（包括稱帝當年在內）就是七十一歲。而孫權已經七十歲了，已經逼近了趙達所說的期限，孫權心裡非常焦急，這個時候他特別希望趙達算的不準，也特別希望趙達能夠再幫他算一次。

可是，趙達已經去世了。而最關鍵的是，趙達的推算神術並沒有流傳下來。

當初，闞澤、殷禮等東吳大儒曾經屈節去請教趙達，趙達卻祕而不宣。有一位叫做公孫滕的太史丞，雖然被趙達收為徒弟，卻沒有得到真傳。有一次趙達酒後對公孫滕吐露真言，說：「我的先人因為機緣巧合，獲傳此神術，是想成為帝王之師的。可是我到了江東，經歷了孫氏三代，只不過當一個太史郎，我實在是不想把這門神術傳下去了。」

趙達沒受重用，也是有原因的。孫權本來很器重他，每當孫權驚嘆於他的神奇，而追問到底是怎麼算出來的時候，趙達總是沉默不語，就惹得孫權很不高興，始終不肯重用他。

趙達死了之後，孫權聽說他有著作留下來，於是逼問他的女兒。一無所獲後，惱羞成怒的孫權甚至挖開了趙達的墳墓搜尋，還是沒有找到所謂的神算之書。不知道趙達有沒有算到自己死後會被孫權掘墓？

除了趙達之外，東吳還有一位數算之士叫做吳範，擔任騎都尉太史令之職。這個吳範也是靈驗如神，但和趙達一樣毛病，就是不肯將推算的奧祕告訴孫權。孫權很不高興，以致於把已經擬好要封吳範為都亭侯的詔書收了回來，不再重用。

趙達、吳範死了之後，孫權對預知未來依然興致勃勃，所以，下令在整個東吳範圍內徵募有趙、吳之能的人，凡是能舉薦的人，立即封侯。

遺憾的是，這種異能之士並非黃瓜、白菜，應有盡有。雖然孫權下了重賞，卻一無所獲。

隨著趙達所算的大限日漸臨近，孫權開始變得度日如年。但在這個時候，好消息傳來了。

孫權的手下在揚州臨海郡羅陽縣找到一位叫做王表的神仙，據說這位神仙飲食、談吐與常人無異，人們卻時時看不到他的身影。神仙王表身邊還有一位叫做「紡績」的婢女，也能與神仙溝通。孫權聞報後，立即封王表為輔國將軍、羅陽神王，並派中書郎李崇為使者，趕赴羅陽，恭請王神仙入京。

孫權是吸取了沒有厚待趙達、吳範教訓後的策略。當初，他和趙、吳二人鬥氣，結果導致神術失傳，造成終身遺憾。孫權不想重蹈覆轍，一出手就厚賞重封了王神仙。

王神仙欣然從命，跟著李崇上路。李崇一開始不怎麼相信這位神仙真有通天徹地之能，但是他和王神仙對談，始終沒法辯得過他。後來，李崇擔心惹怒王神仙會導致孫權對自己不利，也就不再糾纏。

王神仙上路後，凡是經過一山一河，都說有和他交好的神仙隱居其中，必須留下來晤談。李崇只能陪著王神仙，一路走，一路停，花了好幾個月才到達建業。

孫權翹首期盼已久，立即與王神仙相見。孫權尚未表明想要延年益壽的想法，王神仙卻先發出了近日將有大洪水的警告。

幾天後，果然大風驟起，江海潮湧，平地上積水深達八尺有餘。這一次洪水是東吳歷年來最大的一次，洪水甚至把孫堅陵寢所在地區的松柏都連根拔起。

王神仙預言中的，更讓孫權對他寄予厚望。孫權的長兄孫策從來不信這些術數之道。但是，孫權親眼目睹孫策在「于吉事件」後英年早逝的慘劇後，就走上了和孫策截然相反的信仰之路。所以，他才會在生命即將走到盡頭的時候，對於道術之士更加深信不疑。

正如出身於東吳孫氏宗族，並在東吳衰亡後逃到東晉的孫盛所說：「國之將興，聽之於人；國之將亡，聽之於神。」當孫權重用信任手下的英才時，東吳出現了勃勃盛興的局面，而他將命運託付給神仙的時候，東吳大局的頹勢就已無可挽回了。

孫權懇請王神仙為自己納福延命，王神仙一口應承，事實證明，王神仙的承諾並沒能兌現。

幾個月後，孫權到南郊祭祀，回來之後就中風了。宋代名士蘇東坡曾經在詞中讚譽過「親射虎」的孫郎，再也找不回年輕的「雄姿英發」了。身體機能的急劇惡化，讓孫權陷入無比的惶恐之中。

人之將死，其思也清。兩年前發生在曹魏的一件大事隨即湧入了孫權的思緒，就是「高平陵之變」。高平陵是魏明帝曹叡的陵墓。魏國的託孤老臣司馬懿趁著另一位輔政大臣曹爽陪著少帝曹芳去給曹叡掃墓之際，發動政變，並隨即將曹爽等宗族勢力一併誅殺，徹底地控制了朝政。

孫權不能不擔心自己撒手西歸後，幼子孫亮也會遭遇同樣的悲慘命運。死神日漸逼近之際，孫權漸漸醒悟了，他當初罷黜並無多少過失的孫和，並大肆打擊所謂的「太子黨」，也許是一個巨大的錯誤。

陸遜的兒子陸抗原本駐紮在柴桑，後來因病到建業治療。陸抗病癒將歸之前，臥榻不起的孫權特意接見了他，老淚縱橫地對他說：「我以前聽信讒言，辜負了你父親的凜然大義，因此很對不起你啊。和我前前後後所問之事相關的那些奏章詔書，你都焚毀了吧，不要再讓人看到了。」

這是孫權步入老年，開始剛愎自用、倒行逆施之後第一次誠心向臣下道歉認錯，也是唯一的一次。

孫權這時有意召回孫和，重新讓他擔任太子。但是，已經在錯誤的道路上走得太遠，形格勢禁，這個病榻上無法自由行動的一代雄主，還能不能再度行使自由意志呢？

【心戰領悟　死神也許是人類最好的心靈導師。】

59 臨時只能抱佛腳

孫權重立孫和的想法一萌芽，就遭到孫魯班、潘皇后及身邊近臣侍中孫峻、中書令孫弘等既得利益者的強烈反對。

一個人的意志力往往與身體健康程度成正比。病榻上的孫權已經無力再廢立更換太子的「壯舉」了，只能按下重立孫和的念頭。但是，出於父親的愧疚之心，還是堅持立孫和為南陽王，讓他從偏僻的故鄣縣遷到長沙郡居住。為了彌補對另兩個兒子長期的忽視，同時立五子孫奮為齊王，六子孫休為琅琊王。

而對幼子孫亮，孫權也必須考慮安排合適的輔政人選了。

當初，曹丕臨死之前給曹叡安排曹真、曹休、陳群、司馬懿四位輔政大臣。孫權聽說之後，曾經譏評道：「自古至今，安有四、五人把持刑柄，而不離刺轉相蹄齧者也！強當凌弱，弱當求援，此亂亡之道也。」

孫權的看法是極有見地的，可說是對整個中國歷史中諸多託孤事件巨大風險性的凝練總結。

當旁觀的評論家總是容易的。事到臨頭，輪到自己做決定的時候，就完全不一樣了。這就是「觀察者—行動者偏差」[62]，意即觀察者更容易關注行動者的本體因素，而行動者則更為關注情境因素。兩者的視角全然不同，從而對相同情形的認知與判斷也全然不同。

二十多年後孫權面臨相同境況時，也找不到更好的辦法，只能沿用這個曾被他嘲諷、風險性極大的安排。

孫權與侍中孫峻商議大臣中誰可以託付國事，孫峻推薦了諸葛瑾的長子諸葛恪。

諸葛恪自小聰明過人，深得孫權喜愛，否則，在誅殺太子黨的時候，就不會放過他了，因為諸葛恪是孫和的舅舅。關於諸葛恪，有一個流傳最廣的故事。諸葛瑾的臉長，孫權有一次在大宴群臣時，故意找來一頭驢，在驢臉上寫了「諸葛瑾」三個字，群臣笑得前仰後合。諸葛瑾被整個大紅臉，又不能發作。這時，跟隨諸葛瑾赴宴的諸葛恪靈機一動，取過筆來，續寫了「之驢」兩個字。這頭驢就成了「諸葛瑾之驢」，孫權的玩笑反倒成了對諸葛瑾的饋贈。諸葛恪的機變由此可見一斑。

諸葛恪雖然智謀出眾，為人卻驕傲成性，做事也太過粗疏，不顧小節。孫權曾經委任他主管軍糧供應。諸葛亮非常瞭解侄兒的品性，他得知此事後，專門寫信給孫權，提醒孫權不宜將繁重細緻的工作安排給諸葛恪。

當孫峻提議由諸葛恪來擔當輔政大臣時，孫權不由自主想起了諸葛亮的告誡。輔政大臣可比管理軍糧重要多了，孫權難免擔心諸葛恪不堪重任。

孫峻卻說：「東吳已經沒有比諸葛恪才能更高的人了。」

孫權聽了之後，不禁默然良久。曾幾何時，東吳是多麼人才輩出啊！你未唱罷，我已登場，總是有傑出的人才在關鍵時刻出現，勇擔重任。但是，在孫權奉行無可理喻的高壓政策後，東吳已經好多年「萬馬齊喑」，確實是人才凋零了。

孫權盤算良久，最後還是不得不承認了孫峻的看法，只能選擇諸葛恪。

諸葛恪就以大將軍身分被孫權任命為太子太傅，成為首席輔政大臣。同時，孫權詔令群臣，讓各部門所有事物一切聽命於諸葛恪，除了生殺之事必須向孫權報告。

孫權對諸葛恪說不上完全放心，所以同時安排另外四人，與諸葛恪組成輔政班子，期望他們可以互補不足。

這四個人是中書令兼太子少傅孫弘、太常卿滕胤、蕩魏將軍呂據、侍中孫峻。孫弘是孫權身邊的近臣，也是他晚年十分信任的心腹；太常卿滕胤是孫權的女婿，為人謙虛謹慎；呂據是東吳老臣呂範的兒子，智勇兼備，孫權讓呂據擔任太子的護衛工作，以確保幼子孫亮的安全；孫峻則是孫權的姪孫，行事果敢，精明強幹，也取得了晚年孫權的信任，從而得以進入輔政班子。

憐子如何不丈夫！孫權為兒子孫亮所做的一切安排，可謂是煞費苦心。這一份心情和當年被孫權譏嘲過的曹丕何嘗二致？

孫權卻沒有覺察到，這項安排從一開始就為輔政大臣間的不和埋下另一個禍根。

孫弘向來與諸葛恪不和。孫弘原本是魯王黨的成員，魯王被賜死後，又被潘皇后拉攏，而諸葛恪則是孫和的支持者。要想這兩人齊心協力，和平共處，恐怕是很難的一件事情。

當孫權在為自己安排後事的時候，最寵信的潘皇后卻另有打算。

潘皇后牛刀小試，不但成功地讓兒子孫亮成為東吳帝國的繼承人，也成功地讓自己榮登皇后寶座。這樣的成功自然會讓她自信膨脹，以為憑藉自己的能力，可以有更大的作為。當孫權的健康狀況持續惡化後，潘皇后也開始擔心兒子太過年幼，登基後權力會被輔政大臣們把持，無法掌控大局。

潘皇后想起漢初之際，劉邦死後，呂后臨朝稱制的掌故。潘皇后浮想聯翩，認定自己也有呂后之才，足可以節制群臣，統治東吳。於是，潘皇后找來最親信的孫弘，詢問呂后故事。

孫弘一聽，先是被這女人的野心嚇了一大跳，隨即又想起可以借助潘皇后的力量，先下手為強，除掉首席輔政大臣諸葛恪，否則，以兩個人交惡的宿怨，諸葛恪很可能利用手中的權柄對自己不利。

孫弘計議一定，立即附和了潘皇后的想法。潘皇后受了鼓勵，心滿意足，就等著孫權早日死去，就可以效仿呂后，大大施展一番了。

病榻上的孫權哪裡知道，自己還沒有斷氣，他最親密的皇后和最信任的心腹就已經勾結在一起，謀劃著打破他身後的安排了。

潘皇后遙想不久後的未來圖景，不禁心曠神怡，不由自主地表現在日常舉止上。潘皇后原本是戴罪之身的奴婢身分，但因著機緣巧合，和她的心機頻出，竟然成了一國之后。天翻地覆般的人生經歷，沒有讓她學會感恩，反而助長驕縱成狂的個性。

潘皇后原本就對服侍她的宮女極為苛刻，在未來巨大利好的催化下，對宮女們更是橫豎看不順眼，動輒處以責罰虐待。

這一天，潘皇后偶感身體不適，又拿宮女們出氣，對她們嚴刑拷打。這一群宮女們被逼無奈，眼看左右是個死，竟然惡向膽邊生，趁著潘皇后熟睡之際，用絲巾將她活活勒死了！

可嘆潘皇后君臨天下的美夢尚未做夠，就成了陰間鬼。真是應了俗話「自作孽，不可活」。

從潘皇后連自己的命都保不住來看，這個自以為聰明的愚蠢女人，顯然大大高估了自己的政治智商。輕易得意忘形的人，怎麼可能統領一個國家呢？她的所長無非是利用女色迷倒日漸昏庸的孫權，真的讓她執掌整個東吳，恐怕連一天也撐不下來。所以，從東吳大局的角度來看，潘皇后的意外身亡，倒是一大幸事。否則，讓她上臺折騰一番，東吳可能會更早走向衰亡。

儘管如此，在孫權倒行逆施下，東吳的頹勢已經很難挽回了。潘皇后的死只不過是讓表面上的正常運轉多延續一些時日。

潘皇后的死，有力驗證了一條心理學規律「能力不足效應」[63]，也就是能力愈不足的人，愈容易高估自己的能力，走向過度自信的陷阱。

宮女們殺死潘皇后之後，為了保命，對上謊稱她是猝然病亡。

年紀輕輕的皇后猝死，對於任何國家來說，都是一件震驚全國的大事。孫權聞報後，心痛不已，立即命有司徹查此事。

這一查，很快就查明了事件的真相。畢竟，被縊身亡和暴病猝死是完全不一樣的。潘后之死的真相對孫權是致命的打擊，比二宮爭位對他的打擊還要嚴重！幾個小小的宮女竟敢殺害至尊無上的皇后，這是對孫權君臨天下的權威感與控制力的最大藐視！

病榻上的孫權靠著虛幻的自我欺騙（對於自身幸運以及神仙相助的迷信）才能苟延殘喘，而潘皇后的死，則無情戳破了他最後的幻想。

孫權最後一次行使了他作為東吳大帝的權力，下令將這幾名宮女處以極刑！

憤怒已極、虛弱已極的孫權耗盡了最後一點精力，陷入了沉沉的昏迷中，從此再也沒有醒來。曾被他寄予厚望的王神仙非但沒能幫助他延年益壽，反而趁著吳國上下一片慌亂，悄然遁去，不知所蹤。

孫權死的時候是七十一歲，前前後後，正好當了二十四年皇帝，與趙達當年的推算分毫不差。

〔心戰領悟　傲慢比貪婪更致命。〕

60 生子當如孫仲謀？

曹魏的高平陵之變是在曹叡託孤十年之後才發生的。孫權絕對想不到，他死後第二天，精心選擇的輔政大臣就開始自相殘殺！

孫權嚥氣的時候，只有近侍孫弘、孫峻守在身邊。這時，孫弘的強援潘皇后已香消玉殞，孫弘勢單力孤，更加擔心諸葛恪會對自己下手，於是就想封鎖消息先不發喪，然後藉機用假詔書殺掉諸葛恪。

孫峻見勢不妙，立即祕密將消息通報給了諸葛恪。諸葛恪有備而來，先發制人，將孫弘殺了，隨後扶立十歲的孫亮繼位，並大赦天下。諸葛恪渴望像叔父諸葛亮一樣建功立業，於是大舉進兵，攻打魏國，卻接連遭受失敗，從而大失民望。

孫峻見諸葛恪威望受損，就興起了覬覦之心。他偷偷恐嚇少帝孫亮，說諸葛恪有意弒殺他，改立廢太子孫和為帝。孫亮毫無主見，嚇得渾身發抖，聽任孫峻擺布。孫峻隨即設計將諸葛恪殺了，自己把持大權。

孫峻掌權後，橫行皇宮，隨意姦淫宮女，甚至與長他一輩的孫魯班私通。但三年後，孫峻就暴病而死，臨死之前，孫峻將權力移交給了堂弟孫綝。

滕胤和呂據兩位老資格的輔政大臣不服孫綝掌權，圖謀殺掉孫綝，卻因事洩而被滿門抄斬。至此，孫權死了四年，他為兒子選定的五個輔政大臣就在自相殘殺中全部死光了！

而這僅是悲劇的序幕。

幼帝孫亮漸漸年長，不甘心當傀儡，密謀剷除孫綝，不料被孫綝廢黜，改立孫權的第六個兒子孫休為帝。孫休登基後，不到兩個月就把孫綝殺了，隨即分別任命自己的親信濮陽興、張布為丞相與左將軍。此時，民間謠傳孫亮將要重登帝位，孫休就對小弟下了毒手。孫休的壽命也不長，只當了六年皇帝就一命嗚呼了。臨死之前，孫休將年幼的兒子託付給親信濮陽興，但此時司馬懿的孫子司馬炎已經代魏而立，並滅了蜀國。東吳內部又爆發了交州大叛亂。

在這樣的情勢下，東吳輿論傾向於立一個年長的皇帝，以便應對亂局。濮陽興等人選來選去，選中了廢太子孫和的長子孫皓。

孫皓一登基，就翻臉不認人，將輔佐自己上位的濮陽興、張布殺了，獨攬朝政。當初，濮陽興等人之所以選中孫皓，是看中他為人好學，德才兼備。實際上，他受父親孫和跌宕起伏的命運影響，成長過程中積累了濃重的心理陰影，導致心靈扭曲。當他處於困境時，性格中這些陰暗面無由發作，當他登上皇帝寶座，擁有了無人約束的權力後，就開始了肆無忌憚的性格放縱。

統治東吳的十六年間，孫皓放浪形骸，殘暴嗜殺，無惡不作，終於「成功」將自己帶入了史上最荒淫無道的帝王行列，東吳的基業最後也被孫皓敗光。孫權死後僅二十八年，東吳終究被司馬氏的西晉滅亡，天下歸於一統，三國的歷史就此落幕。

孫權死後的這一系列凶殘相殺，歸根結底，還是他生前埋下的禍根。東吳的基業在他手上而興，也在他手上而衰。孫權，終究還是辜負了長兄孫策當年的重託！

縱觀孫權的一生，稱帝是最重要的分水嶺。在此之前，他幾乎沒有做錯過任何一件事。在此之後，他幾乎沒有做對過一件事。稱帝，彷彿解開了孫權心靈內衣上的最後一顆鈕扣，從此滑入了無底的精神深淵……

稱帝之前的孫權，堪稱成功的代表。一個成功男人的背後，往往站著一個更成功的男人。對孫權來說，最幸運的是，他身後站著兩個成功的男人。一個是他的父親孫堅，另一個是他的大哥孫策。孫權正是站在他們的肩膀上，努力攀上了成功的巔峰。

孫權努力克服自己內心的自卑與恐懼，並從弟媳婦徐氏身上學到了亂世博弈的頂級智慧。這一套心法的思想內涵與老子的《道德經》如出一轍。

《道德經》裡說：「天下莫柔弱於水，而攻堅強者莫之能勝，以其無以易之。柔之勝剛，弱之勝強，天下莫不知，而莫能行。」

孫權知而後行，才能夠在極其複雜的博弈環境中，游刃有餘，應對裕如，成功地帶領東吳群臣，開創了父兄也未能達到的偉大業績。

這期間，孫權的知人善任尤其為人所稱道。他的形象與威望也在此過程中不斷豐滿與提升。他的臣下們逐漸認可了他的權威，並對他心悅誠服，崇敬不已。

東吳謀臣出使曹魏的時候，總是以深感自豪的情感狀態來彰揚他們心目中的英明之主。比如，趙咨對曹丕說孫權是「聰明仁智，雄略之主也。……納魯肅於凡品，是其聰也；拔呂蒙於行陳，是其明也；獲于禁而不害，是其仁也；取荊州而兵不血刃，是其智也；據三州虎視於天下，是其雄也；屈身於陛下，是其略也」。

後來出使的馮熙也對曹丕說：「吳王體量聰明，善於任使。賦政施役，每事必咨。教養賓旅，親賢愛士。賞不擇怨仇，而罰必加有罪。臣下皆感恩懷德，惟忠與義。帶甲百萬，穀帛如山。稻田沃野，民無饑歲。所謂金城湯池，強富之國也。」

東吳臣下的這些評價絕非簡單的溢美之詞，而是對孫權發自內心的讚譽。孫權完全當得起這些評價，否則，以曹操識人辯才之敏銳，又怎麼會發出「生子當如孫仲謀」無限慨嘆？

後世宋代的大詞人辛棄疾對孫權尤為讚賞，在他的詞作中屢屢提及孫權。「千古江山，英雄無覓孫仲謀處」、「天下英雄誰敵手，曹、劉！」等都是辛棄疾對孫權的由衷仰慕。

辛棄疾只看到了孫權的光芒萬丈，卻沒有注意到他的陰影滿地。這是成功欲被苦苦壓抑的辛棄疾的內心投射與選擇性認知，而我們需要更加全面客觀地評價孫權。

稱帝之後，孫權完全變了樣，就如冰火兩重天般，讓人不敢相信大相徑庭的表現竟然是出自同一個人。如果曹操有機會看到孫權後期的表現，他會不會收回「生子當如孫仲謀」這句曾經的肺腑之言呢？

為什麼稱帝會成為孫權人生優劣分明的轉折點呢？

和孫權稱帝的時機選擇大有關係。孫權選擇在外部壓力最小的時機，毅然邁出了攀升絕頂的最後一步。這個時候，魏蜀兩國激鬥不休，無暇顧及東吳。這正是孫權的幸運之處。

任何一種幸運都會創造出一種新的不幸。對於一直在風口浪尖上磨礪的人來說，突然間失去了敵人其實是一件很可怕的事情。缺少了外部壓力，孫權也就告別了如履薄冰、小心翼翼的心理狀態。於是，他性格底色中的缺陷，因著情境中的「有利因素」，開始肆意生長。從而，神經症的魔爪緊緊扼住了他的心靈方向，最後導致走向了病態自負的絕境。

我們雖然對孫權後期的倒行逆施、剛愎自用深表厭惡，也應該對此大加鞭撻；但是，我們也有必要對他報以深深的同情。

童年時期的顛沛，成長過程的親人慘死，外部環境的榮譽期望，善惡不一的質疑目光，給了孫權獨特的機遇，也給了他獨特的壓力。任何一個在如此環境下，極度痛苦又不得不堅強成長的個體，都不可能不留下深深的心理創傷。

而囿於眾所周知的時代性限制，讓孫權無法獲得療癒的機會。一直以來，他都是帶著傷、忍著痛、承受著巨大的壓力努力前行。他的成功背後除了幸運，也有血淚斑斑的酸楚；而他的失敗也不能簡單歸結於修養不夠，缺乏自制力，被勝利沖昏了頭腦。

如果我們真真切切把他當作重度神經症患者來看，就會明白，那些不可理喻的言行，其實是以別人難以接受的方式在強烈呼求溫情、認可與尊重。他無時無刻都需要別人接受他、喜歡他、需要他、讚賞他、敬仰他。

孫權值得我們仰慕，也值得我們批判；孫權值得我們同情，也值得我們唾棄。這才是正確的心理歷史觀。我們不應該把孫權簡單地貼上英雄或者昏君的標籤，在他身上，每一個人都能看到屬於自己的某一個碎片。

是啊，在成長之路上的摸爬滾打中，誰沒有受過傷？誰沒有恐懼？又有誰不渴求認可呢？每個人都是各自性格本色與情境遭遇交融混雜下的複雜產物，在漫漫的人生路途上，如果能充分汲取孫權在艱苦卓絕中開創偉大業績的成功經驗，同時摒棄功成名就時釀就人生惡果的失敗肇因，那麼，我們是不是可以擁有更加無怨無悔的未來？

心戰領悟　〔順境是最可怕的逆境。〕

後記

時間會改變很多東西，包括信念、情感和一些看似堅定的決定。

五年之前，我完成了「心理說史」的開創之作「心理三國三部曲」（《心理關羽》（繁體版《關羽心戰》）、《心理諸葛》（繁體版《諸葛亮心戰》）、《心理曹操》（繁體版《曹操心戰》））後，決定不再涉及三國題材。因為，上下五千年，最不缺的就是歷史，弱水三千，各具資采，何必鎖定一瓢而飲呢？那些取之不盡、浩瀚汪洋、波瀾壯闊、奇譎巧絕的歷史事件或歷史人物都可以供心理說史選材之用。

五年來，我構思了多部作品，也完成了心理說史的另一個大系列——「心理吳越三部曲」（《鞭楚》、《辱越》、《吞吳》）。讓我始料未及的是，三國竟然再一次魂牽夢繞般走進了我的心靈。

也許是三國的獨特魅力，也許是讀者的殷切期盼，也許是師友的良言指教，也許是說不清道不明的什麼理由，總之，五年之後，這一套「心戰三國．逆境三部曲」（《心戰三國．劉備》、《心戰三國．孫權》、《心戰三國．司馬懿》）彎道超車，搶在其他作品之前，出現在大家面前。

不過，這個三部曲和前面的三部曲有一些明顯的不同。生也有涯，光陰勝金。簡單重複，是我唯一不屑去做的事情。我選擇劉備、孫權、司馬懿來書寫三國新篇，是因為這三個人的際遇代表了三種不同類型的逆境：

劉備身無憑依，在資源匱乏的情況下實現偉大夢想。

孫權驟逢變亂，在毫無準備的情況下不得不力擔艱鉅。

司馬懷才難遇，在備受壓制的情況下圖謀著脫穎而出。

人世間的逆境大抵不超出上述三種類型及其不同份量的組合，從而劉備、孫權、司馬懿與逆境抗爭的人生經歷有著很強的代表性。

逆境來自追求，沒有追求，就沒有逆境。劉備追求的是地位，孫權追求的是認可，司馬懿追求的是權力。

面對逆境，劉備的奮鬥動力是夢想，孫權的奮鬥動力是責任，司馬懿的奮鬥動力是生存。他們的逆境秘訣也各有不同，劉備是「永不放棄」，用心創造機會；孫權是「以柔克剛」，精心選擇機會；司馬懿是「隨形就勢」，耐心等待機會。

劉備就像是一條游來游去的魚，心懷夢想，到處尋找水草肥美的江湖，合則留，不合則去，在顛沛流離中終於魚躍龍門，克成大業。孫權像是一個幸運的孩子，無意中得到了一把鑰匙，他試著用這把鑰匙去開所有的門，竟然幾乎無一落空。當然，世事從來趨於均衡，最後，孫權也嘗到了幸運的苦果。司馬懿則像是一棵站在原地的樹，即便缺乏陽光雨露，即便時有狂風暴雨，依然不為所動，倔強生長，最終成為參天巨木。

這就是三位三國英雄打動了我的逆境故事。

逆境有著永恆的魅力，只要星漢一直燦爛，只要地球一直轉動，逆境就永遠不會消失。既然我們永遠無法拒絕逆境的降臨，為什麼不去找尋更好的心態與方法來面對逆境、認知逆境、改變逆境呢？

愛斯基摩部落一位名叫依格加卡加克的巫師曾經說過：「只有困厄與苦難才能使心眼打開，看到不為他人所知的一切。」

這句話點破了逆境的價值與意義。這就是我創作「心理說史」的初衷，這就是我從來也不會被時間改變的初心。

好了，關於心戰三國，我已經寫了太多，說了太多，還是就此告一段落吧。長路漫漫，初心不改，就讓我們在下一段歷史中相逢吧。

二〇一四年八月三十一日星期日
上午十點四十七分於杭州嘉綠苑

附錄　本書心理學精要

1 自我形象偏見　人們傾向於根據自己的人格（性格）特徵，來評價他人人格（性格）特徵與自己的相同及不同之處。（一八）

2 自尊衝擊反應　高自尊的人在自尊遭到威脅時，常常會採取打壓他人的方式來應對，甚至採用極端的暴力手段。（二五）

3 後果策略　透過揭示某一行為的不良後果，以達到說服的目的。（二六）

4 自我基模　特定領域內有關個人行為的記憶、信念的概括化集合。（三一）

5 決策後失調　一個人做了決定後會產生認知失調，並會透過提高已選擇對象的吸引力，或降低被拒絕對象的吸引力來消除這種失調。（三九）

6 兄弟姐妹動力　由兄弟姐妹所組成的特定群體對於身處其中的不同個體在人格多樣性發展上所具有的推動力。（四四）

7 薩洛韋規律　一般而言，一個家庭中的老大更具有責任心、更願意維持現狀、更保守，而較小的孩子則更加淘氣、更不安於現狀、更具有叛逆性。（四五）

8 群體認同　群體對身處其中個體的認同至關重要。缺少群體認同的個體，很難在群體中維護自尊、保持自信，更不用說獲得其他個體的擁戴而開創業績了。（五〇）

9 榮譽文化　強烈地關注堅韌性、男子氣概，以及對自己受到的不公和侮辱進行報復所帶來的榮譽感。（五一）

10 自卑性敏感　自卑的人往往傾向於對他人的怠慢做出過激反應，甚至有時候他們感受到的拒絕其實並不存在。（五二）

11 心理防禦機制　個體在面臨挫折或衝突的緊張情境時，其大腦會將消極感受阻擋在意識之外，從而使自己不會體驗到不愉快的情感。（五七）

12 逆恐反應　一種特殊的心理防禦機制，即愈是害怕什麼，愈是去做什麼。（五七）

13 相反立場策略　說服者透過站與和自身利益相反的立場來說事，以加強說服效力。（六三）

14 標籤約束效應　將一些內涵價值觀準則的詞彙當作標籤賦予某一個人，以圖約束其行為的說服策略。（六四）

15 年輕男性症候群　年輕男性往往喜歡採取一些非常危險的攻擊方式，而這些方式很容易導致他們自身的受傷或死亡。（六九）

16 聲望策略　人類傾向於建立一種強大的名聲，因為名聲往往擁有一勞永逸的長期效應。（七〇）

17 兩性風險意識差異　一般而言，男性傾向於冒更大的風險，而女性對風險預測更為準確，從而也更能控制風險。（七一）

18 身分比擬　透過將一個人比擬成另一個已成定論的標籤式人物，從而將相關的責任與義務附加給這個人。（七八）

19 模糊情境依賴　當情境模糊不清，很難選擇正確答案時，人們往往會努力從他人那裡獲取需要的額外訊息。而且，當決定對個人而言愈重要，對他人訊息與指導的依賴性則愈強。（九六）

20 游動錯覺　固定不動的光點在缺乏任何視覺參照的條件下出現的一種運動錯覺。（九六）

21 群體極化　群體決策往往會將群體成員的個人決策推向更為極端的程度。（一〇〇）

22 現實重構　為維護內心信念的平衡，而對已經發生的現實重新給予扭曲性解讀，使其符合自己的預期。這是一種特殊的心理防禦機制。（一〇一）

23 外群體偏見　人們對於自身所屬群體之外的群體及其成員個體所持有的蔑視性認知。（一〇六）

24 社會比較　人們往往透過與其他個體的對比，來判定自己的社會地位、聲譽及成就的高下。（一一二）

25 激將法　利用人們的社會評價顧忌，激發他們相互進行社會比較，並進而改變他們的思想與行為。（一一三）

26 憤怒法則　當一個人在不利的境地下表現出憤怒時，人們往往傾向於認為他擁有權力或者更有能力。（一一五）

27 自我提升策略　透過炫示自己的社會地位或成就，來構築自己在他人眼中的高大形象。（一一八）

28 結伴需求　人們在預期到恐懼或痛苦即將來臨時，傾向於尋找志同道合或同病相憐的夥伴來共同面對。（一一八）

29 防禦性遺忘　痛苦或充滿威脅的記憶會被某種心理防禦機制阻擋在意識之外。（一二三）

30 中心途徑說服　運用令人信服的論據，開展縝密、系統的分析進行的論證說服。（一二八）

31 外周途徑說服　從情感、感覺、價值認可等方面尋找突破口，以達成的說服。（一二八）

32 承諾強化　透過外在的儀式、動作、信物等來強化承諾，以宣示決心，並確保承諾的效度。（一三〇）

33 喜鵲效應　人們往往將好消息的傳達者視為好消息的創造者而給予積極的評價。（一三二）

34 幸運強化　不規律的幸運經歷會極大提升一個人抗擊逆境的能力。（一三五）

35 互惠法則　在人際交往中，施惠必然促發回報。這是人類社會經由進化而來最為普遍的通用法則。（一三八）

36 粉紅牢房效應　粉紅色具有一種神奇的平復心緒、抑制暴力的作用，可以在很大程度上減少監獄中暴力事件的發生。（一四九）

37 蜜月效應　當兩個人的情感處於熱烈升溫階段，相互間的任何要求都有可能得到對方的許可。（一五〇）

38 叛徒效應　人們往往對背叛了原有關係所設定的責任與義務的人加倍痛恨。（一五一）

39 過度合理化效應　當一個人的所得遠遠超過了他的應得，從而引發內心的懷疑，不敢接受。（一五五）

40 首因效應　最初呈現的訊息對人們的認知與判斷有著特別大的影響力。（一六二）

41 近因效應　最新呈現的訊息對人們的認知與判斷有著特別大的影響力。（一六四）

42 攻擊轉移　因為某種社會限制，而將攻擊目標轉移至相關或不相關的第三方，或者是轉換攻擊的表現形式。（一七二）

43 冒險傾向　人們做決策時，一旦損失已經不可避免時，往往會做出更為冒險的選擇。（一八五）

44 延遲折扣　在人們的認知中，等待獎勵的時間愈長，獎勵的價值就愈低。（二一〇）

45 非人化偏見　將處於敵對狀態或存在蔑視偏見的外群體及其成員異化為非人的生物，從而為自己的攻擊或凌辱提供充分的心理支撐。（二一六）

46 自利性歸因　人們往往將成功的原因歸功於自身，卻將失敗的責任推諉給他人。（二一七）

47 期望第二定律　人們往往傾向於將一些模棱兩可的事件或行為以一種符合自己期望的方式進行解釋。（二一八）

48 登門檻策略　當終極目標樹大招風，不可能一蹴而就時，將大目標細分成逐級而上的多個小目標，以緩解內外部壓力或資源匱乏，從而登堂入室，拾級而上。（二三九）

49 預警式抗拒　對於自己將要成為說服對象的先驗知覺，會大大增加對說服的抗拒心理，從而導致說服難度的極大提高。（二四五）

50 反擊其身策略　將說服對象的攻擊措施反施其身，從而達致說服目的的一種策略。（二四六）

51 反向歧視策略　與人們慣常理解的親密提攜規律相反，對關係親近的人要求嚴苛，對關係疏遠的人反而多加呵護，以破解「袒護」指責。（二六〇）

52 驗證性偏見　將各種訊息、行為、事件以符合既有定見的方式解讀出來。（二七一）

53 重新定義策略　在不改變某一概念或名目實質內涵的前提下，採用另外的辭藻實施重新包裝，以達到緩和矛盾、消融排斥、預防衝突等目的。（二七二）

54 宣洩無用論　發洩憤怒非但不能排遣怒火，反而會激發更大的憤怒。（二七八）

55 神經症　在個人性格特質與所處特殊情境的交融作用下，個體形成了過於敏感、過於偏激的世界觀、人生觀和價值觀。（二八七）

56 理想化自我　在想像中將自己包裝成一個永遠正確、沒有缺點的理想形象。（二八八）

57 報復性勝利　將成功的目的理解為證明自我的能力與正確性，並以此來反擊懷疑者。（二八八）

58 病態自負　一種未能將成功轉化成真正的自信，卻「看似堅定，實則脆弱」地認為自己無所不能，

而一旦遇到挫折與打擊，很容易一蹶不振的特殊心理狀態。（二八九）

59 傷痕效應　一個人對於自身身體缺陷或精神缺陷的心理認知，比缺陷本身更能影響這個人對外部世界的判斷與反饋。（二九八）

60 音叉效應　只要對準事物的關鍵要害，無須付出巨大成本，就能達到四兩撥千斤的奇效。（三一〇）

61 死亡焦慮　對即將到來或終將到來的死亡這一無可抗拒的事實產生的恐懼、糾結、不安等複雜情緒，並進而影響到生理狀態。（三一四）

62 觀察者—行動者偏差　觀察者更容易關注行動者的本體因素，而行動者則更為關注情境因素。兩者的視角全然不同，從而對相同情形的認知與判斷也全然不同。（三二九）

63 能力不足效應　愈是能力不足的人，愈容易高估自己的能力，走向過度自信的陷阱。（三三三）

HISTORY 系列 010

心戰三國・孫權【逆境三部曲】

作　者—陳禹安
主　編—邱憶伶
責任編輯—陳珮真
責任企畫—吳宜臻
美術設計—顏伯駿
董事長
總經理—趙政岷
總編輯—李采洪
出版者—時報文化出版企業股份有限公司
一〇八〇三臺北市和平西路三段二四〇號三樓
發行專線—（〇二）二三〇六六八四二
讀者服務專線—〇八〇〇二三一七〇五
（〇二）二三〇四七一〇三
讀者服務傳真—（〇二）二三〇四六八五八
郵撥—一九三四四七二四　時報文化出版公司
信箱—臺北郵政七九～九九信箱
時報悅讀網—http://www.readingtimes.com.tw
電子郵件信箱—newstudy@readingtimes.com.tw
時報出版愛讀者粉絲團—http://www.facebook.com/readingtimes.2
法律顧問—理律法律事務所　陳長文律師、李念祖律師
印　刷—勁達印刷有限公司
初版一刷—二〇一五年三月十三日
定　價—新臺幣三三〇元

國家圖書館出版品預行編目(CIP)資料

心戰三國・孫權／陳禹安著.
-- 初版. -- 臺北市：時報文化, 2015.03
面；　公分. --（HISTORY系列；10）
ISBN 978-957-13-6222-9（平裝）

1.三國志　2.三國演義　3.研究考訂

622.3　　104002678

ISBN 978-957-13-6222-9
Printed in Taiwan

本書由香港中和出版有限公司授權時報文化出版公司在臺灣地區出版發行。